KB097679

집에 갇힌 나라, 동아시아와 중국

집에 갇힌 나라,
동아시아와 중국

 꿈의 주택정책을 찾아서 2

김수현·진미윤 지음

오월의봄

일러두기

이 책의 내용 중에는 필자들이 전에 발표한 책이나 논문을 별도 인용 표시 없이 활용한 대목들이 있다. 그 목록은 다음과 같다.

- 김수현, 2021, 〈동아시아 주택시장과 주택체제론의 현 단계: 최근 동아시아 주택체제론이 정체된 이유〉,《주택연구》, 제29권 2호, 5~43쪽.
- 김수현, 2021, 〈일본에 빈집이 많은 이유와 시사점〉,《주택연구》, 제29권 1호, 127~154쪽.
- 김수현, 2020, 〈홍콩은 집값이 왜 비싼가?: 홍콩 주택시장의 구조와 특성〉,《서울도시연구》, 제21권 4호, 109~125쪽.
- 진미윤·김수현, 2017,《꿈의 주택정책을 찾아서》, 오월의봄.
- 김수현, 2011,《부동산은 끝났다》, 오월의봄.
- 김수현, 2011, 〈무허가 정착지 정책과 국가 역할: 서울, 홍콩, 싱가포르의 경험을 중심으로〉,《주택연구》, 제19권 1호, 35~61쪽.
- 진미윤·이현정, 2005, 〈싱가포르의 주택정책과 주택공급체계〉,《국토연구》, 통권 47권, 215~237쪽.

최근 코로나19 확산으로 전 세계 모든 나라들이 방역, 경제, 사회 안정에 부심하는 중이다. 지금은 물론 백신 접종 수준이 중요한 변수가 되었지만, 초기만 해도 사회적 거리두기나 방역지침 준수 여부가 코로나19 확산 정도를 결정하는 변수였다. 그런 점에서 수많은 국가 중에서 유독 동아시아 국가들은 코로나19 확진자 비율이 눈에 띄게 낮았다. 베트남, 대만, 한국, 일본, 홍콩, 싱가포르 등은 백신 도입 전까지만 해도 매우 안정적으로 상황을 관리하는 나라들이었다. 실제로 2021년 1월 중순, 인구 1,000명당 코로나19 확진자 비율은 0.2명(베트남)에서 2.4명(일본) 사이로, 미국(70명), 영국(47명), 프랑스(43명), 독일(24명) 등 서방 국가들과는 비교할 수 없을 정도로 낮았다(보건복지부 코로나 상황 홈페이지). 중국도 코로나19 발원지라는 오명을 겪었지만, 이후 상황을 잘 관리했다. 동아시아가 지닌 특유의 제도, 규율, 문화가 영향을 끼쳤다고 볼 수 있다.

동아시아 국가들은 모두 '쌀농사 국가'로서 협업과 경쟁이 내면화된 나라들이다. 이철승 교수가 《쌀, 재난, 국가》(2021, 문학과지성사)에서 설명한 것처럼, 동아시아 국가들의 경쟁력은 서구의 이른바 '밀농사 국가'들과는 성격상 큰 차이가 있다. 1960년대 이후 경이적인 경제성장 속도와 함께 이를 선도하는 정부, 그리고 일사불란한 사회 분위기는 당시 서구와는 확실히 다른 것이었다. 이 때문에 싱가포르, 홍콩, 대만, 한국은 동아시아의 네 마리 용으로 불렸으며, 국가의 역할이 경제발전을 견인한다는 점에서 '발전주의 국가'라는 별칭을 얻었다. 일본은 제2차 세계대전을 일으킨 국가 중 하나지만, 패전 이후 1950~1970년대에 놀라운 기술력과 경제 성과를 보였다. 중국은 1980년대 개혁개방 후 뒤늦게 산업화에 뛰어들었지만, 앞선 네 마리 용과 그 크기가 비할 바 안 되는 거대한 용으로 탄생했다.

이들 국가는 정도의 차이는 있지만 공통적으로 강력한 엘리트 집단들이 경제성장을 선도하는 가운데, 일정 정도 시민권을 제약하는 강한 사회 통제 시스템을 갖추었다는 특징이 있다. 또한 이들 국가에서는 서구의 유사한 경제 단계에 비해 복지 지출은 낮은 반면 가족이나 공동체의 역할이 강조된다. 이는 서구 국가들의 복지국가 유형론과 비교하여 '발전주의 복지국가', '유교식 복지국가' 등으로 불리게 된 이유였다.

주택문제와 정책도 서구와는 달랐다. 제2차 세계대전 종전과 함께 식민지에서 독립한 데다 일부 국가들은 내전으로 피폐한 상태에서 출발했기 때문이다. 식민 본국이자 패전국인 일본도 공습으로 주택이 대규모로 멸실된 상태였다. 이런 상태에서 갑작스럽게 도시로 인구가 몰려들었고, 산업화가 본격적으로 시작되었다. 주택 절대 부족 시대였다. 상당수 국가들에 판자촌이 만연했으며, 과밀한 주거와 부족한 기반시설로 고통을 받았다. 유럽 국가들은 전쟁으로 파괴되긴 했어도 전쟁 전에 이미 기반시설이 확보된 상태였기 때문에 1960년대 중반이 되면 대부분 주택 부족 문제를 해소한 반면, 이들 동아시아 국가는 그때부터 시작이었다 해도 과언이 아니다.

그러나 급속한 경제성장과 함께 주택 공급도 빠른 속도로 늘었고, 판자촌마저 성공적으로 해소했다. 1990년대에 이르면 중국을 뺀 다른 국가들은 대부분 주택의 양적, 질적 문제를 해결했다고 할 수 있다. 물론 그중 더 어려운 조건이었던 한국은 조금 더 시간이 걸렸다. 이런 성과에는 정부의 노력도 있었지만, 특유의 강한 가족주의를 통해 자구적으로 주택문제를 해결하려는 국민성도 영향을 끼쳤다. 더구나 모든 가정들의 자가 소유 열망은 이런 성과를 앞당겼다. 국가 복지가 미흡해도 가족 스스로 (주택)자산을 통해 노후를 준비하는 이런 동아시아의 특징은 '자산 기반 복지 시스템'이라고 규정되기도 했다.

싱가포르와 홍콩은 당시 서구도 부러워한 정책을 펼쳤는데, 싱가포르는 특유의 공공주택정책을 통해 자가 소유를 촉진했다. 결혼해서 3~4년이면 시중 가격의 절반 수준으로 내 집을 마련할 수 있도록 한다는, 이른바 반값아파트의 원조다. 실제로 싱가포르 국민의 70% 이상이 정부가 제공한 집에 거주한다. 홍콩 역시 중국과의 체제경쟁 속에서 영국식 공공임대주택을 도입하여, 한때 전체 가구의 40% 가까이가 거주하는 성과를 거두기도 했다.

그러나 최근 싱가포르의 그림자가 드러나고 있다. 집값이 급등락한 것은 물론이고, 전체 상주인구의 30%에 달하는 150만 명에 대한 주거대책은 불비하기 짝이 없다. 대다수 저임금 외국인 노동자들은 열악한 합숙소나 이른바 '식모 방'에 거주하고 있다. 싱가포르의 코로나19 확진자 중 99%가 외국인 노동자 합숙소 등에서 발생할 정도다. 이중 도시, 이중 사회인 것이다.

홍콩 역시 1997년 중국으로 주권이 반환된 이후, 중국 이주민과 자본이 몰려들면서 집값이 천정부지로 치솟았다. 2008년부터 10년간 집값은 평균 4배가 되고 말았다. 그렇다 보니 공공임대주택 입주는 엄두도 못 내고, 주민의 3.6%가 열악한 불법 주거지에 거주할 지경이 되었다. 최근 홍콩 시민들의 대대적인 반중국 시위 배경에는 이러한 극단적 주거난과 양극화가 자리 잡고 있다.

대만은 진작부터 공공의 역할보다는 시장 중심의 자가 소유 정책을 발전시켜서 자가 거주율이 89%에 이르게 되었지만, 역시 높은 집값에다 청년들의 주거문제가 심각하다. 그럼에도 수도 타이베이마저 열 집 중에 한 집이 빈 채로 있고, 시장이 나서서 빈집을 세놓으면 세금을 깎아주겠다고 하는 이상한 상황이 되었다.

일본은 1960년대에 주택의 양적 문제를 해결하고, 1980년

8

대에는 질적 문제까지 해결했다고 볼 수 있다. 그러나 만성적인 집값 상승과 함께 결국 1990년을 전후해서 세계사에서 찾아보기 어려운 버블 형성과 붕괴를 겪었다. 그후 30년 가까이 하향 추세가 계속되고 있는데, 그럼에도 계속 새 집이 지어지면서 어느새 빈집이 860만 호로 전체 주택의 13.6%에 이르게 되었다. 이른바 토건국가가 만들어낸 주택 과잉 사회의 단면이다.

중국은 빠른 경제성장, 급속한 도시화와 함께 심각한 주택 부족을 겪고 있다. 대도시의 높은 부동산가격은 이미 악명이 높을 정도다. 사회주의 국가로서 도시 인구 유입을 제한할 수 있다고 하지만, 대도시 주택난은 상당 기간 계속될 수밖에 없다. 그럼에도 시장경제와 사회주의가 혼합된 독특한 체제는 이미 자가 거주율이 80%가 넘는 등 자신들만의 해결책을 찾아가는 것으로 보인다.

이처럼 동아시아 국가들은 경제적 성공과 주택문제 해결이라는 성과를 거두기는 했지만, 소득에 비해 너무 높은 집값, 주기적인 집값 등락, 주거 양극화와 청년·이주민 등의 어려운 주거 상황이 공통적으로 나타나고 있다. 특히 고도성장세대와 저성장세대의 주거 인식, 주거 기회 등도 현격한 차이를 보이고 있다. 물론 이런 현상이 더 이상 동아시아만의 일은 아니다. 최근에는 서구 사회마저 동아시아의 자산 기반 복지, 즉 국가 복지가 줄어들고 자산 의존이 늘어나는 현상이 보편화되고 있다. 부동산의 금융화 현상이 전 세계를 휩쓸면서, 전반적인 부동산 거품이 확대되고 부동산 의존 경제가 심화되는 중이다. 세계의 주택문제가 동아시아를 닮아가고 있다고 할까?

그럼에도 동아시아 국가들은 좀 더 유별나다. 압축적으로 주택문제를 풀어나가는 과정에서 그만 '집에 갇힌 나라'가 되고 말았다. 온 나라가, 온 국민이 집값에 신경을 곤두세우고 있고, 정부는 전전긍긍하는 중이다. 우리나라는 지금 모두가 보고 있는 그대로이고, 홍콩, 중국, 대만도 마찬가지다. 일본도 부동산 양극화 현상은 별반 다르지 않다. 싱가포르가 그나마 사정이 낫지만, 집 문제가 최우선 국가 과제라는 현실은 같다.

이 책은 2017년 출간된 《꿈의 주택정책을 찾아서》의 후속 편이다. 그 책이 유럽 4개국과 미국의 주택정책을 다루었기 때문에, 뒤이어 동아시아를 살펴본 책을 내려고 했는데, 이런저런 사정으로 늦어졌다. 책 제목에서 알 수 있겠지만, 이 시리즈는 기본적으로 '꿈같은 주택정책이 있을까?' 하는 의문에서 출발한다. 이들 나라의 속살을 들여다보면, 나름대로의 어려움은 물론이고 우리가 가장 중요시하는 집값이 계속 오르고 있기 때문이다. 그럼에도 불구하고 외국의 주택시장 상황과 정책에 대한 책을 계속 내는 것은 우리 식 해법을 찾기 위해서다. 중요한 것은 집값의 이면에 있는 각 나라의 주택시장과 정책들이다. 크고 넓게 보면, 우리가 놓여 있는 상황이 더 잘 보이는 법이다. 다른 나라들의 경험 속에서 우리를 되짚어보고자 하는 것이다. 다만 우리나라의 현 상황에 대한 필자들의 생각을 본격적으로 밝히는 것은 다음 기회로 미뤄둔다.

이 책은 저작과 마찬가지로 진미윤과 김수현이 함께 썼지만, 진미윤은 특히 중국에 집중했다. 이 책의 중국편은 그동안 소개된 어떤 중국 주택정책에 대한 글보다 더 체계적으로 우리의 궁금증에 답해주고 있다. 특히 주택 연구자들에게는 낯선 국가라 내용도 자세히 썼다. 분량이 다른 나라들에 비해 2배 이상이다.

기본적으로 책 내용에 대해서는 두 사람 공동의 책임이다. 같이 읽고 고쳤기 때문이다. 전작도 마찬가지지만, 수시로 바뀌는 각국의 정책을 모두 반영하지는 못했다. 오류도 있을 것이다. 그럼에도 이 책을 쓴 목적은 각국의 사회·경제·역사적 맥락 속에서 주택시장과 정책을 조망함으로써, 우리가 더 많은 상상력을 얻기 위함이다. 큰 틀의 흐름과 핵심 정책 조류만이라도 제대도 반영했다면 성공적이라고 기대한다.

마지막으로 오월의봄 박재영 사장님께 동지적 고마움을 밝히고 싶다. 부동산과 주택이라는 우리 사회의 가장 예민한 주제를, 그것도 무겁고 심각한 방식으로 쓴 책들을 계속 내주고 계신다. 이번 책도 결코 가볍지 않아서 염려가 된다. 아울러 편집자께도 감사드린다. 숫자, 표, 그림이 가득한 원고를 정성으로 다뤄 좋은 책을 만들어주셨다.

2021년 9월
김수현·진미윤 씀

차례

1장
동아시아의 경제 기적과 주택문제

집에 바친 청춘, 동아시아

한국, 싱가포르, 홍콩, 대만, 일본은 아시아뿐 아니라 전 세계적으로 선진국 그룹에 속한다. 어떤 기준으로 보더라도 성공한 나라라는 데 이견이 있을 수 없다. 중국은 1인당 국민소득이 아직 앞의 나라들보다 적지만, 전체 경제 규모로는 머지않아 세계 1위 미국을 제칠 것으로 예상되는 강대국이다. 물가를 감안한 구매력 기준으로는 이미 세계 1위라는 설명도 있을 정도다. 제2차 세계대전 이후 불과 40~50년 만에 세계 경제의 주역이 된 이들 국가는 빠른 경제성장과 함께 급격한 도시화 속도로도 유명하다. 특히 한국, 대만, 일본은 수도권 집중도가 매우 높다.

모든 성공에는 그림자가 있는 것처럼, 이들 국가의 경제 기적 이면에는 당연히 여러 문제가 산적해 있다. 서구 사회보다 훨씬 더 빠른 속도로 전개되고 있는 저출산·고령화는 근본적인 걱정거리다. 급속한 고령화 추세 속에서 취약한 노후소득 문제도 당면한 과제다. 낮은 복지수준을 보완하면서 경제성장을 뒷받침했던 가족주의 그 자체도 도전을 받는 중이다. 살수록 성장 동력이 둔화되는 가운데, 사회경제적 양극화도 서구 사회와 마찬가지로 심각해지고 있는 추세다.

여기다 부동산문제도 구조적인 걱정거리다. 이들 국가는 제2차 세계대전 이후 워낙 인프라가 취약한 가운데 경제성장과 도시화가 이루어지다 보니 만성적인 주택 부족과 주기적인 주택가격 급등을 겪어왔다. 특히 농경사회에서 산업사회로 전환되는 기간이 짧았던 탓에 토지나 부동산에 대한 집착이 강했다. 그렇다 보니 가계자산 중 부동산이 차지하는 비중이 서구 사회에 비해 훨씬 높다. 조사 기관이나 시점에 따라 차이가 크기는 하지만 특히 중국과 한국은 70~80%에 이를 정도다.

이들 국가의 고도성장세대는 경제성장의 과실과 함께 집값 상승의 혜택까지 누리기는 했지만, 사실상 집값에 노후를 의존하는 상황이 되고 말았다. 연금 등이 불충분한 가운데, 집이 가장 중요한 노후 안전망이기 때문이다. 이런 사정은 그 자녀들인 저성장세대의 주거 상황에도 큰 영향을 끼치고 있다. 부모 세대의 노후를 위해 자녀 세대가 높은 집값을 계속 뒷받침해야 하는 모순적인 상황에 놓인 것이다. 그나마 부모가 고가의 주택자산을 가지고 있는 경우에는 가족 단위로 주거문제를 해결할 수 있지만, 가난한 가정의 청년은 첫걸음부터 심각한 주거문제에 직면하게 된다. 주택문제가 세대를 이어가고 있는 것이다. 고도성장세대가 집 장만에 청춘을 바쳤다면, 저성장세대는 집이 첫 출발선조차 넘지 못할 장벽이 되어버렸다.

베이비붐 부모 세대가 돌아가셨을 때 그 집은 어떻게
할 것인가? 자녀 세대는 이미 집을 가지고 있기 때문에
오래되고 낡은 부모 집을 팔려고 할 것이다. 이는 연쇄
적으로 싱가포르의 집값을 떨어뜨릴 수밖에 없다. 그
럼 집에 축적된 우리 자산은 어떻게 될 것인가? ('싱가포
르 노동자당 워크숍에서 나온 청년들의 목소리', Youth Voices: The
Future of Housing)

유니스 와이는 30세의 초등학교 선생님이다. 그녀의
7.4㎡짜리 방에서 만나, 홍콩 사람들이 베이징에 대해
어떻게 느끼는지 들었다. "그들은 사람들을 더 많이 통
제하고 우리의 자유를 뺏고 있습니다." 그러나 와이
는 다른 문제들이 삶을 점점 더 어렵게 만들었다고 말
했다. 특히 그녀가 말한 것은 부자들을 더 부자로 만들
고 있는 불공정한 주택정책이었다. "주거는 가장 중요
한 문제 중 하나입니다. 홍콩에는 주택이 너무 없고 사
람들은 아파트를 사기 어렵습니다. 부동산회사가 시장
을 장악하고 있습니다." ("Inside Hong Kong's youth housing
crisis", *Independent*, 2019.7.24.)

일전에 내무부 장관이 "청년들이 모두 자기 집을 가져
야 한다는 생각을 버려야 한다"는 말을 하기에 이르렀
다. 높은 집값과 낮은 급여 때문에 청년들이 모기지 상

환에 자신의 소득의 3분의 2나 지출해야 할 정도가 되었기 때문이다. …… 그러나 청년들이 영원히 임대로 살 수는 없다. …… 이런 문제로 인해 젊은이들이 결혼을 미루게 되고, 이는 저출산 문제를 더욱 악화시킬 뿐이다. …… 대만은 주택 소유가 부자들만의 특권이 되게 해서는 안 되고, 청년들의 현실적인 목표가 되도록 만들어야 한다. ("Housing problem must be tackled", *Taipei Times* 사설, 2018.5.20.)

저는 이 임대아파트에 수입의 20%가 안 되게 지출합니다. …… 그런데 제 인생에 어떤 일이 일어날지 어떻게 알겠어요? 지금은 수입이 괜찮지만, 누가 저 같은 프리랜서에게 돈을 빌려주겠어요? 주변에서는 저보고 집을 사는 게 좋겠다고 하지만, 저는 그럴 수 없어요. (미사키, 여성·33세, Ronald 외, 2018, 인터뷰에서)

베이징 사회발전보고서(2018~2019)에 따르면, 시민들이 가장 중요한 문제이자 압박감을 느끼는 일로 '열악한 주거와 감당하기 힘든 주거비'를 들고 있다. …… 또 베이징의 3대 사회문제로 교통체증(83%), 높은 집값(76%), 의료 수준(70%)을 꼽고 있다. ("Beijing citizens fret most about housing, healthcare, education", *Asia Times*, 2019.6.20.)

동아시아 경제 기적과 초고속 도시화

이 책이 다루는 동아시아 국가들은 모두 경제 기적을 이루었거나, 이루어가는 나라들이다. 2019년 현재 중국, 일본은 GDP 규모 세계 2위, 3위라는 데서 알 수 있듯이 그야말로 경제 대국이다. 한국은 12위다(코로나 사태를 겪으면서 2020년 10위로 올라섰다고 한다). 싱가포르는 작은 나라이지만 1인당 국민소득이 아시아에서 가장 높은 6만 5,233달러에 달한다. 지금은 중국으로 반환되어 독립적인 국가라고 할 수 없지만, 홍콩은 특별행정구역만 놓고 보면 1인당 국민소득 4만 8,713달러의 고소득 지역이다. 대만 역시 GDP 21위, 1인당 국민소득 2만 6,594달러의 국가다.

이들 국가는 한때 일본에 점령당했거나 오랫동안 식민 지배를 겪었으며 중국, 대만, 한국은 제2차 세계대전 이후 내전과 군사적 대치까지 계속되고 있다. 그럼에도 불구하고 경제 기적을 이뤄냄으로써 아시아의 '4마리 용'(싱가포르, 홍콩, 대만, 한국), '거대한 용'(중국) 등으로 불린다.

일본은 19세기에 이미 산업화가 진행된 나라여서 예외로 하더라도 다른 국가들은 모두 제2차 세계대전 이후 본격적으로 산업화가 시작된 나라들이다. 자본주의 산업화는 필수적으로 농촌의 해체와 농업 인구의 도시 이주를 수반한다. 산업화는 곧 도시화를 의미하는 것이다. 1950년 무렵의 도시화율은 우리나라와 대만이 20%, 중국은 10% 수준에 불과했다. 일본은 이미 산업화가 상당히 진행된 상태였기 때문에 53%나 되었다. 하

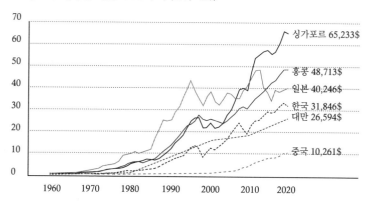

〈그림 1-1〉 국가별 1인당 GDP 추이 (단위: 천$)

싱가포르 65,233$
홍콩 48,713$
일본 40,246$
한국 31,846$
대만 26,594$
중국 10,261$

자료: World Bank 데이터 홈페이지(2021.2.25. 기준)

지만 최근의 도시화율은 중국만 아직 60% 정도이고 다른 국가
들은 80~90%에 이른다. 물론 싱가포르와 홍콩은 도시국가이기
때문에 도시화율을 따질 필요도 없다.

특히 우리나라, 대만, 일본은 수도와 수도권으로의 집중이
심하다. 세 나라에서 수도 인구가 차지하는 비중은 7.3%에서
18.9%에 달한다. 이 중에서 서울이 가장 집중도가 높다. 다만
수도권은 각 나라마다 기준이나 현지에서 받아들이는 정서가
달라서 일률적으로 비교할 수 없다. 특히 중국은 수도권만 볼
것이 아니라 초거대도시권 집중률을 보아야 한다.

전체적인 인구는 경제력 상승과 함께 빠른 속도로 늘어났
지만 출산율이 떨어지는 속도 역시 세계적이다. 이 때문에 인구
정점이 도래한 국가가 늘고 있다. 우리나라는 2020년, 세계 최
저 출산율로 이미 인구 자연 감소가 시작되었다.

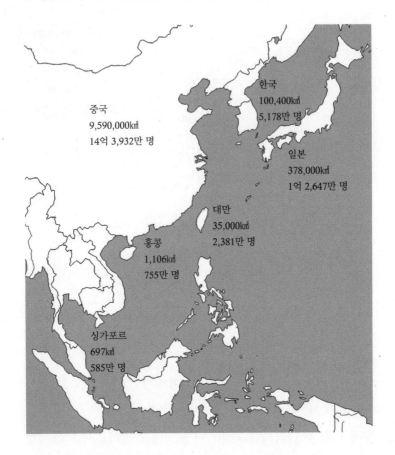

〈그림 1-2〉 이 책에서 다루는 동아시아 국가들 (2019년)

동아시아 주택: 집값에 눌린 사회

절대 부족에서 주택 과잉까지

20세기 전반부는 전 세계가 혼란과 고난을 겪은 시대였다. 유럽, 중동은 물론이고 아시아, 나아가 아프리카까지 전쟁의 포화

〈표 1-1〉도시화율 추이 (단위: %)

연도	대만	한국	일본	중국	세계 평균
1950	24.1	21.4	53.4	11.8	29.6
1960	-	27.7	63.3	16.2	33.8
1970	-	40.7	71.9	17.4	36.6
1980	66.1	56.7	76.2	19.4	39.3
1990	-	73.8	77.3	26.4	43.0
2000	-	79.6	78.6	35.9	46.7
2010	-	81.9	90.3	49.2	51.7
2019	78.9	81.4	91.7	60.3	55.7

자료: 통계청, 국제 통계

를 겪었다. 세계대전이 무려 두 차례나 발발했고 제국주의가 만연하던 시대였다. 이런 상황에서 산업화가 뒤처지고 식민 지배와 내전까지 겪은 동아시아 국가들에 변변한 주택이 있었을 리만무하다. 더구나 제2차 세계대전 종전 이후 난민들까지 몰려들자 대도시 주택난은 심각한 상황에 빠져든다. 일본을 제외하고는 대부분의 국가들이 판자촌이 만연한 시대를 겪었다.

하지만 1960년대부터 본격화된 경제성장과 함께 대량 주택 공급이 시작되자 불과 30여 년 만에 주택의 절대 부족을 해결하게 된다. 물론 한국은 상대적으로 주택에 대한 자원 배분이 늦었기 때문에 주택 부족 상황이 오래갔다. 더 나아가 1990년대부터는 대만, 일본에서 집 숫자가 가구수보다 월등히 많아지

〈표 1-2〉수도 인구 집중률 (2018년, 단위: %)

	대만	한국	일본	중국
수도 면적 비율	0.1	0.6	0.2	0.1
수도 집중률	11.1	18.9	7.3	1.5

자료: 각국 통계청

〈표 1-3〉인구의 중위 연령 및 인구 정점 시기

	싱가포르	홍콩	대만	한국	일본	중국
인구 중위 연령	41.5세	44.8세	40.1세	43.7세	48.5세	38.4세
인구 정점	2020년	2018년	2022년	2020년	2015년	2029년 예상

자료: 각국 통계청

〈그림 1-3〉합계 출산율 비교 (단위: %)

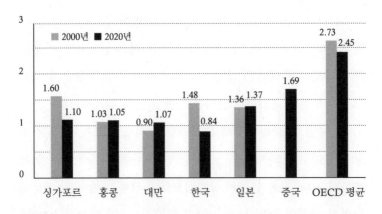

*합계 출산율은 가임 여성(15~49세) 1명이 평생 낳을 것으로 예상되는 자녀 수.

〈그림 1-4〉 고령화율 비교 (단위: %)

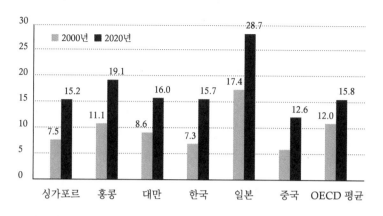

30

■ 2000년 ■ 2020년

28.7

25

20

19.1

15.2

17.4

16.0

15.7

15.8

15

11.1

12.6

12.0

10

7.5

8.6

7.3

5

0

싱가포르 홍콩 대만 한국 일본 중국 OECD 평균

*고령화율은 전체 인구 중 65세 이상 인구의 비율.
*중국은 2019년, OECD 평균은 2018년 기준.

면서, 선호도가 떨어지는 주택들이 빈집으로 누적되기 시작한
다. 최근 빈집 비율은 일본 13.6%, 대만 19.3%(2010년 센서스 결
과. 2017년 전기 사용량 추정에 따른 공가는 10.6%)에 이른다. 중국은 농
촌 지역의 빈집 외에도 과도한 개발 열풍으로 과잉 공급된 주택
이나 심지어 유령도시까지 속출하고 있다. 한국도 빈집 비율이
2010년 5.7%에서 2019년 8.4%로 늘었다.

이처럼 한때 판자촌이 만연했던 동아시아 국가들의 최근
주거 수준은 놀라울 정도다. 최고급 고층 아파트가 숲을 이루는
것은 대부분의 나라에서 공통적인 현상이다. 싱가포르, 홍콩,
중국, 한국에 특히 고층 아파트들이 많다. 지진이 많은 나라인
대만, 일본도 최근에 고급 아파트들이 일종의 트렌드를 형성하
고 있다. 1인당 주거면적도 지속적으로 늘어나서 이제 서구 국

가들의 수준에 육박하고 있다. 최저주거기준 미달 가구도 빠르게 개선되었다.

하지만 신종 판자촌이라 할 수 있는 열악한, 때로 불법·편법적인 주거가 늘어나는 것도 공통적인 현상이다. 한국에서는 쪽방, 고시원이 그런 역할이라면, 홍콩에서는 쪽방sub-divided unit, 옥탑방roof top, 심지어 닭장집cage house까지 존재한다. 일본은 이 책이 다루는 나라들 중에서 노숙자가 가장 많은 나라이며, 도야(ドヤ, 숙소를 나타내는 宿의 은어)가 우리 식의 쪽방 역할을 하고 있다. 중국도 '개미족'이라 불리는 불안정 계층들이 주로 사는 쪽방이 사회문제가 되고 있다.

집값이 비싸다!

오랫동안 동아시아 국가들은 '높은 집값'에 시달려왔다. 몇 번의 주기가 있기는 했지만 장기간에 걸쳐 오른 것은 물론이고, 소득보다 더 오르는 주거비는 언제나 가장 중요한 걱정거리였다. 주택 자체가 절대 부족한 상황에서 기적적인 경제성장을 거두었으니 집값이 오르는 것은 당연한 일이었을 수도 있다. 하지만 여기에 아시아적 문화라고 하는 '부동산에 대한 집착'까지 영향을 미치면서 상황이 더 악화되었다.

일본은 1990년을 전후해서 세계적으로 유례없는 수준의 거품이 형성되었다가 꺼지는 일을 겪었다. 홍콩, 싱가포르는 1997년 아시아 경제위기를 전후해서 급등락을 경험했다. 이때 한국도 이들 두 나라에 비해 하락 기간이 훨씬 짧기는 했지만

<그림 1-5> 인구 천 명당 주택 재고 수 (단위: 호)

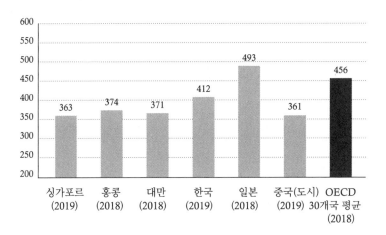

<그림 1-6> 공가 비율 (단위: %)

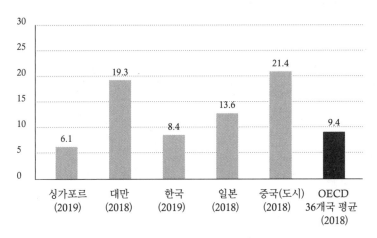

*싱가포르는 민간주택의 공가율.
*대만은 전기 사용량 기준의 공가율이 10.6%(2017년).

깜짝 놀랄 만큼의 하락을 겪었다.

2008년 세계 금융위기 이후 일시적인 조정을 받기는 했지만 집값이 다시 오르는 추세가 계속되고 있다. 특히 홍콩의 상승세가 두드러진다. 일본도 지역이나 주택 유형에 따라 차이가 있지만, 대도시 아파트들은 불쑥 올랐다. 대만은 최근 5년간 비교적 안정되어 있는데, 그 이전에 다른 나라들보다 급격히 올랐다. 중국은 말할 것도 없다. 1990년대부터 집값이 오르기 시작해서 매년 기록을 갱신하는 중이다. 아직 고도성장의 기세가 꺾이지 않은 상태이기 때문에 앞으로도 상당 기간 상승 추세가 계속될 것으로 보인다. 예외가 있다면 싱가포르인데, 1997년 아시아 경제위기의 파장이 워낙 컸던 탓에 정부가 선제적인 조치를 취하면서 전반적으로 동아시아 국가들 중에서는 가장 안정된 모습을 보이고 있다. 그럼에도 오르고 있는 추세는 다르지 않다.

〈그림 1-7〉은 대표적인 국제 주택시장 비교 사이트인 글로벌 프로퍼티 가이드Global Property Guide가 각국의 자료를 바탕으로 가격 변동을 제시한 그래프이며, 〈표 1-4〉는 특히 지난 1년, 5년간의 가격 변화를 나타낸 것이다. 〈그림 1-8〉은 OECD가 2015년 이후 최근까지의 가격 변화를 나라별로 비교한 것으로 우리나라, 일본, 중국이 포함되어 있다.

그런데 이들 표와 그래프를 보면, 통계 논란이 있기는 하지만 한국의 집값 상승률은 적어도 평균적으로 다른 나라들보다 낮은 편이다. 특히 OECD 국가 중에서는 일본과 함께 하위권

<그림 1-7> 주택가격지수 추이

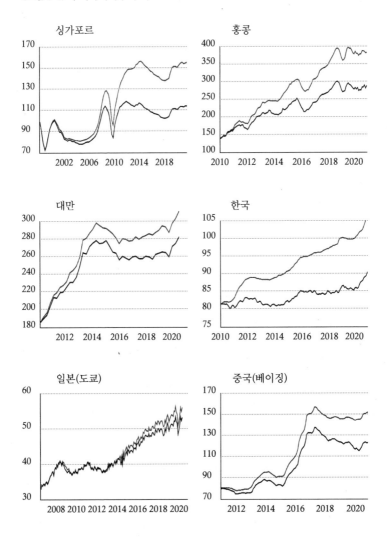

*각국 그래프의 위 선은 명목가격, 아래 선은 실질가격.
*각국 그래프의 세로축 구간 크기에 주의해서 볼 필요가 있다.
자료: 각국 Global Property Guide(https://www.globalpropertyguide.com/home-price-trends)

을 형성하고 있다. 다만 체감하는 집값 상승률은 국민들이 주로 어떤 집값과 비교하고 또 관심을 갖는가가 중요하기 때문에, 숫자로만 얘기하기는 어렵다.

연간 소득 대비 주택가격PIR: Price to Income Ratio도 비슷한 문제를 가지고 있다. "1년 치 수입을 한 푼도 쓰지 않고 몇 년을 모아야 중간 수준의 집을 살 수 있다"라는 얘기는 직관적으로 집값 수준을 아는 데 많은 도움이 된다. 그러나 중간 주택가격과 중간 소득을 비교하는 일은 간단치 않다. 우리나라를 예로 들면, 통계적으로 중간 가격 주택을 단독주택까지 모두 포함할 경우 필시 기대보다 훨씬 낮을 것이다. 반면 선호하거나 관심을 갖는 주택은 요지의 아파트이기 때문에, 그 가격과 소득을 비교하면 당연히 PIR이 훨씬 높아지게 된다. 각 사회에서 선호하는 중간 수준 주택과 통계적인 중간 가격 주택은 현실에서 큰 차이가 있는 것이다. 더구나 통계를 생산하는 기관과 방식에 따라서도 차이가 크다. 이 때문에 PIR은 한 나라에서 일정한 트렌드를 보는 데는 의미가 있지만, 국제 비교 자료로 사용하기는 쉽지 않다. 특히 외국 생활을 하는 사람들의 정보 교환을 위한 사이트(예를 들면 Numbeo)는 워낙 표본이 제한되어 있어서 정보 왜곡이 심하다. 따라서 이 책에서 나라별 비교에 PIR을 사용하지는 않는다. 대신 여전히 비교 기준의 논란 소지를 안고 있지만, 글로벌 프로퍼티 가이드가 공표하는 주택가격 자료를 국가별로 비교한다.

동아시아 국가들의 월 소득 대비 임대료RIR: Rent to Income

〈표 1-4〉 각국의 명목 주택가격 변화 (단위: %)

	싱가포르	홍콩	대만	한국	일본	중국
최근 1년간 가격 변화	0.7	0.3	6.1	6.2	4.1	4.5
최근 5년간 가격 변화	8.1	25.0	9.0	12.8	21.0	43.8

자료: Global Property Guide 홈페이지(2021.2.23. 기준)

〈그림 1-8〉 2015년 이후 최근까지 실질 주택가격 변화 (OECD)

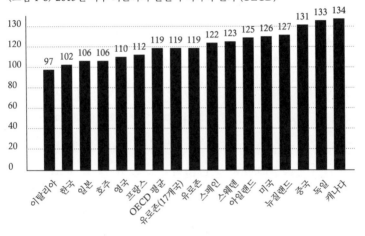

*2015년=100.
자료: OECD 데이터 홈페이지(2021.2.25. 기준)

Ratio도 국제 비교 시에는 당연히 위의 PIR과 같은 어려움이 있
다. 특히 우리나라 전세의 경우 보증금에 대한 이자를 반영하는
데, 실제 체감하는 상황과는 다를 수밖에 없다. 따라서 언론이
나 기관들이 RIR을 국제 비교하는 예는 찾아보기 어렵다. 대신

글로벌 프로퍼티 가이드의 면적당 임대료와 임대 수익률을 소개한다(〈표 1-5〉).

높은 자가 소유 지향, 그러나 나라별로 큰 차이

동아시아 주택문제의 원인 중 하나로 우리는 흔히 자가 소유에 대한 집착과 지향이 크다는 점을 든다. 시중의 얘기를 들어보면 더욱 그렇다고 생각할 수 있을 것이다. 그러나 동아시아 국가들의 자가 거주율은 나라별로 상당한 차이가 있다. 중국, 대만, 싱가포르가 80~90%에 이르는 반면 일본, 한국은 60% 정도를 보이고 있다. 홍콩은 특히 공공임대주택 비중이 전 세계적으로 높은 편이어서 자가 거주율이 50%에 미치지 못한다. 이는 각 나라마다 주택시장과 정책의 특수성이 있기 때문인데, 이 책에서는 왜 그런 차이가 발생했는가를 자세히 설명하고 있다.

공공임대주택 비중도 나라별로 차이가 크다. 홍콩은 영국 지배하에 있던 1950년대부터 공공임대주택을 적극적으로 공급했는데, 한때 전체 가구의 36.5%(1991년)가 거주할 만큼 늘어나기도 했다. 일본은 이른바 '전후 주택체제'의 한 축으로 공영주택을 대량 공급함으로써 1980년 무렵 7.6%까지 늘어났다. 하지만 두 나라 모두 1990년대부터 공급을 줄이고 입주 대상도 빈곤층으로 국한하기 시작했다. 그 결과 일본은 비중은 물론이고 절대량도 과거에 비해 줄어들었다. 싱가포르는 처음부터 자가 소유 확대를 위해 공공주택을 공급한 나라이기 때문에 공공임대주택의 비중이 적고, 대만은 거의 공급되지 않은 수준이다.

〈표 1-5〉 주택가격 및 인대료 비교

	싱가포르	홍콩	대만	한국	일본	중국 (베이징)
주택가격($/㎡)	14,373	28,570	10,373	n/a	16,322	11,829
주택가격/ 1인당 GDP(배)	27.1	65.6	46.1	n/a	42.0	145.6
임대료($/㎡)	4,736	7,267	2,142	2,778	4,346	2,479
임대 수익률(%)	3.30	2.35	2.06	n/a	2.66	2.10

*수도나 핵심 대도시의 중심지에 소재한 120㎡ 주택 기준.
자료: Global Property Guide 홈페이지(2021.2.23. 기준)

반면 우리나라는 1990년대부터 공공임대주택을 공급해서, 현재는 전 세계적으로 가장 빠르게 늘어나는 국가다. 중국은 개혁개방 이전에는 기본적으로 국공유 주택이었지만, 현재는 공공임대주택에 거주하는 가구가 명목상 10% 정도이기는 해도 분양부 임대주택을 제외하면 그보다 훨씬 낮다.

민간임대는 대부분의 나라에서 일종의 기피 대상인 주거 형태다. 주거 안정성, 주거수준, 자산가격 상승에 따른 불이익 등으로 인해, 형편만 된다면 되도록 내 집을 갖고자 하는 경향이 있기 마련이다. 특히 공공임대주택이 주거 안전망 기능을 못 하는 사회일수록 더 그렇다. 세계적으로 보면, 민간임대 부문이 사회의 주요 주거 형태인 국가는 독일, 스위스 등 극히 일부 국가에 불과하다. 동아시아 국가들은 게다가 임차인 보호나 시장 투명화 수준이 낮아서, 더욱 민간임대에 불안정한 측면이 있다. OECD가 분류하는 임차인 우위 혹은 임대인 우위 시장의 구분

〈표 1-6〉 주택 점유 형태 비교 (단위: %)

	싱가포르 (2019)	홍콩 (2019)	대만 (2018)	한국 (2019)	일본 (2018)	중국 (2017)
자가	90.4	49.8	89.2	58.0	61.2	80.8
공공임대	4.7	30.6	0.2	7.7	5.0	10.3
민간임대	4.9	19.5E	10.6	31.3	28.5	8.9

*각 나라의 합이 100%가 아닐 수 있다.
자료: 각국 통계를 바탕으로 필자가 정리함

〈그림 1-9〉 자가 거주 비중 추이 (단위: %)

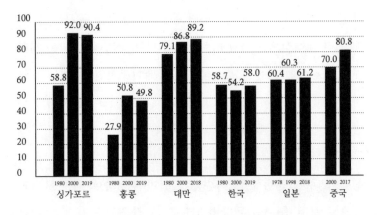

에서 보더라도, 동아시아 국가들은 모두 임대인 우위의 국가에 속한다. 홍콩, 싱가포르, 일본 등은 2000년대 들어 임대차 규제를 더 완화하는 추세에 있다. 또 서구와 달리 민간임대료 보조제도를 본격적으로 시행하는 국가도 없다. 반면 한국은 최근 임대차제도를 강화하고 임대료 보조의 대상과 수준도 높이고 있

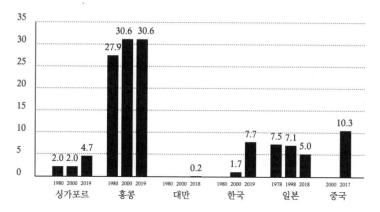

〈그림 1-10〉 공공임대주댁 거주 비중 추이 (단위. %)

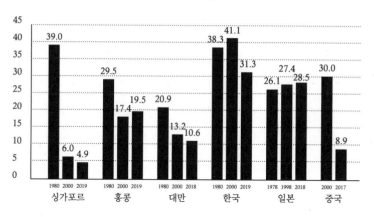

〈그림 1-11〉 민간임대 거주 비중 추이 (단위: %)

는 예외적인 국가다. 다만 전세제도로 인해 그 체감 효과가 높
지 않다는 한계가 있다.

나라별 주택시장과 정책 스케치

이 책을 본격적으로 읽기 전에 각 나라의 상황을 스케치해 보는 것이 도움이 될 것 같다. 이 책이 다루는 국가들은 대개 1950~1960년대부터 본격적으로 경제개발에 착수하면서 빠른 인구 증가와 도시화에 따른 주택 부족을 겪기 시작했다. 이에 경제개발 초기 단계부터 대량 주택 공급체제를 구축했다. 다만 한국은 다른 나라들보다 상당히 늦은 1980년대 후반부터 공공택지 공급을 본격화했다. 싱가포르, 홍콩이 높은 국공유지 비율 속에서 공공 중심의 공급체계를 구축했다면, 대만의 경우 공공의 금융 지원 외에는 모두 민간에 맡기는 방식이었다. 일본은 초기에 공공택지, 공공자금, 공공임대주택을 활용해 정부 주도로 주택 공급을 확대했지만, 1990년대 버블 붕괴를 겪고부터는 시장 자율화를 통해 민간 중심이 되었다. 대부분의 국가들이 1997년 아시아 경제위기 이후 시장 규제를 완화하고 정부 개입을 축소하는 경향을 보였지만, 한국은 공급과 수요 관리 모두 정부가 여전히 강한 역할을 하고 있다.

반면 중국은 1980년대부터 개혁개방정책에 따라 본격적으로 경제성장이 시작되었고 도시화도 그 무렵부터 급격한 속도로 진행되었다. 따라서 개혁개방 이전의 주택문제와 이후의 문제가 완전히 다른데, 특히 질은 낮지만 나름대로 국공유 주택 정책을 지켰던 시기와 사실상 시장에 맡긴 뒤 대량 공급에 나선 시기로 나눠진다. 중국은 특유의 자가 소유 중심 정책을 펴고 있으나, 경제 단계나 주택시장 단계로 볼 때 한국, 일본이 겪은 문제를 빠르게 따르고 있다. 그럼에도 중국식의 해법을 이미 모색한 듯 보인다.

싱가포르: 꿈의 주택정책의 이면

싱가포르는 1960년대부터 광범한 국유지, 의무가입연금Cental Provident Fund, 공공분양주택의 3대 축을 통해 세계 어느 나라보다 안정적인 주택시장을 구축했다. 국유지는 1960년 44%였지만 2005년 90%로 늘어났고, 현재도 그 수준이 유지되고 있다. 1960년, 주택 공급을 전담하는 조직으로 주택개발청Housing & Development Board: HDB을 설립했다.

자가 거주율은 1994년부터 90%를 넘어섰고, 공공주택이 전체 주택 재고의 72%를 차지하고 있다. 초기에 공급된 주택은 편의시설이나 디자인 등이 뒤떨어졌으나, 1990년대부터 재건축이나 개량을 통해 주거수준을 높여왔다. 1997년 아시아 경제위기를 전후하여 집값이 급등락한 이후 2010년경부터 가격이 회복되었으나, 이후 싱가포르 정부가 가격 불안에 적극 대응하여 취득세Stamp Duty를 차등 인상하고 LTV를 억제함으로써 최근에는 중화권 국가들 중에서 가장 시장이 안정되어 있다. 우리나라뿐 아니라 전 세계가 부러워하는 꿈의 주택정책이라고 할 수 있다.

그러나 최근 노후소득이 부족한 가운데 과다한 주택자산 비중에 대한 염려가 커지고 있다. 이른바 '자산 부자, 현금 빈곤

asset rich, cash poor' 현상이다. 동시에 노후주택의 개량과 한 세대 후면 다가올 99년 임대 기간 만료 등은 주택정책의 핵심 현안이 되고 있다. 또 싱가포르 체류 인구의 약 30%를 차지하는 외국인들의 주거문제 해결도 숙제다. 특히 싱가포르 코로나19 감염의 거의 대부분이 집단 합숙 생활을 하는 이주 노동자들에게서 발생함으로써, 이들의 열악한 주거 상황이 사회문제가 되고 있다. 이외에 아직 공공주택을 분양받지 못한 청년·신혼부부 등의 주거 안정, 공공임대주택 확대 등도 해결해야 할 주택정책의 숙제다.

홍콩: 좌절당한 모범 주택정책 사회

홍콩은 19세기 말 서구 열강의 중국 침탈 과정에서 99년간 영국에 조차지로 제공된 땅이다. 이 때문에 홍콩의 주택정책은 아시아적 토양에 영국식 정책이 입힌 형태를 가지고 있다. 특히 1953년 판자촌 밀집지인 쉑킵메이石夾尾 지역에 대화재가 발생해서 5만여 명의 이재민이 발생한 이후 판자촌 대체용 공공임대주택이 공급되기 시작했다. 공산화된 중국과 체제경쟁을 해야 했던 영국 총독부는 1970년대부터 이를 보편적인 복지 수단으로 발전시키게 된다. 그 결과 1991년에는 공공임대주택에 거주하는 가구가 36.5%에 이르렀으며, 정부의 적극적인 주거복지정책은 홍콩 경제성장의 원동력이 되었다. 토지 역시 전체의 95%를 국유로 관리하면서 99년 또는 50년의 사용권만 부여하는 임대제를 유지하고 있다. 도시사회학자 마누엘 카스텔 등은 적극적인 공공주택정책이 동아시아 경제 기석의 배경이 되었다는 차원에서, 싱가포르와 함께 홍콩의 주택정책을 '쉑킵메이 신드롬'이라 부르기도 했다(Castells 외, 1990). 말하자면 개발도상국가의 모범 주택정책이었다.

그러나 동아시아의 성공 모델로 불렸던 홍콩의 주택정책은 1997년 주권 반환을 계기로 근본적으로 바뀌기 시작한다. 마침 홍콩 주택시장은 싱가포르와 마찬가지로 1997년 아시아 금융위기를 전후해서 가격이 급등락했고, 2003년 초의 사스 사태까지 겪으면서 장기 침체에 빠지게 된다. 약 7년간 고점 대비 3분의 1 수준으로 하락한다. 이에 홍콩 정부는 택지와 공공임대주택 공급을 대폭 줄이면서, 본격적으로 시장 자율화 정책을 펼치게 된다. 여기다 주권 반환 이후 중국 본토로부터 인구와 자본이 대거 유입되면서 홍콩의 주택문제는 빠르게 악화된다. 더구나 국유지가 대부분임에도 불구하고 최고가 입찰 방식으로 공급됨으로써 오히려 집값 불안을 야기하는 요인이 되고 있다.

2004년 무렵부터 오르기 시작한 홍콩의 주택가격은 2008년 세계 금융위기로 잠시 주춤했지만 상승 추세가 2020년 초까지도 계속되었다. 그 결과 홍콩은 "집값은 비싸고 주거의 질은 낮은" 대표적인 도시가 되고 말았다. 특히 우리의 고시원 내지 쪽방과 유사한 쪽방subdivided unit에 전체 가구의 3.6%인 9만 1,787가구, 20만 9,700명이 거주하는 실정이다. 빈곤 가정은 소득의 39.7%를 주거비로 지출하고 있을 정도다. 또 1인당 평균 주거면적은 15㎡에 불과해, 선진국 도시 중에서 가장 나쁜 상황이다. 이는 2014년부터 계속된 홍콩의 정치 불안정과 청년층의 동요에도 중요한 원인이 되고 있다.

대만: 불평하면서도 적응한 자가 소유 사회

대만은 일본 식민 지배를 오래 겪기는 했지만, 대만 섬 내에서 전쟁이나 파괴는 거의 없었던 곳이다. 그런데 1949년 국민당의 중국 본토 퇴각과 함께 큰 혼란에 빠지게 된다. 섬 전체 인구가 610만 명에서 745만 명으로 갑자기 150만 명 가까이 늘어난 것이다. 수도 타이베이는 27만 명에서 50만 명으로 늘어났다. 그런데도 1960년대까지는 본토 수복에 대한 기대 속에 국방력 강화에만 집중하면서 주택에 대한 투자는 거의 없었다.

하지만 1970년대 중국의 유엔 가입과 함께 대만이 국제적으로 고립되자, 이때부터 국내 정책에 집중하기 시작한다. 1975년부터 국민주택건설 6개년계획을 추진했는데, 공공의 직접 공급은 5% 미만에 머물렀다. 민간 건설에 자금을 지원하고 자가 구입 시 세제 혜택이나 이차 보전을 하는 방식으로 시장을 지원했다. 특히 군부대 부지 등 국공유지도 민간 건설업체에 불하하여 주택 공급에 활용했다. 민간을 통한 대량 공급의 결과로, 1990년에는 자가 거주율이 80%에 달했고 2018년에는 89.2%나 되었다. 더구나 낮은 보유세율에 불투명한 임대차시장 등으로 인해 자본 차익을 노리고 여유 주택을 빈집으로 두는 경우가 빈발하고 있다. 2017년 현재 전체 주택의 10.1%(전기 사용량 추정 기준)가 공가인 상태다. 반면 공공임대주택은 극빈층을 대상으로 0.2%에 불과하다.

이런 상황에서 청년층과 취약계층들의 임대차 안정이 사회
문제로 부각되었고, 2000년대 들어 공공임대주택 확대가 중앙
정부 및 타이베이시의 핵심 정책 과제가 되었다. 타이베이시는
빈집을 세놓을 경우 재산세 혜택을 제공하는 등의 정책도 추진
하고 있다. 그러나 공공의 주거복지정책은 양적, 질적으로 다른
나라들과 비교할 수 없을 정도로 미약하다. 청년층과 지식인들
이 주택문제로 불평하고 있지만 90%에 가까운 자가 거주 사회
와 높은 집값 의존 사회를 바꿔낼 동력은 없어 보인다.

일본: 버블의 기억과 주택 과잉 사회

일본은 20세기 전반에 이미 상당한 수준의 도시 및 주택 인프라
를 구축했던 국가다. 그러나 제2차 세계대전 중에 본토 폭격 등
으로 상당수의 주택이 파괴되었기 때문에, 전후 복구 수요와 함
께 급속한 경제성장, 빠른 인구 증가와 도시화에 따라 주택 수
요가 폭증하게 된다. 이에 일본 정부는 1950년대부터 택지 및
주택 공급을 주도하는 한편, 공적 자금 지원에 본격적으로 나선
다. 또한 빈곤층을 위한 공영주택 공급에도 노력한다. 이를 위
한 조직 내지 법률이 일본주택공단(1955년), 주택금융공고(1950
년), 공영주택법(1951년)인데, 이 셋을 '전후 주택체제의 세 기둥'
이라 부른다. 특히 주택건설 5개년계획을 통해 공급 목표를 세
우고 공급 우선 정책을 펼친 결과, 1968년에는 주택수가 가구
수를 넘어섰고, 자가 소유율 역시 전전에 20~30% 수준에 불과

했던 것이 1960년대에 들어서면 60%를 넘게 된다. 공영주택 거주 가구도 1980년대 초 최대치인 7.6%에 이르렀다(재고량 기준으로는 2003년 최대).

그러나 1990년을 전후한 버블 형성과 붕괴는 일본 주택시장을 근본적으로 바꿔놓았다. 당시 이미 인구구조의 변화가 시작되었고, 과잉 공급되었던 주택시장의 영향이 본격화된 것이다. 이에 정부는 종전의 적극적인 개입주의에서 후퇴하여 일본 주택공단의 직접 공급 역할을 대폭 줄이고, 공적인 주택구입자금 지원 역시 사실상 중단한다. 주택담보대출 잔액 중에서 공적 대출이 차지하는 비중은 2001년까지 40%를 넘었던 것이 2017년 현재 4.3%로 줄어들게 된다. 이와 함께 공공임대, 사택 비중이 지속적으로 축소되고 민간임대 거주는 늘어난다.

최근 일본 주택시장은 '다차원적인 주거 양극화'를 겪고 있는데, 신축 주택과 기존 주택, 단독주택과 아파트(맨션), 중고령 가구와 청년층 가구, 도쿄 및 수도권과 지방 도시·주변부 등 주택 유형, 가구 유형, 지역, 소득수준에 따라 다양한 차별화와 양극화가 일어나고 있다. 특히 공가는 지방 과소 지역을 넘어 대도시 지역에서도 광범위하게 발생하고 있다. 1988년부터 10년마다 주택 재고가 680만 호 늘어났지만, 그 23%에 해당하는 157만 호의 공가가 새로 발생한 것이다. 수도 도쿄에서조차 열 집 중 한 집이 빈 채로 있다. 집이 남아도는데도 계속 집이 지어지는 주택 과잉 사회가 된 것이다.

중국: 대혼전—인구대국, 도시대국

중국은 세계에서 인구가 가장 많은 나라이면서 동시에 가장 빠르게 성장을 거듭하고 있는 나라다. 물론 싱가포르, 한국, 대만 같은 1세대 동아시아 발전 국가들도 경이적인 경제성장을 달성했지만, 뒤늦게 출발한 중국은 물량까지 덧붙여서 더 놀랍기만 하다. 이렇게 인구가 많은 나라에서 산업화가 본격적으로 진행되었을 때, 산업 중심인 도시로 얼마나 많은 사람들이 몰려들었을지는 굳이 얘기할 필요도 없다. 어마어마한 규모로 대도시 숫자가 늘어나고, 또한 더 커지고 있다. 도시화율은 아직 낮은 수준이지만 대도시 숫자는 세계에서 가장 많다.

도시로의 급격한 인구 집중이 가져올 결과는 자명하다. 주택문제다. 양적으로나 질적으로나 심각한 상태가 오랫동안 계속되지 않을 수 없다. 더구나 개혁개방 이전에 국유주택, 기업주택, 농촌 집체주택 등의 공유 방식으로 주택을 공급했기 때문에 시장경제 도입과 함께 주택문제도 체제적 전환이 필요했다. 어떻게 '주인 없는 주택'에서 '주인 있는 주택'으로 전환할 것인가? 중국으로서는 큰 도전이 아닐 수 없었다. 여러 실험을 거듭하면서 깨달은 원칙은 '질서 있는 전환'이었다. 이른바 중국식 사회주의가 표방하는 '국가 관리 시장경제체제'의 연장선상이다. 출신지에 따라 주택 공급을 제한하는 방식(후커우제도)으로 주택문제가 표출되는 속도도 관리했다.

전환기의 혼란은 어쩔 수 없었다지만, 중국 정부의 노력에도 불구하고 집값 폭등, 개발이익 독점, 양극화 심화 등의 문제가 이어지고 있다. 국유토지제도는 명분상 훌륭했지만 실제로는 부족한 지방재정을 보충하는 수단이 되었고, 결과적으로 집값을 더 올려버리는 부작용을 초래했다. 홍콩의 국유토지제도가 보여줬던 문제와 동일하다. 과열된 교육열이 비싼 집을 더 비싸게 만드는 문제도 겪고 있다. 또한 오래전 지어졌던 노후불량주택들의 개량도 과제다. 다른 나라들과 마찬가지로 청년층은 도시 정착에 어려움을 겪고 있고, 우리의 쪽방과 유사한 곳에서 생활하는 사례가 많아졌다.

그럼에도 중국은 어떻든 도시 주택문제 해결의 길을 찾아간 것으로 보인다. 자가 점유율이 81%, 소유율로는 96%에 이르러 거대한 자가 소유 사회를 이미 달성했다. 불과 40년 전만 하더라도 국유 또는 공유주택이 거의 대부분이었던 사회가 이제는 내 집을 가진 사회가 되었다. 물론 가계자산의 대부분이 집과 부동산에 잠겨 있다는 것은 잠재된 위협이다. 어느새 중국은 동아시아 1세대 성공 국가들과 매우 유사한 주택정책 이슈에 직면하게 되었다.

동아시아 주택시장이 던지는 질문

우리는 왜 저 나라처럼 못 하는가?

최근 우리나라 집값이 고공 행진을 하면서 정치권과 시민단체에서는 다양한 이름의 '화끈한' 해결책들을 내놓고 있다. 모두 공통점이 있는데, '싸고 질 좋은 집을 대량으로 공급'하겠나는 것이다. 그러면서 흔히 성공 사례로 드는 것이 싱가포르의 공공주택이다. 대규모 국유지를 활용해서 시세보다 싼 값에, 전 국민에게 주택을 제공한 싱가포르는 모든 나라들의 부러움을 사고 있다. 대만과 홍콩의 시민단체, 언론들도 싱가포르를 부러워하기는 마찬가지다. 중국 역시 싱가포르의 사례를 참고하면서, 자가 소유 국가를 지향하고 있다.

그러나 안타깝게도 모든 나라가 싱가포르를 따라갈 수는 없다. 우선 싱가포르처럼 인구 유입을 제어할 수 없다. 사회주의 국가인 중국은 후커우户口제도를 활용하여 '억지로' 도시 인구 유입을 관리하고 있지만, 다른 나라들은 사실상 불가능하다. 다음으로 국공유지 문제다. 우리나라와 대만은 경제개발 초기부터 오히려 국공유지를 매각해왔다. 홍콩은 국공유지가 대부분이지만 주요 재정 조달 수단으로 쓰고 있어서, 개발이익을 배제한 주택 공급에 활용하지 못하고 있다. 물론 공공택지가 대체수단이 될 가능성이 있지만 현실은 간단치 않다. 마지막으로 정치적 안정이다. 싱가포르는 건국 이래 60년 동안 같은 당이 지배하고 있고 수상도 단 세 명뿐이었다. 강한 국민적 신뢰가 뒷받침되어 있지만, 일반적인 민주국가라면 불가능한 일이다.

결국 각 나라는 각각의 조건 속에서 주택문제를 해결할 수밖에 없다. 한 번 방향이 정해지면 쉽게 바뀌지 않는 주택시장의 경로 의존적 성격도 문제다. 첫 출발이 중요한 것이다. 이 때문에 다른 나라를 부러워할 수는 있지만, 똑같이 할 방법은 없다.

더구나 우리나라가 부러워하는 대상은 싱가포르만이 아니다. 홍콩의 고밀도 개발, 일본의 대규모 도시 재생도 닮고 싶어 한다. 대만의 높은 자가 소유율도 부럽다. 중국처럼 화끈한 공급 전략도 효과가 있을 듯하다. 그러나 외국의 주택정책은 조금만 들어가보면 겉모습과는 너무 다르다. 맥락이 다르기 때문이다.

　부러워하는 나라에서 배우기 위해서라도 각 나라에 대한 정확한 이해가 전제가 된다.

집에 의지하는 노후, 괜찮을까?

서구 학자들이 동아시아 국가들의 주택시장과 정책, 또 주택에 대한 국민들의 의식과 행태에서 놀라워했던 것은 이들 국가에서 집이 가족의 노후를 책임지는 복지자원이라는 점이었다. 우리 상식으로는 당연히 집은 재산이고, 노후 대비 수단이다. 하지만 1980년대까지 서구 학자들의 믿음은 노후 복지제도가 튼튼할수록, 즉 연금제도가 충실할수록 집에 대한 집착이 줄어든다는 것이었다. 따라서 그들 입장에서 집을 복지 수단으로 생각하는 동아시아 국가들은 특이해 보였고, 이를 동아시아 자산 기반 복지 시스템asset-based social security system이라 부르기도 했다. 나아가 집을 매개로 가족주의가 강화되고, 자가 소유에 집착하며 집값 상승에 대한 기대를 꺾지 않는다는 식의 동아시아 주택시장 해석으로 이어졌다.

　그러나 이런 현상은 이제 동아시아만의 일이 아니게 되었다. 동아시아의 특징이라고 했던 자산 기반 복지 시스템은

2000년대 들어 서구 국가에서도 전반적으로 확신되기 시삭했다. 2008년 세계 경제위기 이후 연금에 대한 의존은 줄어드는 반면 주택자산에 대한 의존이 강화됨으로써 서구에서도 자산 기반 복지가 확대된 것이다. 유럽 각국에 대한 조사에서도 주택을 둘러싼 가족의 역할과 은퇴 시 '복지자원으로 전환welfare switching'되는 현상이 분명해졌다(European Research Council, 2017). 더구나 이런 경향이 실은 이미 오래전에 시작되었다는 연구도 등장했다. 1995년부터 2007년까지 서구 각국을 분석한 결과에서도 복지 후퇴와 자산 의존 경향이 명백하게 나타났다(Lennartz & Ronald, 2017).

이처럼 가깝게는 2000년대 들어, 길게는 이미 1990년대부터 서구 역시 '주택이 국가 복지 후퇴에 대응하는 복지자원'이 되었다. 주택이 투자수단, 금융자산이 되는 현상이 전 세계 공통의 상황으로 번져버린 양상이다. 이런 상황이 우리의 노후에는 어떤 영향을 끼칠까? 복지국가 후퇴는 가속화되고 개인과 가족의 미래가 투기적 주택 투자 앞에 내던져지는 것은 아닐까?

집값은 언제까지 오를까?

동아시아 국가들은 모두 집값이 많이 오르는 것으로 악명 높다. 어느 한 나라도 예외가 없다. 싱가포르가 그나마 최근 덜 오른 편이지만, 인구 유입이 통제되고 자가 소유율이 90%를 넘는 특수한 사정을 감안해야 한다. 반면 홍콩과 중국 대도시, 또 대만은 코로나19가 기승을 부리고 있는 지금도 오르고 있거나 그 추세가 꺾이지 않고 있다. 우리나라는 더 말할 것도 없다. 한편 일본은 지금까지 1990년을 전후한 버블 형성과 붕괴의 후유증을 앓고 있다. 30년이 지난 지금도 전체적인 주택가격은 당시 수준을 회복하지 못했다. 하지만 대도시의 신축 아파트는 우리나라보다 더 오른 사례가 허다하다.

이 대목에서 과연 동아시아 국가들의 집값이 최근 가장 많이 올랐고, 또 가장 비싼가 하는 점을 짚어볼 필요가 있다. 집값 통계라는 것이 가장 착시가 심한 영역이기는 하지만 적어도 평균적으로 보면 홍콩, 중국, 대만을 제외하고는 전 세계 평균보다 단연 상승률이 낮다. 그럼에도 어떻든 국민들이 많이 올랐다고 느끼는 이 상황을 인정한다면, 그 이유는 무엇일까?

동아시아 국민들은 부동산에 더 많이 집착해서 그렇다는 것이 우리 스스로의 오랜 믿음이었다. 혹은 급속한 경제성장의 불가피한 결과라는 생각도 있었다. 워낙 인프라가 취약한 가운데 경제성장이 이루어지다 보니 수급 불균형이 불가피했던 것이다. 한마디로 동아시아는 특별히 더 오를 수밖에 없다는 관점이었다. 그러나 동아시아 국가들의 주택 절대 부족은 나라별로 차이가 있기는 하지만 이미 20~30년 전에 해소되었다. 물론 양질의 주거수준이라는 관점에서는 아직 부족한 점이 있으나 평균적으로 서구 국가들에 비해 크게 뒤떨어지지 않는 수준까지 도달했다. 또 급팽창했던 인구 및 가구 증가도 과거에 비해서는 현저히 둔화되었고, 심지어 인구 감소가 나타나는 나라들도 있다. 중국을 제외하면 도시화와 인구 증가에 따른 수요 문제도 거의 해결된 셈이다. 그렇다면 어떤 이유일까?

첫 번째는 앞에서 서구도 동아시아를 닮아가게 되었다고 한 바로 그 이유다. 즉, 주택자산이 돈이 되기 때문이다. 이를 학술적으로는 '주택의 금융(상품)화financialization of housing'라고 부르는데, 2008년 세계 금융위기의 원인이자 이후 계속해서 오르는 양상을 설명하는 핵심 키워드가 되었다. 경제위기를 극복하기 위해 도입한 초저금리의 돈 풀기가 과잉 유동성과 함께 자산가격 상승을 초래함으로써, 역설적으로 새로운 위기를 키워가고 있는 셈이다.

두 번째는 경제적 양극화와 주택의 수요 변화를 생각해야한다. 즉, 각국에서 집값이 오른다고 하지만 모든 유형, 모든 지역에서 오르는 것은 아니다. 돈이 될 만한 주택이 오르는 것이지만, 다른 말로 하면 선호하는 지역과 유형의 주택만 오르는 것이다. 이는 주택 수요 자체가 차별화되었다는 뜻으로, 인구가 증가하고 대규모 주택 공급이 이뤄지던 시기와는 다른 점이다. 그리고 이런 차별화의 근저에는 소득 양극화, 주거수준 양극화가 깔려 있다.

마지막으로 공급 시스템 문제도 있다. 일차적으로 과잉 유동성이 과잉 수요를 불러일으키지만, 전체적으로 한국을 빼면 고도성장기에 비해 주택 공급도 많이 줄어든 것이 사실이다. 물론 인구나 가구 변화에 따른 자연스러운 공급 감소도 있겠지만, 택지 공급 시스템의 문제 때문에 지체되거나 줄어드는 측면도 있다. 생활권 인근 나대지를 더 이상 확보하기 어려워진 상황에서 고도성장기에 건립된 노후주택을 손쉽게 재건축할 수 없는 여건이 상황을 악화시키는 것이다. 게다가 홍콩 같은 경우에는 광범한 국유토지에도 불구하고 복잡한 계획 절차와 최고가 낙찰 방식에 따른 가격 상승이 발생한다.

어떻든 너무 오른 집값은 우리나라를 포함한 모든 나라들의 큰 걱정거리가 되었다. 더구나 코로나19 사태로 전 세계 경제가 휘청거리는 와중에도 집값은 더 올랐다. 만약 이것이 거품이라면?

낡은 집을 어떻게 하나?

동아시아 국가들이 주택을 대량으로 공급한 시기는 대체로 1960년 이후 특정한 20년 내외 기간에 집중되어 있다. 물론 중국은 아직 대량 공급기를 벗어나지 않았고, 우리나라도 1990년대 초의 200만 호 공급계획 시대에 버금가는 물량을 짓고 있다. 이는 각국의 인구 및 가구 증가, 도시화, 경제성장 단계와 관련이 있다. 많은 국가들이 대량 공급 시점으로부터 이미 30~40년 이상 경과함에 따라 재개발이 시작되었거나 그 필요성이 높아지고 있다. 하지만 고도성장기에는 신규 공급이든 재개발이든 손쉽게 일어나는 반면, 저성장기에는 입지나 주택 유형, 밀도 등에 따라 사업 추진 여부가 결정된다. 사업이 되는 곳과 방치되는 곳이 나눠지는 것이다. 각국의 제도적인 차이는 있지만, 기본적으로 이들 국가 모두 도시 재생이 일률적으로 일어나기 어려운 단계에 진입했다고 할 수 있다.

이때 문제는 여전히 개발 압력이 높은 장소와 주택 유형이 있는가 하면, 더 이상 개발되지 않고 방치 내지 시장에서 퇴출되는 주택들이 있다는 것이다. 여러 나라에서 빠르게 늘어나고 있는 빈집이 그 사례다. 그런데 이는 빈집을 넘어 쇠락하는 지역과 버려지는 도시를 야기할 수 있다. 언제까지나 개발이 계속될 것으로만 보였던 동아시아 국가들에도 이런 문제가 현실의 숙제로 닥쳤다. 더 많은 성장, 더 큰 개발로 문제를 해결해왔던 동아시아 국가들이 여기에 대처할 준비가 되어 있을까?

젊은 세대의 주택문제는?

동아시아 국가들은 공통적으로 세대 간 주거수준, 점유 형태, 주택자산 차이가 확대되고 있다. 젊은 세대의 자가 소유율은 이전 세대의 동일 연령대에 비해 현저히 떨어졌으며, 민간임대 거주가 상대적으로 늘고 주거비 부담 정도도 커졌다. 젊은 세대는 노동시장도 불안정하고 이동성도 높은 만큼 주거 역시 불안정한 경우가 많다. 고도성장세대에게 익숙했던 주거 사다리가 청년 세대에게는 끊긴 지 오래다. 대부분의 국가에서 청년 주거문제가 사회 현안이 되고 있으며, 특히 홍콩은 사회·정치 불안의 중요 원인 중 하나로 지적되고 있다.

반면 50대와 60대, 혹은 고도성장세대는 자가 소유율과 가계자산 중 주택의 비중이 매우 높다. 그러나 이는 역설적으로 집만 있고 노후소득은 부족한 문제를 안고 있다. 고도성장세대와 저성장세대 간의 이러한 차이는 양측 모두에게 제약 조건이 된다. 고도성장세대의 입장에서는 자산가치를 유지하기 위해 높은 주택가격이 지속되어야 하지만, 이는 저성장세대의 구매력을 떨어뜨리고 궁극적으로 주택시장의 활력을 약화시키기 때문이다. 또한 부모의 주택자산 소유 여부에 따라 계층 양극화가 세대를 이어 전승되기도 한다.

결국 청년의 주택문제는 곧 기성세대 혹은 고도성장세대의 문제이기도 하다. 이 낯선 상황을 어떻게 해결할 것인가? 이는 앞에서 살펴본 여러 질문들이 응축된 지점이기도 하다.

이 책이 이런 질문들에 대한 답을 찾는 출발점이 되었으면 하는 바람이다. 무엇보다 각 나라의 상황과 정책을 그 나라의 맥락 속에서 들여다보는 데서 시작하자.

2장

싱가포르: 꿈의 주택정책의 이면

작은 나라, 성공한 경제, 모범생 사회

싱가포르는 독특한 나라다. 서울보다 조금 더 큰 면적(697㎢)에 상주인구 585만 명의 소국이지만, 1인당 국민소득은 2019년 6만 5,233달러로 세계 8위이며, 아시아 국가 중에서는 가장 잘 산다. 자연과 어우러진 청결한 도시는 종종 미래 도시를 연상케 하는 사진으로도 잘 알려져 있다. 하지만 싱가포르는 1959년 영국 식민지에서 독립할 당시 1인당 국민소득이 600달러에 불과한 가난한 나라였다. 더구나 1965년 말레이연방에서 사실상 축출되었을 때, 전기는 물론 식수까지도 자급하기 어려운 고립된 국가였다. 그럼에도 불구하고 불과 수십 년 만에 세계가 경탄하고 부러워하는 국가가 되었다.

싱가포르의 이런 성공은 고 리콴유李光耀 전 총리를 빼고는 생각할 수 없다. 화교 4세로 싱가포르에서 태어난 리콴유는 영국, 일본 식민지를 경험했고, 영국의 명문 대학에 유학해서 최우등으로 졸업했다. 귀국 후 1950년대부터 독립운동 지도자로 정치활동에 뛰어들어 인민행동당People's Action Party: PAP을 창당했고, 이 당은 지금까지 싱가포르를 통치하고 있다. 그는 빈털터리 상태에서 독립한 국가를 가장 이상적인 나라로 세우는 길에 나섰다. 그가 2011년 서거하자 국내 언론들도 그의 생애, 사상, 그리고 어록들을 다양하게 소개했던 것을 기억할 것이다.

리콴유 총리는 무엇보다 작은 국가가 성공하려면 국민 모두가 세계를 상대로 코즈모폴리턴이 되어야 한다고 생각했다. 이를 위해 영국 식민지의 유산인 영어를 상용어로 채택했다. 또 국민들의 근로를 장려하되, 열심히 일한 데 대해 사회가 보상하는 시스템을 구축했다. 무엇보다 싱가포르 정부는 주택 부문이 노동비용을 낮추고 사회 통합을 높일 수 있는 중요한 수단이라 여기고 국민 100% 자가 소유를 목표로 정책을 추진해왔다. 특히 공공주택은 단순한 주택 이상의 의미를 갖는데, 리콴유가 주창한 자산 소유 민주주의Property Owning Democracy: POD의 핵심 수단이었다. 국민 누구나 자산, 즉, 지분을 가진 사회를 만듦으로써 민주주의도 공고화하고 사회 통합도 이룰 수 있다는 철학이었다.

나의 첫 번째 관심사는 모든 시민들에게 일정한 지분과 미래를 제공하는 것이었다. 나는 모두가 자기 집을 가진 사회를 만들고 싶었다. …… 만약 모든 가족들이 자기 집을 가질 수 있다면 그 사회는 훨씬 안정될 것으로 보았다. …… 나는 이러한 주인의식이 공통의 역사적

경험에서 나오는 깊은 뿌리를 가지지 못한 우리 사회에
필수적인 것이라고 믿었다. (Lee Kuan-Yew, 2000: 95)

이를 위해 싱가포르 정부는 토지를 기본적으로 국유로 함
으로써 시장 시세보다 싼 가격에 공공주택 공급이 가능하도록
했으며, 부족한 가계의 자금은 사실상 강제저축 연금제도인 중
앙적립기금Central Provident Fund: CPF에서 대출로 충당한다. 일생
에 두 번의 공공주택 분양 기회가 주어지기 때문에 자녀가 크
는 추세에 맞춰 큰 집으로 옮길 수도 있다. 지금도 결혼 후 3~4
년이면 첫 공공주택 입주 자격이 주어진다. 이 같은 공공분양주
택을 통해 대부분의 국민들이 자산을 형성할 수 있었으며, 그에
따라 빈곤이 감소하고 사회정의도 향상되었다고 평가할 수 있
다(Lee, 2018). 집 문제로 다양한 갈등을 겪고 있는 대부분의 국가
들에게 싱가포르는 지상낙원 같은 나라가 아닐 수 없다.
　　앞서 말한 중앙적립기금은 주택자금뿐 아니라 의료비, 노
후연금이 별도 계좌로 포함되어 있다. 많을 때는 소득의 25%(사
용자 기여분을 합하면 50%)를 연금으로 저축해서 집(공공주택)을 사
거나 의료비, 노후자금으로 활용할 수 있도록 한 것이다. 의료
수준도 높아서 이른바 의료 관광의 선두 국가다. 외국 부호들에
게 의료를 제공하고 수익을 창출하는 방식이다. 또 싱가포르 통
계에서는 빈곤율 수치를 찾아보기가 쉽지 않다. 굳이 따지자면
가난할 이유가 없는 것이다. 그런 만큼 싱가포르에는 공식적으
로 노숙자가 전혀 없다. 노숙이나 구걸이 법으로 금지되어 있

어 그런 것만이 아니라, 노숙 위험에 처하면 기본적으로 정부가 보호하기 때문이다. 물론 생활보호대상자는 있다. 전체 가구의 1~2% 정도는 자력으로 생계를 유지하기 어렵기 때문에 생계비를 지원한다. 전체 가구의 90% 이상이 내 집에 살지만, 4~5%는 저소득층을 위해 제공하는 공공임대주택에서 살고 있다. 월 임대료는 26~275싱가포르달러(이하 S$. 약 2만 2,000원~23만 원) 정도다.

그런데 싱가포르가 우리에게 또 한 가지 강한 인상을 주는 것은 아직 태형이 있다는 것이다. 1994년 미국 청소년이 싱가포르에서 차량을 훼손하는 등의 비행을 저질러 태형에 처해진 일이 전 세계의 이목을 끌었던 적이 있다. 지금도 여러 죄목에 대해 태형이 가능한데 특히 강간, 마약 밀매, 음주운전 3회 등에는 무조건 태형이 가해진다. 또 껌은 애초에 싱가포르로 반입이 되지 않으며, 껌을 씹거나 비둘기에게 먹이를 줄 경우 500S$(약 40만 원)의 벌금을 내야 한다(Byrne, 2020.2.3). 쓰레기를 버릴 경우에도 엄청난 벌금을 물어야 한다. 싱가포르 여행을 해본 사람이라면 잘 알겠지만, 술을 파는 집을 찾기가 어려운 나라이며 매춘도 금지되어 있다. 엄격한 규율과 절제의 사회인 것이다.

결혼이나 출산도 그렇다. 여느 선진국들처럼 싱가포르도 낮은 출산율로 고심하고 있다. 특히 국민과 외국인을 엄격히 구분해 권리와 의무를 정한 나라에서, 국민 자체가 줄어드는 것은 풍요와 번영을 다음 세대로 이어가기 어렵게 하는 요인이기도 하다. 이때 다분히 우생학적인 접근법이 등장한다. 즉, 대졸 전문직 여성들이 자녀를 출산하는 것을 장려하고 우대하는 것이다. 리콴유 총리는 1983년 국가창건기념일 연설에서 "대졸 고학력 여성들이 결혼 자체를 기피하거나 결혼 후에도 자녀를 적게 낳는 반면, 저학력 여성들은 지나친 무방비 상태로very freely 3.5명 이상의 고출산 행태를 보이고 있다"(함인희, 2013: 6에서 재인용)고 우려하면서, 고학력 여성의 결혼과 출산을 장려하고 저학력 여성의 출산은 억제하려는 정책을 펼친 바 있다. 독신이나 한부모 가정이 공공주택 입주 자격에서 불이익을 받는 것도 당연시된다(Brownstein, 2017). 더 나아가 시민의 역할을 나눠서 교육제도를 운영하는 것도 공공연한 비밀이다. 즉 세계적 엘리트 elite cosmopolitan leaders, 국제 감각은 있지만 싱가포르에 뿌리 내릴 중간 수준의 관리자 및 근로자globally-oriented but locally-rooted mid-level executives and workers, 그리고 지역사회에서 기여할 일꾼 local 'heartlander' followers으로 인재 양성의 목표를 달리하고, 저학년 단계에서부터 진로를 다르게 하는 것이다(Ho, 2012).

이런 사회이다 보니 다인종 국가이면서도 인종 간 갈등이 거의 표출되지 않는다. 독립 당시 화교 75%, 말레이계 13%, 인도계 9%로 구성된 나라였지만, 독립과 함께 인종별 집단화를 방지하기 위해 자생적 판자촌이었던 캄퐁kampong을 대대적으로 해체하고 공공주택을 건설했다. 명분은 캄퐁이 비위생적이고 혼잡하며 재난에 취약하다는 이유였지만, 이는 기본적으로 도시 주변부의 인종별 집단촌을 통제하고 공산주의자를 일소하며, 공공 개발용 토지를 확보하려는 차원이었다. 또 새로 지어지는 공공 아파트에는 특정 인종이 집단화되지 않도록 비율을 정해 입주하도록 했다. 인종별 집단화를 주택정책을 통해 방지한 것이다.

한편 싱가포르는 전 세계에서 거의 유일하게 (도시국가여서 무의미하기는 하지만) 수도에서 내국인의 카지노 출입이 허용되어 있다. 카지노는 수많은 관광객들이 찾는 마리나베이 한쪽에 자리 잡고 있다. 관광객 증대와 고용 확대에 기여한다는 이유로 세계적인 도박 리조트 기업인 샌즈그룹에 허용한 것인데, 한국 사회라면 결코 합의에 이르지 못할 사안이었을 것이다. 실제로 서울, 부산 등도 샌즈그룹이 탐내는 요지여서 몇 차례 실무 검토를 했지만, 감히 추진할 엄두를 내지 못했다. 그만큼 싱가포르 정부가 강력한 권위를 가지고 사회적 논란거리까지 합의 내지는 동의를 구해내고 있다고 할 수 있다.

이처럼 높은 경제수준, 잘 짜인 행정조직, 강력한 사회 통합은 싱가포르의 자랑이자 자부심이다. 그리고 이런 성취의 핵심에 주택정책이 있다. 국유가 원칙인 토지, 의무 가입하는 연금, 일생에 두 번 제공되는 공공주택 분양 기회는 튼튼한 자가 소유 사회를 구축하도록 했다. 이를 통해 다인종 사회를 통합했고, 자산을 가진 주주로서 민주적 책임감을 높이는 데 기여했다. 리콴유 총리가 초기부터 주장해온 자산 소유 민주주의가 실현된 것일까? 싱가포르 주택정책의 성공과 그 이면을 살펴보자.

모두가 내 집에 사는 나라

1950년대 싱가포르는 서울과 마찬가지로 판자촌과 난민들이 넘쳐나던 도시였다. 그러나 동아시아의 기적답게, 지금의 싱가포르는 초고층, 초현대식 건물들이 즐비할 뿐만 아니라, 녹지와 숲도 잘 어우러진 정원 도시를 자랑하고 있다. 기적에 가까운 이런 변화는 외관에만 국한되지 않는다. 1960년 독립 무렵에는 내 집에 사는 비중이 20%도 안 되었지만, 1994년 90%를 넘어서면서 세계적인 자가 사회가 되었다. 2019년 현재 자가 거주율은 90.4%다. 반면 민간임대주택에는 전체 가구의 4.9%, 저소득층을 위한 공공임대주택에는 4.7%가 거주한다.

주택 공급 주체에 따라 주택 재고의 유형을 나눠보자. 싱가포르는 공공(HDB: 주택개발청)이 전체 주택의 72%를 공급했는데 그 대부분은 분양용이다. 민간이 공급한 주택은 주로 단독주택이나 최고급 분양 아파트로 구성되어 있다.

HDB 공공주택은 2019년 현재 총 107만 호의 재고가 있는데, 1960년부터 매년 약 2만 호 내외가 공급되고 있다. 초기에는 주로 방 1~2개의 소형 주택이 많이 공급되었지만, 점차 중대형 주택이 많이 공급되어 현재는 방 3개 이상 주택이 전체의 91%에 이른다(1977년 59.9%, 1990년 88.6%). 싱가포르는 방 4개, 90㎡(전용면적)를 국민주택으로 보고 중점 공급하고 있는데, 1995년부터 샌드위치계층(공공주택 입주 자격도 안 되고 민간주택 구입도 어려운 가구)을 위해 고급형 콘도미니엄을 공급하고 있다. 또 1998년부터는

〈그림 2-1〉 자가 거수율 추이 (단위: %)

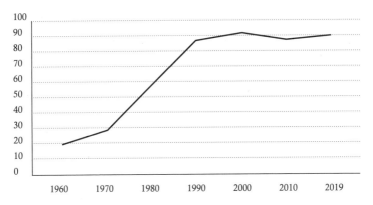

자료: 싱가포르 통계청 자료 재구성

〈그림 2-2〉 주택 점유 형태 (2019년, 단위: %)

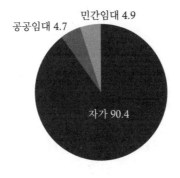

자료: 싱가포르 통계청 자료 재구성

고령자를 위해 무장애barrier free 공간으로 설계한 스튜디오 아파
트를 공급하는 중이다.

〈그림 2-3〉주택 재고의 공급 주체별 구성 (2019년, 단위: 천 호)

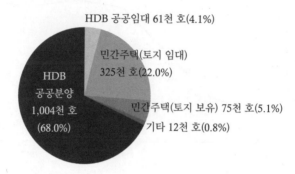

총 1,477천 호(100%)

HDB 공공임대 61천 호(4.1%)

민간주택(토지 임대)
325천 호(22.0%)

HDB
공공분양
1,004천 호
(68.0%)

민간주택(토지 보유) 75천 호(5.1%)

기타 12천 호(0.8%)

〈그림 2-4〉HDB 공공주택 연간 건립 실적 (단위: 호)

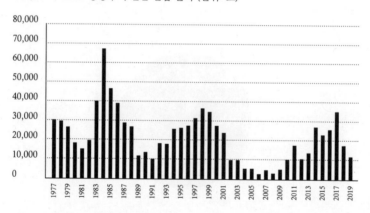

자료: 싱가포르 통계청 자료 재구성

〈그림 2-5〉 HDB 공공주택 재고 추이 (난위: 호)

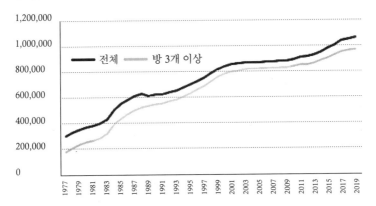

자료: 싱가포르 통계청 자료 재구성

〈그림 2-6〉 HDB 공공주택의 구성 (2020년 3월 기준, 단위: 호)

HDB 아파트 유형	2실형 2-room Flexi	3실형 3-room	4실형 4-room	5실형 5-room	3세대 가족형 3 Gen flats	고급형 Executive flats
전용면적	36~45㎡	60~65㎡	90㎡	110㎡	115㎡	130㎡

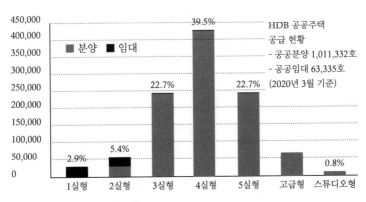

자료: HDB, 2021에서 재구성

<그림 2-7> 공공주택단지 분포

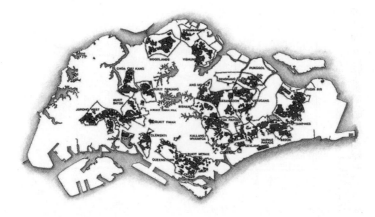

자료: HDB 홈페이지

    위의 지도는 현재 싱가포르에서 공공주택단지가 조성된 곳을 나타낸 것이다.

    공공주택에 대한 주민들의 만족도는 매우 높다. 2020년 HDB가 실시한 입주자 조사에 따르면 전체 가구의 93.2%가 현재 사는 아파트에 만족하고 있다. 가장 높았을 때는 무려 96.4%(2008년)에 달하기도 했다. 이웃에 대해서도 95.3%가 만족해하며, 아파트 단지 시설 전반에 대해서는 98.6%, 교육시설 97.7%, 시장 97.4%, 교통 91.4%의 만족도를 보이고 있다. 또 지역사회에 대한 소속감은 놀랍게도 99.0%가 공감을 나타내고 있다(HDB 홈페이지).

민간임대주택은 주로 외국인 대상

싱가포르의 임대시장은 크게 공공 부문과 민간 부문으로 나눌 수 있는데, 각각 약 5%씩의 가구가 산다. 순수 민간임대주택은 자유롭게 임대 계약을 맺을 수 있고 임대료도 제한이 없다. 따라서 싱가포르의 민간 임대료 수준은 국민소득을 감안하더라도 매우 높은 편이다. 방 하나짜리의 월 임대료가 시 외곽은 1,900S$(약 160만 원), 도심은 2,900S$(약 240만 원)에 이른다 (Numbeo 홈페이지). HDB 아파트를 민간에 임대하는 경우는 그보다 저렴하지만, 단 이때는 임대인 및 임차인의 자격에 제한이 있고, 특히 외국인에게 임대 가능한 물량은 지역 단위로 전체 재고의 최대 8%(단지별로는 11%)로 제한된다. 그런 만큼 임대 전에 HDB에 신고하고 엄격한 관리를 받게 된다. 임대료 역시 정부가 중간 가격을 고시함으로써 일종의 참조가격제도를 실시하고 있다. 2020년 3분기의 중간 가격은 방 3개짜리가 지역에 따라 1,530~2,130S$(HDB 홈페이지) 수준으로 민간임대주택에 비해서는 저렴하다.

싱가포르는 임대차 관계에서 임대인이 우위인 나라로 분류된다(Global Property Guide 홈페이지). 2001년 임대료 규제법이 폐지된 이래 임대차 관계를 규정하는 종합적인 법률이 없으며, 모든 것은 기본적으로 임대인과 세입자 간의 자유 계약에 따라 결정된다. 계약 종료 전 사전 통보 기간을 정한 규정은 없으며, 개별 계약에서 정한 대로 따른다. 임대차 계약 종료 전에 어느 쪽이든 중단할 수 있지만, 일반적으로 이때는 한 달 치의 임대료

를 보상금으로 지불한다. 세입자가 임대료를 정한 기간보다 14
일 지나서도 지불하지 못하면 가옥주는 법원에 퇴거를 요청할
수 있다. 그러면 법원은 집달관에게 강제집행을 명할 수 있다.

　임대차 관행은 일반적으로 임대료의 한 달 치에 해당하는
예치금을 납부하며 계약이 끝나면 이자 없이 반환한다. 단 일부
기업형 임대사업자는 2년 계약에 석 달 치 예치금을 받기도 한
다. 임대 기간은 일반적으로 1년 이상으로 하되 연장 계약이 될
지, 안 될지는 계약에 따른다. 1년 이하 계약은 찾기 어렵다.

저소득층은 공공임대주택에

싱가포르의 공공주택은 대부분이 분양용으로 임대용 주택은 매
우 적다. 전체적으로 4.7% 가구가 살아가고 있다. 공공임대주
택Public Rental Scheme: PRS은 모두 HDB가 공급하고 있으며, 싱
가포르 시민권이나 영주권을 가진 저소득층을 대상으로 하고
있다. 2020년 6월 현재 공공임대주택에 거주하는 가구는 약 6
만 4,800가구인데 2019년의 신규 신청자는 6,356가구다. 신청
자격은 현재 무주택자로서 가구소득이 월 1,500S$(약 130만 원)
이하인 경우에 한한다. 신청자는 기본적으로 가족 형태를 갖출
것을 요구하고 있다. 즉, 신청자＋배우자, 독신 신청자＋부모,
신청자＋자녀, 약혼 상태의 남녀, 부모가 없는 형제자매로 구성
되어야 하며, 그렇지 못할 경우에는 개인＋개인이 짝을 맞춰서
신청해야 한다. 일반적으로 대기 기간은 6개월 정도이며, 임대
료는 월 26~275S$로 가구소득 및 과거 정부 지원을 받았는가

〈표 2-1〉 공공임대주택의 월 임대료 (2020년 6월 현재)

월 가구소득	가구 유형	월 임대료	
		방 1	방 2
가구소득 800S$ 이하	first-timer	26~33S$	44~75S$
	second-timer	90~123S$	123~165S$
가구소득 801~1,500S$	first-timer	90~123S$	123~165S$
	second-timer	150~205S$	205~275S$

*first-timer 신청자: HDB 주택을 분양받은 적이 없는 가구, 주택 수선 보조금 등을 받은 일이 없는 가구.
second-timer 신청자: first-timer가 아니면서 소득기준을 충족하는 가구.
자료: HDB 홈페이지

여부에 따라 다르게 적용된다. 또 방 2개짜리 공공임대주택은 소득이 있는 3인 이상 가구만 신청할 수 있다.

그런데 공공임대주택 중 약 2,000가구는 일시적인 지원이 필요한 가구에게 제공되고 있는데 Interim Rental Housing(IRH) Scheme, Parenthood Provisional Housing(PPH) Scheme의 두 가지 방식이 있다. 이 중 IRH는 긴박한 사정에 빠진 싱가포르 시민들을 위한 임시 거주대책의 일환으로, 2009년 도입되었으나 현재는 신규 모집이 중단된 상태다. 그리고 PPH는 결혼이나 약혼을 했으나 공공분양주택 입주까지 시간이 걸릴 경우에 제공되는 임시 거주대책인데, 최근에는 자녀가 있는 한부모 가정에게도 제공되고 있다. 임대료는 지역에 따라 차이가 있지만, 월 600~900S$ 정도다.

〈그림 2-8〉호우강(Hougang) 공공임대단지 전경

자료: https://lkyspp.nus.edu.sg/gia/article/public-rental-housing-in-singapore-a-last-resort

그리고 싱가포르에는 별도의 임대료 보조제도가 없다. 싱가포르에서 공공 지원이 필요한 저소득층 기준은 월 가구소득 1,900S$(약 160만 원) 또는 인별 650S$(약 55만 원)이므로, 저소득층이 일반 민간임대주택에 거주하는 것은 사실상 불가능하기 때문이다. 대신 싱가포르는 저소득층까지도 포괄하는 다양한 공공지원 자가소유 촉진제도 및 공공임대주택제도를 가지고 있다. 또 최저생계비 이하 가구에 대해서는 공공부조제도ComCare를 운용하고 있다. 그런 점에서 임대료 보조제도를 별도로 운영하기보다는 복지 관련 부서가 저소득층에 대한 생계보호제도에 주거비를 포함시키는 방식이 주를 이룬다. 여기에 임대료 체납이나 주택구입자금 상환에 애로가 발생한 경우 등에는 개별 가

구의 상황에 따라 분할 상환이니 소규모 주택으로의 이수 알선 등 별도 대책을 마련하고 있다.

싱가포르 주택정책의 역사

싱가포르는 1960년 건국 이후 총리가 단 세 명인데, 각 총리 재임기의 주택시장 상황 및 정책의 특징을 살펴보자. 초대 리콴유 총리 재임기(1959~1990)는 국유지, 중앙적립기금, HDB라는 싱가포르 주택 시스템의 3축이 확립되고 질적·양적으로 공공주택 부문이 급팽창한 시기다. 이후 고촉통 총리 재임기(1990~2004)는 이미 30년이나 된 초기의 노후단지 개량과 재건축에 착수한 시기였다. 또 이때 싱가포르 주택가격이 급등락을 겪었는데, 아시아 경제위기 이후 전반적으로 규제 완화를 시행했다. 그리고 현재 리센룽 총리(2004~현재, 리콴유의 아들) 재임기는 전반적인 고령화 추세 속에서 노후주택, 노후소득 문제가 본격적인 고민거리로 등장했다. 또 주택가격 급등락을 우려해서 적극적인 거시 건전성 대책이 시행되고 있다.

이를 좀 더 구체적으로 살펴보면, 싱가포르 주택정책의 전개 과정은 크게 다섯 단계로 구분할 수 있다. 첫 번째 단계는 제2차 세계대전 종전 이후부터 1960년대까지 싱가포르 주택 시스템의 골격을 갖추게 된 때다. 이 시기에는 급격히 늘어난 난민을 포함해서, 열악한 주거환경 개선이 무엇보다 시급했다. 따라서 주택정책은 판자촌을 없애는 한편 저렴한 대량 주택 공급 시스템을 구축하는 것이 급선무였다. 독립 당시 싱가포르에는 영국 총독부가 도시계획 전담 조직으로 만든 싱가포르개발신탁 Singapore Improvement Trust: SIT이 저소득층 주택 공급도 담당하고 있었다. 그러나 SIT는 23년 동안 2만 3,000호, 그것도 영국의 영향을 받아서 임대용으로만 건설하는 수준에 머물러 있었다. 이에 신생 싱가포르 정부는 SIT를 해산하고 1960년 2월 주택개발청을 설립한다. 또 1964년에는 본격적으로 정책 방향을 자가소유 촉진으로 정해서 HOSHome Ownership Scheme를 채택한다. 1966년에는 토지 수용을 통한 국유지 확대 방안을 시행하고, 1968년에는 기존의 국민연금(중앙적립기금: CPF) 중 일부를 주택 구입자금으로 활용할 수 있도록 했다. 현재와 같은 공공주택 공급체계를 완성한 것이다.

이어서 2단계는 1970년부터 1989년까지로 싱가포르가 본격적으로 경제성장의 과실을 거두기 시작하고, 동시에 주택정책에서도 성과를 체감할 수 있게 된 때다. 이 시기에 자가 거주율은 29%에서 87%로 크게 증가했는데, 대량 공급 시스템과 함께 공공주택 분양 대상의 소득기준을 더 높여서 중상층까지도 포괄했다. 또한 초기에 비해 공공주택의 규모를 키웠고, 1971년부터는 재판매를 허용하기 시작했다. 더 나아가 민간주택 구입 시에도 CPF에서 대출이 가능하도록 지원했다.

3단계는 1990년부터 1997년까지로 싱가포르에 투기 열풍이 크게 불었던 시기다. 이때는 경제성장의 과실이 확산되면서 고급 주택에 대한 수요가 증대하고, 재판매 공공주택시장이 활성화되었다. 1993년 이후 4년 만에 가격이 두 배 가까이 오르기도 했다. 이 때문에 정부는 1996년 재판매시장에 적극 개입해서 양도소득세를 부과하는 한편, 재구입 자격도 제한하기 시작했다. 그러다 1997년 말의 아시아 경제위기와 함께 잔뜩 부푼 거품이 꺼지면서 거꾸로 절반 가까이 하락했다.

4단계는 2000년부터 2008년 세계 금융위기까지로, 집값이 하강 추세에 머물면서 그동안의 규제를 완화하고 부양책을 폈던 시기다. 아시아 경제위기 이후 싱가포르 주택가격이 절반으로 폭락하면서, 그동안 자가가 제공한 주거 안정 효과와 자산가치 상승에 대한 기대감에 회의가 들기도 했다. 심지어 2001년에는 대규모 미분양이 발생했는데, 민간주택은 1만 9,800호, 공공주택은 1만 7,500호나 주인을 찾지 못했다. 이에 HDB는 신규 공공주택 공급 신청자의 청약을 받아 원하는 지역과 원하는 시기에 주택을 공급하는 BTO Built-To-Order 방식을 도입해서 지금까지 계속하고 있다. 이 방식을 통해 수요에 대응하는 수급조절이 가능하게 되었다. 종전에 공급자 편의대로 건설한 다음 입주자를 찾는 방식으로 인해 미분양 사태가 발생한다고 보았기 때문이다. 보다 수요자 지향적인 공급 방식이라고 할 수 있다. 또한 HDB 구조조정도 진행되었는데, 디자인과 개발을 전담하는 자회사를 만들어 아웃소싱하기도 했다. 그리고 주택자금 융자도 민간 금융시장에 그 기능을 일부 이양함으로써 정부재정 지출을 축소하는 조치를 취했다.

마지막 5단계는 2008년 세계 금융위기 이후 지금까지로 전 세계적으로는 주택가격이 급락했다가 빠르게 회복되면서, 최근 이전 고점보다 더 올라간 곳이 많다. 전 세계가 금융위기 극복을 위해 더 많은 유동성을 공급함에 따라 자산시장으로 돈이 몰린 결과다. 싱가포르도 이러한 영향에 따라 2010년경부터 집값이 오르기 시작했는데, 이전 단계의 가격 급등락 경험으로 인해 정부는 초기부터 대출 및 세제 규제를 강화하는 정책을 펼치게 된다. 따라서 인근의 다른 국가들에 비해서는 주택가격이 상대적으로 안정된 상황이다. 이와 함께 고령화와 주택 노후화, 청년층의 부담 가능성 문제가 본격적인 사회적 과제로 부상한 상황이다.

이렇게 다섯 단계를 거치면서 싱가포르의 주택 형태도 많은 변화를 겪었는데, 초기에는 대량 공급에 주안점을 두고 최소의 비용 투입으로 최대 효과를 거두기 위해 기본적인 편의시설만을 갖춘 단순 구조의 판상형 아파트 형태가 주를 이뤘다. 주택의 질보다는 공급 물량에 중점을 두고, 저렴한 비용으로 신속하게 공급하고자 한 것이다. 이후 1970년대에는 종합적인 도시계획을 바탕으로 근린주구neighborhood 개념에 입각한 보다 쾌적한 주택이 공급된다. 1980년대부터는 침실에 연결된 욕실이 만들어졌으며, 1990년대에는 고령 친화적인 주택이 도입되고 환경을 감안한 주택이 공급되기 시작했다. 2000년대에 공급된 주택들은 옥상에 정원을 만들어 주민들의 커뮤니티 공간으로 이용하기도 하며, 태양광 패널을 이용하여 에너지를 절감하기도

<그림 2-9> 시기별 공공임대주택단지 모습

① Bukit Ho Swee 지구
(1960년대 초 건립)

② Ang Mo Kio 지구
(1970년대 말 건립)

③ Bishan 지구
(1990년대 초 건립)

④ 도심 인근 Pinnacle 단지
(2010년대 초 건립)

자료: ①~③ https://www.teoalida.com/singapore/hdbfloorplans/
④ https://www.edgeprop.sg/property-news/winning-hdb-lottery-%E2%80%93-
pinnacleduxton

한다. 최근 공급되는 주택들은 더 발전해서 친환경, 에너지 절약은 물론이고 공동체 활동을 보다 활성화할 수 있는 구조와 설계를 반영하고 있다.

아시아 경제위기 때 호된 거품 붕괴를 겪었다

싱가포르의 공공주택 분양가격은 기본적으로 토지가 국유인 데다 정책적으로 할인하기 때문에 시장가격에 비해 훨씬 싸다. 일정 기간이 지나서 재판매가 가능한데, 그때 가격이 신규 분양가에 비해 1.3배 내지 1.8배 높아지는 것을 보면 확인할 수 있다. 매각 시에 의무 거주 기한(5년)을 채울 경우에는 기본적으로 양도소득세가 없다. 민간주택은 공공주택과는 비교할 수 없을 정도로 비싼데, 이는 대개 토지가격을 포함하기 때문이다. 민간주택은 주로 소수 부유층, 외국인 등이 거주하며, 연도에 따라 다소 차이가 있으나 민간주택 구입자들의 40~60% 정도는 이전에 공공주택 거주자였다. 민간주택은 싱가포르 국민들의 열망의 대상으로 이들은 공공주택으로 늘어난 재산을 통해 민간 주택시장 진입을 모색하고 있다.

이렇게 공공 부문 주택시장과 민간 부문 주택시장이 확연히 구별되다 보니, 싱가포르에서는 주택가격지수 자체가 두 가지 종류로 발표된다. 민간에서 자유롭게 거래되는 주택의 가격지수와 공공주택이 재판매시장에서 거래되는 가격지수다. 물론 여기다 정책적으로 책정되는 공공분양 가격까지 포함하면, 엄밀히는 세 종류의 가격지수가 있는 셈이다.

<그림 2-10> 주택가격 추이 및 시장 규제 조치

자료: Yu & Sing, 2016

　　싱가포르의 주택가격은 1990년대에 큰 폭으로 올랐다가 1997년 아시아 경제위기를 계기로 고점 대비 45%나 떨어지는 폭락을 경험했다. 이후 서서히 주택가격이 회복되기는 했지만, 당시의 급등락 경험은 일종의 정책적 트라우마를 남겼다고 할 수 있다. 이 때문에 2010년경 다시 주택가격이 오르기 시작할 때 싱가포르는 다른 나라들에 앞서 선제적인 거시경제 안정대책을 실시한다. 우리의 취득세라고 할 수 있는 Stamp Duty를 1 주택자를 제외하고는 10%까지 대폭 올렸고, 2013년에는 외국인 및 법인에게 15%까지 적용했다. 이 방향이 계속되어 2018년에도 추가로 세제를 강화했고, 또 대출 한도액을 정하는 LTV를 차등적으로 축소시켰다. 총 부채 상환 비율이 2013년 도입되어 원리금 상환액이 소득의 60%를 넘지 않도록 규제하고 있다. 그 결과 싱가포르는 최근 오르는 추세가 계속되고는 있지만 홍콩, 대만, 중국 등 중화권 국가들 중에서는 가장 양호한 편이다.

3박자로 만들어진 자가 사회: 국유지, 연금 그리고 공공주택

1959년 영국으로부터 독립해서, 1965년 말레이연방에서 축출된, 자원과 영토, 인구 모든 면에서 열악한 소국에 불과했던 싱가포르는 어떻게 자가 사회를 구축할 수 있었을까? 이는 광범한 국유지, 의무가입연금 그리고 HDB의 공공주택이라는 3박자가 갖춰지면서 가능했다.

국유지를 90%까지 확대

우선 국유지는 주택문제의 공적 해결을 위한 가장 중요한 수단이었다. 싱가포르는 영국 식민지의 영향을 받아서 1959년 독립할 무렵에 국유지 비율이 40%를 넘었다. 하지만 싱가포르 정부는 이를 더욱 확대하기 위해 1966년 토지수용법을 제정한다. 국가가 주거, 상업, 산업, 국방 등 다양한 공적 목적을 이유로 민간 토지를 수용할 수 있도록 광범한 권한을 부여한 것이다. 국유지 확보는 공공주택 공급을 위해 필수적이었지만, 동시에 수용 과정에서 자생적인 인종별 집단거주지(캄퐁)를 해체하려는 목적도 있었다.

　그런데 토지 수용 시 보상가격을 어떻게 할 것이냐는 매우 중요한 쟁점이다. 시장가격으로 보상해도 문제이고, 너무 저가로 해도 문제이기 때문이다. 이 점에서 리콴유 총리는 "민간 토지 소유주가 경제성장이나 인프라 개선의 결과로 토지가격이 오른 만큼 이득을 보게 해서는 안 된다"(Lee Kuan-Yew, 2000: 118)는 생각이 확고했다. 개발이익을 반영하지 않아야 한다는 것이다. 이에 따라 본격적으로 토지 수용이 이루어지던 1970년대 수용가격은 1973년 11월 30일 당시 가격이나 시가 중 낮은 가격으로 고정되었다. 1975년부터 1990년까지 연간 GDP가 8%씩 성장하고 민간주택가격이 연 10%씩 올랐지만 수용가격에는 반영하지 않은 것이다. 이 고정가격의 기준 일시는 이후 세 번 바뀌었으나 시스템은 2006년까지 계속되었다. 현재는 시장가격에 따라 보상하고 있다. 이렇게 시장가격보다 낮게 토지를 수용할 경우, 대부분의 나라들에서는 지주들이 반발하기 마련이다. 싱가포르에서는 물론 국가의 강제적인 조치도 있었지만, 토지 수용의 영향을 받는 기업과 개인에게 공공주택 공급, 재정착, 도시 재개발 시 보상 등의 방법으로 보완책을 마련함으로써 비교적 쉽게 민원을 해결한다. 이런 과정을 통해 싱가포르의 국유지 비중은 1949년 31%, 1960년 44%에 불과했지만, 1985년 76%, 2005년 90%로 늘어나 지금도 그 수준이 유지되고 있다.

재정은 의무연금으로 해결

당시 싱가포르는 국가 재정이 충분하지 않았기 때문에 재정에 무리를 주지 않으면서 주택을 공급할 수 있는 방안이 필요했다.

이에 의무가입 연금제도인 중앙적립기금CPF을 이용했다. 중앙적립기금은 1955년 영국 식민 정부에 의해 채택된 제도로 고용주와 근로자가 소득의 일정 비율을 매달 적립하여 퇴직 후나 노동 불능 상태가 되었을 경우에 지급하는 종합 사회보장제도다. 원래 근로자의 퇴직 후 생활 보장을 위해 출발한 중앙적립기금은 1968년부터 주택담보대출, 취득세, 계약금, 공공주택 구입에 따른 대출이자를 지급할 목적으로 인출할 수 있도록 허용했다. 나아가 1981년에는 민간주택 구입을 위한 모기지 상환을 목적으로 인출할 수 있도록 확대되었다. 그리고 1984년, 의료와 교육 지출, 보험, 그리고 다양한 금융자산에 대한 투자를 위해 인출할 수 있도록 자유화되었다.

중앙적립기금은 사회의 경제 상황에 따라 탄력적으로 운영되고 있다. 중앙적립기금이 시행된 1955년 사용자와 근로자에 대한 기여율은 각각 5%로 1967년까지 이 수준에서 유지되었다. 정부는 1968년부터 각 가정들이 투자 자금을 마련할 수 있도록 기여율을 빠르게 높였으며, 그 결과 1984년에는 근로자와 사용자 부담의 합계가 무려 50%까지 올라갔다. 이때 50%의 기여율은 장기 수요를 충족하기 위해 요구되었던 것보다 더 높은 것이었다. 이에 1986년 다시 기여율을 낮췄다가 한동안 40%를 유지했다. 그러다가 아시아 외환위기로 인한 경기 침체로 1999년 근로자의 기여율은 20%를 유지하는 반면, 고용주의 기여율은 10%로 낮추었다. 2020년 1월 현재 기여율은 55세까지의 경우, 근로자 20%, 사용자 17%다. 참고로 우리나라의 국민연금

〈표 2-2〉 CPF 기여율 (2020년)

근로자 연령	사용자 기여분	근로자 기여분	총 기여율
55세까지	17%	20%	37%
56~60세	13%	13%	26%
61~65세	9%	7.5%	16.5%
66세 이상	7.5%	5%	12.5%

자료: CPF 홈페이지

기여율은 근로자, 사용자 각각 4.5%로 합해서 9%다. 물론 싱가포르의 연금은 주택자금, 연금, 건강보험이 모두 포함된 개념이어서 우리와는 근본적으로 차이가 있다. 참고로 우리나라의 건강보험 기여율(요율)은 양측을 합해서 약 7%다. 또 기여율은 근로자의 연령대에 따라 다르게 적용된다. 연령이 높아질수록 기여율이 낮아진다. 즉, 초기 근로 연령대에서 더 많이 부담하고, 나이가 들어갈수록 줄어드는 방식이다.

2020년 말 현재, 중앙적립기금에는 총인구의 71%에 해당하는 405만 명이 가입해 있다. 기금의 규모는 2010년 이후 5배가량 늘어 4,621억S$(약 389조 원)에 이른다. 기금은 4개 계정으로 구분하여 운영되는데, 주택 구입 관련 대출은 정규 계정 Ordinary Account에서 지원한다. 그동안 정규 계정에서 주택 대출을 받은 전체 가구수는 197.3만 가구(HDB 주택 81%, 민간주택 19%)이며, 가구당 대출 금액은 HDB 공공주택의 경우 10만S$, 민간주택의 경우 21만S$다.

<그림 2-11> 싱가포르 CPF 규모 추이 (연말 기준, 단위: 백만S$)

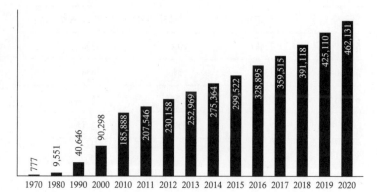

<그림 2-12> CPF 운영 계정 (2020년)

총 4,621억 3,060만S$(100.0%)

자료: CPF 홈페이지

한때 중앙적립기금에서의 과도한 주택대출로 노후연금 부족 우려가 제기되었는데, 퇴직계정RA은 이러한 문제를 개선하기 위해 2009년 도입되었다. 퇴직 이후 '평생소득' 개념을 도입하여 정부가 매년 노후소득 보장의 기본 금액을 설정하고 근

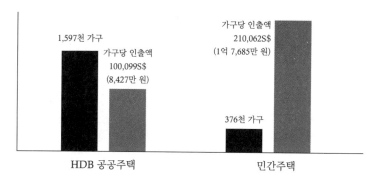

〈그림 2-13〉 CPF에서 주택구입자금 인출 가구수 및 가구당 평균 인출 금액
(2020년 말 누적 기준)

1,597천 가구
가구당 인출액
100,099S$
(8,427만 원)

가구당 인출액
210,062S$
(1억 7,685만 원)

376천 가구

HDB 공공주택   민간주택

자료: CPF 홈페이지에서 재구성

로자가 이를 적립할 수 있도록 다각적 방안을 추진하고 있다.
2021년 노후생활 기본 금액은 9만 3,000S$(약 7,834만 원)다.

생애 두 번 제공되는 공공주택 분양 기회

HDB는 광범한 국유지와 중앙적립기금을 활용하여 공공주택
을 공급하는데, 분양받을 수 있는 횟수와 자격에는 제한이 있
다. 일정 자격 요건을 갖춘 소비자는 생애 동안 두 번 HDB의
신규 공공주택을 분양받을 수 있으며, 5년의 의무 거주 기간 이
후 이를 재판매시장에서 매각할 수 있다. 또 재판매시장에서 구
입하더라도 CPF 자금 지원을 받았다면 역시 5년 거주해야 한
다. 다만 CPF 지원 없이 구입했을 경우, 방 한 개짜리 주택은
의무 거주 기한이 없으며, 2개 이상일 경우 구입 시기에 따라 다
르지만 현재는 5년 의무가 부과되어 있다. 공공주택의 분양가

〈표 2-3〉 CPF의 운용 계정과 금리 수준 (2021년)

구분	운용 특징	예탁금리	대출금리
정규 계정(Ordinary Account: OA)	주택 구입, 보험, 투자 등 목적	3.5%	2.5%
특정 계정(Special Account: SA)	노후, 은퇴 관련 금융상품 투자 목적	5.0%	4.0%
보건의료 계정(Medisave Account: MA)	입원비용, 건강보험(MediShield Life)으로 충당하기 어려운 보건의료비 지원	-	-
퇴직 계정(Retirement Account: RA)	55세에 자동 생성 (2009년 도입) -노후 평생소득 개념 도입 노후생활 기본 금액(2021년): 9만 3,000S\$	5.0%	4.0%

자료: CPF 홈페이지에서 재구성

는 원가주의라기보다는 그 무렵의 재판매가격을 감안하여 그보다 20~30% 정도 싸게 책정되고 있다. 완전한 의미의 반값아파트는 아닌 것이다. 다만 민간주택과 비교하자면 토지가격이 포함되지 않았기 때문에 반값에 가까운 것이 사실이다.

공공주택을 분양받을 수 있는 자격은 아시아 문화권의 전통적 가치, 정부의 가족 지향적 가치를 반영하여 부부와 혈연 가구 중심으로 우선권을 부여하고 있다. 구입 자격 요건은 싱가포르 시민권 보유자, 최소 21세 이상, HDB가 정한 가족 구성 요건 충족이 공통 사항이며, 구입 조건(소득기준, 재구매 유무, 의무 거주 기간 등)에 따라 차등 적용되고 있다.

〈표 2-4〉공공주택 분양 신청 자격 (2021년)

구분	내용
시민권 및 가구 구성	싱가포르 시민권자가 최소 1인의 시민 또는 영주권자 포함하여 신청
연령 제한	21세 이상
연소득 제한	(신규 분양) 방 3개 아파트: 7,000~1만 4,000S$(단지에 따라 차이) 방 4개 이상: 1만 4,000S$ 　　　　　　2만 1,000S$(확장 세대인 경우) (재판매 주택) 소득 제한 없음
주택 소유 제한	30개월 이내에 주택을 소유하지 않았을 것. 분양 시 5년 이내에 주택 투자를 할 수 없음.
1인 가구	1인 가구의 경우 분양가 외에 1만S$의 프리미엄 추가

자료: HDB 홈페이지

첫 분양주택이나 재판매주택의 경우 매각 시에 양도소득세는 없다. 자산 증식을 인정하는 것이다. 다만 두 번째 공공주택을 분양받은 경우에는 최초 분양가에 비해 차액이 발생할 경우 일정 금액을 환수한다. 재판매부과금Resale Levy으로 불리는 개발이익 환수 장치는 정부 보조금이 분양자에게 합당한 수준 이상으로 사유화되지 않도록 하는 방법이며, 보조금의 공정한 수혜 차원이다. 우리 식으로는 양도소득세와 비슷한 성격이라 할 수 있다. 재판매부과금은 2006년 3월까지는 HDB가 결정한 매각 금액과 주변 시세 90% 중 높은 금액을 기준으로 실 구성(1~5형)에 따라 차등 적용되었으나, 2006년 3월 이후부터는 정액제

〈그림 2-14〉 싱가포르 공공주택의 공급 구조

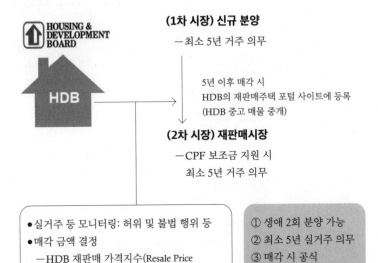

(1차 시장) 신규 분양

—최소 5년 거주 의무

5년 이후 매각 시
HDB의 재판매주택 포털 사이트에 등록
(HDB 중고 매물 중개)

(2차 시장) 재판매시장

—CPF 보조금 지원 시
최소 5년 거주 의무

● 실거주 등 모니터링: 허위 및 불법 행위 등
● 매각 금액 결정
—HDB 재판매 가격지수(Resale Price Index)에 근거하여 가격 결정
● 재판매부과금(Resale Levy) 결정, 부과, 환수
—두 번째 신규 분양주택에만 적용

① 생애 2회 분양 가능
② 최소 5년 실거주 의무
③ 매각 시 공식 재판매시장 이용
④ 두 번째 주택 매각 시 재판매부과금 납부

자료: HDB 홈페이지에서 재구성

부과 방식으로 변경되었다. 이는 주택시장의 변동성으로 인해 해당 주택을 언제 매각하는가에 따라 납부해야 할 부과금이 달라지는 문제를 보완한 것이다. 부과금 수준은 1만 5,000S$(약 1,300만 원)에서 5만 5,000S$(약 4,600만 원)이며, 1인 가구의 경우 절반만 부담하면 된다.

HDB는 소비자의 자가 구입을 지원하기 위해 다양한 보조금을 지급하고 있다. 신규 분양주택은 분양가가 할인되므로 추가적인 보조금이 생애최초 및 약혼 커플에게 지원되는 반면,

<표 2-5> HDB 두 번째 분양주택 매각 시 부과금

적용 시기	구분	2실형	3실형	4실형	5실형	고급형	고급형 콘도
2006년 3월 이전* (단위: %)	일반 가구	10~15	20	22.5	25	25	-
	1인 가구	5~7.5	10	11.25	12.5	12.5	-
2006년 3월 이후 (단위: S$)	일반 가구	15,000	30,000	40,000	45,000	50,000	55,000
	1인 가구	7,500	15,000	20,000	22,500	25,000	비해당

*부과 기준: 주택 매각 금액 혹은 주변 시세의 90% 중 높은 금액에 대하여 각 비율을 적용.
자료: HDB 홈페이지

주변 시세로 공급되는 재판매주택은 추가 보조금이 다양하다. 2019년 도입된 Enhanced Housing Grant(EHG)는 소득수준(16단계)에 따라 최저소득계층(월 1,500S$ 이하)에게는 8만S$를 지원하고, 최고소득계층(월 8,501~9,000S$)에게는 5,000S$를 지원하고 있다. 1인 가구(35세 이상)의 경우 이러한 보조금의 절반 혹은 일부만 지원받을 수 있다.

HDB는 신규 분양가 할인, 자체 대출 지원, 그리고 앞에서와 같은 다양한 보조금을 지원하고 있다. 정부는 이러한 공적 지원에 대해 매년 HDB의 결산 보고서에 근거하여 재정을 지원하고 있다. 2020년의 경우 HDB의 적자 규모는 26억 6,500만S$(약 2조 2,465억 원)이며, 정부는 26억 9,200만S$(약 2조 2,693억 원)를 지원했다.

이처럼 싱가포르 정부는 주택 공급 과정에서 저소득층이나 소형 주택에 대해서는 분양가격이나 구입자금 융자 등에서 혜

〈그림 2-15〉 HDB 공공주택의 보조금 지원 유형

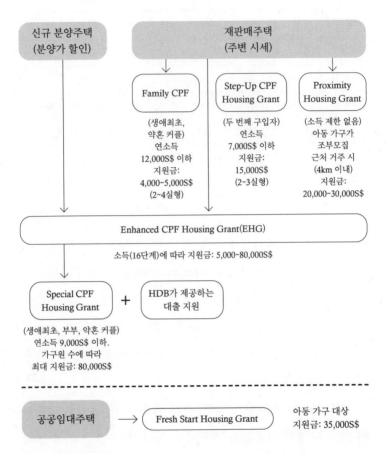

신규 분양주택
(분양가 할인)

재판매주택
(주변 시세)

Family CPF

(생애최초,
약혼 커플)
연소득
12,000S$ 이하
지원금:
4,000~5,000S$
(2~4실형)

Step-Up CPF
Housing Grant

(두 번째 구입자)
연소득
7,000S$ 이하
지원금:
15,000S$
(2~3실형)

Proximity
Housing Grant

(소득 제한 없음)
아동 가구가
조부모집
근처 거주 시
(4km 이내)
지원금:
20,000~30,000S$

Enhanced CPF Housing Grant(EHG)

소득(16단계)에 따라 지원금: 5,000~80,000S$

Special CPF
Housing Grant

+

HDB가 제공하는
대출 지원

(생애최초, 부부, 약혼 커플)
연소득 9,000S$ 이하.
가구원 수에 따라
최대 지원금: 80,000S$

공공임대주택 → Fresh Start Housing Grant

아동 가구 대상
지원금: 35,000S$

자료: HDB 홈페이지에서 재구성

택을 주고 있다. 반면 고소득층이나 외국인 투자자 등에게는 구입 자격을 제한하거나 세제상의 불이익을 줌으로써, 공공주택이 일반 국민들의 주거 안정과 자산 증식 수단이 될 수 있도록 확실히 배려하고 있다. 특히 의무 거주 기간을 충족할 경우에는

〈표 2-6〉 HDB 손실금과 정부 보조금 (단위: 백만S$)

구 분	2011	2012	2013	2014	2015	2016	2017	2018	2019	2020
HDB 손실금	143	443	797	1,973	2,018	1,639	1,189	1,717	1,986	2,665
정부 보조금	345	765	1,042	2,119	2,171	1,636	1,194	2,005	2,033	2,692

*매년 3월 말 기준 자료.
자료: HDB, Financial Statements

〈표 2-7〉 차등적인 주택 분양가격과 취득세(Stamp Duty) 제도

시민권 여부/소득수준/주택 규모 등	추가적인 세금(+)	가격 할인(-)
외국인	20%	
영주권자 투자(2주택 이상)	15%	
싱가포르 시민권자 투자(2주택 이상)	12%	
영주권자 구입	5%	
싱가포르 시민권자 중 고소득자 구입	0%	
고급 콘도미니엄(HDB 공급)		-10%
방 5개 아파트		-12%
방 4개 아파트		-20%
방 3개 아파트		-35%
방 2개 아파트		-50%

자료: Phang & Helble, 2016: 17. 세제는 2020년 기준

양도소득세를 면제하며, 재산세의 경우 가액에 따라 저렴한 주택은 낮은 세율을 적용하는 등 혜택을 주고 있다.

〈표 2-7〉은 2015년 기준으로 분양가 경감과 추가 세제 부과

를 개념적으로 설명한 것이다.

늙어가는 시민, 낡아가는 주택

싱가포르는 잘 정비된 계획도시다. 도시 인프라가 취약하고 주거수준이 불량하여, 전반적인 도시 재생이나 재개발이 필요한 그런 도시가 아니다. 다만 1960년대부터 급하게 공급된 주택 등의 개량과 성능 개선은 필요했다. 이에 고촉통 총리가 취임한 1990년부터 본격적으로 노후주택 개량 사업에 나서게 된다.

첫 번째 주요 사업이 1990년부터 2006년까지 시행된 Main Upgrading Program(MUP)이다. 이 사업은 1980년 이전 건설된 주거단지의 주차공간을 입체화하거나, 엘리베이터 현대화, 우편함 개량 등 외관을 개선하는 사업이다. 또 주택 내부 콘크리트를 보강하고 화장실 개량, 수납공간 설치 등을 지원하는 사업을 병행했다. MUP에 대한 호응이 좋자, 1993년에는 그보다 덜 오래된 단지를 대상으로 한 개량 프로그램인 Interim Upgrading Program(IUP)을 도입한다. 2001년에는 초기 단지들의 엘리베이터 문제를 개선하기 위해 Lift Upgrade Program(LUP)을 시작한다. HDB의 초기 단지 중에서 엘리베이터가 각층에서 서지 않는 곳들을 개선하는 사업이다. 다만 이 경우 각 소유자들이 3,000S$를 부담해야 하므로, 주민 75% 이상의 동의를 거치도록 했다. 이런 사업을 통해 현재 싱가포르의 모든 아파트 단지가 엘리베이터가 각층에 정차하도록 개선된 상태다.

그리고 2007년에는 그간의 MUP, IUP를 대체하는 Home Improvement Program(HIP), Neighbourhood Renewal Program(NRP)을 도입한다. HIP는 개별 주택을 개량하는 프로그램으로 주택의 수명 연장은 물론이고 특히 고령화에 따라 노인들이 편히 살 수 있도록 하는 데 주안점을 두었다. 이를 위해 배관 및 전기 설비를 개선하고 부식된 콘크리트를 보강했으며, 옵션으로 욕실에 경사로, 보조손잡이, 미끄럼 방지시설 등을 설치하는 사업을 병행하고 있다. NRP는 1995년 이전에 건축된 단지 중에서 MUP, IUP를 시행하지 않은 곳을 대상으로, 인접한 몇 개 단지를 묶어서 다목적 놀이터 설치, 보행로 차양 설치, 표지판 개선 등을 추진하고 있다. 사업 내용에 관해서는 타운홀 미팅 등으로 의견을 수렴한다.

또 2007년에는 신개념의 주거단지 재생 기법인 Remaking Our Heartland(ROH)를 도입했는데, 이는 기존의 오래된 단지 중심 접근법에서 탈피하여 각 주거지를 다양화, 특성화하는 데 주안점을 두고 있다. 예를 들면 새로 조성한 풍골Punggol 지구는 생태 중심 특성을 강화하고, 조성된 지 오래된 베독Bedok 지구는 가로변 쇼핑몰 활성화와 주민센터 강화 프로그램, 이슌 Yishun 지구는 주거환경 및 상업단지 개선에 주안점을 두는 식으로 특화하는 것이다.

그런데 위에 설명한 프로그램들이 모두 기존 주택이나 단

〈그림 2-16〉 토아파요 센트럴 단지의 재건축 전후 비교

자료: HDB 홈페이지

지를 개선하고 개량하는 사업이라면, 아예 철거하고 재건축하는 Selective En Bloc Redevelopment Scheme(SERS)도 있다. 1995년 도입된 이 사업은 용적률이 낮은 오래된 단지를 재건축하는 사업인데, 기존 주택 소유자에게 새 주택에 대한 입주 자격과 99년 거주 연한을 새로 부여하는 한편, 추가로 확보한 주택에는 젊은 가구들을 입주시키는 방식이다. 이 사업은 몇 개 동을 묶어서 재건축하는데, 2020년 10월 현재 77개 사업이 완료되었고 3개 사업이 진행 중이다. 〈그림 2-16〉은 토아파요 센트럴Toa Payoh Central 단지의 사업 전후를 비교한 것으로, 374호의 오래된 아파트가 1,158호의 보다 쾌적하고 넓은 아파트로

바뀐 사례를 보여준다. 이렇게 아파트 공급을 늘림으로써, 주택 수요에도 부응하고 재개발에 소요되는 비용도 충당하고 있다.

그런데 SERS는 싱가포르 기준에서 보면 기존 소유자에게 특혜에 가까운 조건을 제공한 사업이다. 신축 대체 주택을 제공하고 새로 99년 거주 기간을 보장했기 때문이다. 따라서 그 수준으로 혜택을 제공하는 것은 문제가 있다고 봐서, 싱가포르 정부는 2000년대 초부터 신규 SERS 사업을 중단하게 된다. 하지만 아파트 노후화가 계속되고 있어서 재건축 방식은 여전히 필요한 상태다. 이에 싱가포르 정부는 2018년 Voluntary Early Redevelopment Scheme(VERS)을 도입한다. 아직 사업이 구체화된 단계는 아니지만, 70년 이상 된 단지 중에서 주민투표로 대상지를 선정할 계획이다. 다만 VERS는 SERS에 비해 보상 패키지 수준이 낮을 것으로 보인다(PropertyGuru Singapore, 2020.7.3).

싱가포르 패러독스: 비(非)국민의 삶

싱가포르는 전 세계가 부러워하는 성공한 도시이며, 주택정책도 자타가 인정하는 모범 사례다. 그러나 우리는 싱가포르의 도시와 주택을 건설한 주역들을 종종 잊어버리곤 한다. 저 건물들은 누가 지은 것일까?

싱가포르 인구 통계를 보면, 시민권을 가진 인구와 상주인구가 크게 차이 나는 것을 볼 수 있다. 2020년 6월 말 현재 상주 인구는 569만 명이지만, 시민과 영주권자의 숫자는 404만 명이다. 165만 명의 차이는 무엇일까? 엄격한 이민 통제를 실시하는 싱가포르에서 불법 체류자들이 이렇게 많을 것으로 볼 수는 없다. 결국 정부가 공식적으로 인정한 외국인 노동자들이 이들의 대부분을 차지한다. 싱가포르의 외국인 노동자는 2020년 6월 현재 전체 고용 인력의 약 3분의 1인 135만 명에 이른다. 그중 건설업 종사 인력이 35만 명, 제조업 종사 인력이 25만 명 정도다. 또한 각 가정에 입주한 가사도우미가 26만 명에 이른다. 이외에도 거리 청소, 건물 청소, 정원 가꾸기 등 도시를 깨끗하게 관리하는 대부분의 육체노동은 외국인 노동자들의 몫이다. 싱가포르의 청결과 화려함은 이들의 수고로 지켜지는 것이라 해도 과언이 아니다. 그러나 문제는 이들이 어디서, 어떻게 생활하고 있는가 하는 점이다.

열악한 합숙소에서 살아가는 외국인 노동자들

싱가포르 국민들은 90%가 내 집을 갖고 사는데, 외국인 노동자들은 어디에서 생활하고 있을까? 기본적으로 싱가포르 통계는 국민들만을 대상으로 주택 보급률이나 점유 형태 분포를 계산할 뿐 외국인 노동자들의 주거는 통계에서 애초 제외되어 있다. 따라서 외국인의 주거 상황은 주택 관련 공식 통계로는 확인할 수 없다. 〈그림 2-19〉는 전형적인 외국인 노동자들의 숙소 모습이다. 2층 침대에 다닥다닥 붙어서 잠을 청해야 하고, 화장실

〈그림 2-17〉 전체 노동자 및 외국인 노동자 추이 (단위: 천 명)

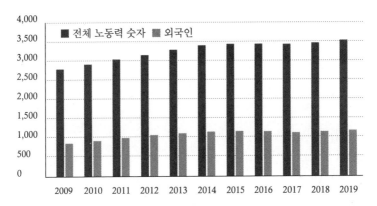

*가정 입주 가사도우미(FDW: Foreign Domestic Worker)는 제외.
자료: 싱가포르 노동부

〈그림 2-18〉 외국인 노동자 중 건설업 및 제조업 종사자 추이 (단위: 천 명)

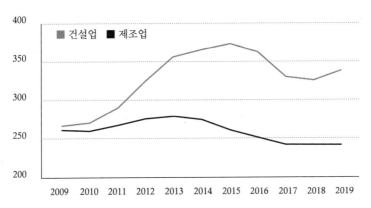

자료: *Today*, 2020.9.21.

하나를 무려 80명이 사용하기도 한다(Hamilton, 2020.8.5.).

평소 외면해오던 이런 생활환경이 본격적으로 싱가포르 시

〈그림 2-19〉 외국인 노동자 합숙소

자료: *Today*, 2020.9.21.

민, 나아가 세계인의 주목을 받게 된 것은 코로나19 때문이다. 나름대로 방역 선진국이라고 자부하던 싱가포르에서 2020년 초, 코로나19 감염자가 갑자기 늘어나 사람들을 깜짝 놀라게 했는데, 대부분이 외국인 노동자 합숙소에서 발생했다. 〈그림 2-20〉에서 보는 것처럼, 합숙소 감염자 숫자가 지역사회 감염자의 수십, 수백 배에 달할 정도다. 이에 정부는 이들의 밀집도를 낮출 수 있도록 추가 합숙소를 급히 확보하는 등 대응에 나섰다. 다행히 노동자들이 대부분 젊고 건강한 덕분에 사망자는 거의 없었지만, 싱가포르 번영의 이면을 드러낸 사건이었다.

물론 싱가포르도 이전에 보다 쾌적한 합숙소 제공이 이슈가 되었던 적이 있다. 과거 일부 HDB 아파트에 외국인 노동자들이 거주하면서 민원이 발생하자, 정부는 2006년부터 말레

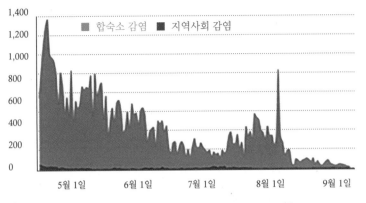

〈그림 2-20〉 싱가포르의 코로나19 발생 추이 (2020년 9월 7일까지, 단위: 명)

자료: BBC News, 2020.9.18.

이인을 제외하고는 거주를 엄격히 규제하기 시작했다. 그러나 과밀한 합숙소 등이 문제가 되자, 정부는 세랑군 가든Serangoon Garden 지역에 합숙소 건설을 추진했는데 극심한 주변 민원으로 인해 결국 이 지역구의 야당 후보가 총선에서 승리하는 일이 벌어지기도 했다. 2011년 선거 때의 일인데, 당시 외국인 노동자 비율이 전체 상주인구의 36%에 달했다. 그 10년 전만 해도 20% 수준이었던 점을 생각하면, 외국인 노동자들이 얼마나 빨리 늘어났는지 짐작할 수 있을 것이다(Today, 2020.9.21.).

이런 분위기가 반영되어, 싱가포르는 2015년 외국인 노동자 숙소에 관한 법을 제정한다. 이 법의 핵심 포인트는 '일자리 현장에 잠자리를 확보하라'는 것이다. 이에 따라 외국인 노동자 숙소는 거의 대부분 도심에서 멀리 떨어진 산업 지역이나 건설 현장에 자리 잡게 된다. 그렇다 보니 외곽 지역은 합숙소가 대규모로 밀집된 공간이 되어버렸고, 이는 코로나19 사례에서 보듯이 전염병이 쉽게 퍼질 수 있는 장소가 되었다.

그런데 또 다른 종류의 차별과 주거 불안을 겪고 있는 집단이 있다. 바로 필리핀, 인도네시아, 태국 등에서 온 입주 가사도우미들이다. 대부분의 싱가포르 가정은 부부가 맞벌이를 하기 때문에 일상적인 가사 업무를 대개 외국인 가사도우미들에게 맡기고 있다. 이들은 휴일이면 지하철역이나 공원 등에서 만나 고향 소식도 듣고 회포도 푸는 것으로 알려져 있다. 이들이 많이 모인 곳의 사진이 종종 인터넷에서 화제가 되기도 한다. 그런데 이들에 대한 인권침해나 열악한 생활환경이 사회문제가 되고 있다. 우리나라의 베란다 같은 곳에서 생활하는 것은 기본이고, 한 조사에 따르면 90% 이상이 초과 노동을 하고 있으며 41%가 일주일에 하루뿐인 휴일에도 일을 해야 한다고 한다. 나아가 약 60%가 고용주로부터 착취당하고 있다는 보도도 있다 (CNN, 2017.12.4.). 우리나라 언론에서도 보도한 바 있지만, 2020년 가을에는 싱가포르의 유력 기업인 집안에서 태국 출신의 가사도우미에게 누명을 씌워 쫓아내고 고발했던 일이 사회문제가 되기도 했다(연합뉴스, 2020.11.6.).

외국인 노동자들이 싱가포르 건설과 유지에서 필수 불가결한 존재이지만, 동시에 매우 안정되고 질서 잡힌 사회에서 갈등 요소가 되고 있는 것도 분명하다. 2013년 인도계가 주로 모이는 싱가포르 시내의 리틀 인디아 지구에서 서구 도시에서나 종종 볼 수 있는 대규모 소요 사태가 벌어진 것은 충격적이었다.

경찰차에 인도인이 치였다는 루머에서 시작된 소요이긴 했지만, 그동안 싱가포르에 내재된 이주 노동자 문제, 빈부 격차 등이 표출된 사건이었다.

싱가포르 주택정책의 과제와 시사점

싱가포르는 다른 나라에 비하면 매우 균질적인 주택시장이고 정책 이슈도 단순한 편이다. 전체 가구의 90% 이상이 자가에 거주하고 있고, 그 대부분이 단일 기관에서 공급한 주택들이기 때문이다. 따라서 핵심 이슈는 크게 두 가지 정도로 볼 수 있다. 첫 번째는 주택가격 급등락을 방지하는 거시 건전성 관리 문제이고, 두 번째는 주택정책의 성공 그 자체에 내재된 '주택에 대한 과도한 자산 집중'의 문제다. 즉, 거의 모든 국민이 자기 집에 사는 나라를 건설했지만, 정작 집에 너무 많은 자원이 집중됨으로써 노후생활에 활용할 돈이 부족하다는 문제다. 여기에는 노후주택의 재건축이나 개량 문제도 포함되어 있다.

우선 주택시장 안정 문제를 보자. 앞에서도 설명했지만, 싱가포르는 1997년의 아시아 경제위기를 전후해서 집값 급등락을 경험했다. 당시의 경험으로 인해 다른 나라들에 비해 거시 건전성 문제에 더욱 유의하는 편이다. 이에 따라 2010년경부터 전 세계적으로 유동성이 확대되고, 싱가포르 자산시장에도 영향을 끼치게 되자 비교적 선제적인 조치를 취하게 된다. 2013년부터 취

〈표 2-8〉 취득세율 변화 (단위: %)

	2013.1까지	2013.1~2018.7	2018.7부터
첫 번째 주택	0	0	0
두 번째 주택	0	7	12
세 번째부터	0	10	15
영주권자 첫 번째 주택	0	5	5
영주권자 두 번째부터	0	10	15
외국인	10	15	20
법인	10	15	25 + 개발업자 추가 5%

자료: *Dollars and Sense*, 2021.7.5. 재구성

득세를 주택 호수와 구입자의 국적에 따라 차등 인상하는 조치를 두 번이나 시행한 것이다. 주택 한 채만 구입할 경우에는 취득세가 아예 없지만, 두 번째 주택은 2013년 7%, 2018년 12%로 올렸고 세 번째 주택부터는 각각 10%, 15%로 인상했다. 외국인이나 법인과 개발업자에게도 추가 인상했다.

또 2010년부터 주택 구입에 따른 대출도 억제하는 조치를 취하게 된다. LTV 한도를 주택 구입 호수에 따라 차등적으로 강화했으며, 초기 납입금도 높였다. 이와 함께 주택 공급을 늘리기 위해 2016년 텡아 뉴타운Tengah New Town, 700ha에 5개 지구, 4만 2,000호 공급계획을 발표했다. 2010년대 들어 전반적으로 집권당에 대한 지지가 약화되면서 주택가격 안정과 공급 확대에 더욱 신경 쓰고 있기 때문이다(PropertyGuru Singapore, 2020.7.3.).

〈그림 2-21〉 LTV 기준 강화 추이

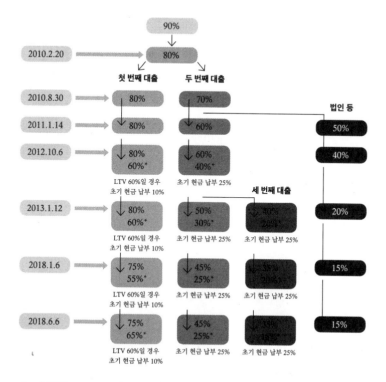

*30년 상환(HDB 공공주택은 25년)이거나 65세 이상 고령자 대상

자료: Singapore Property Market Cooling Measures

성공의 이면: 집에 묶인 노후

싱가포르 주택정책에서 가장 큰 미래 위험이 인구 고령화와 주택 노후화라는 데는 전문가들의 인식이 대체로 일치한다. 싱가포르 주택정책이 성공한 데는 주택자산이 복지를 대신하는 자산 기반 복지 시스템이 상당한 기여를 했기 때문이다. 싱가포르

국민들은 집값이 계속 오를 것이라는 기대 속에서, 은퇴에 필요한 연금을 주택 구입에 모두 투입한 측면이 있다. 이 때문에 집에 자산의 대부분이 잠기고, 집값이 하락하면 은퇴 후 자금에 문제가 발생할 우려가 있다. 이른바 '자산 부자, 현금 빈곤' 현상이다. 이는 더 나아가 싱가포르 주택 시스템이 국내 소비 여력을 떨어뜨리거나, 스타트업 부문이 다른 나라보다 취약하게 된 원인으로 지적되기도 한다(Phang & Helble, 2016).

이런 상황에서 미래 노후소득이 보장되기 위해서는 주택가격이 물가보다 더 올라서 자산가치가 유지되어야 한다. 공공주택의 분양가를 시장 거래가격과 연동해서 지속적으로 올리는 것도, 기존 주택의 가치를 유지하기 위한 차원이다. 하지만 이렇게 오른 주택가격은 구매력 문제affordability risk를 일으키고, 신규 진입자들이 점점 더 구입하기 어려워지게 되는 모순이 발생한다. 특히 세계적으로 낮은 출산율로 인해 먼 장래로 보면 부모 세대가 남긴 주택의 자산가치를 모두 유지하는 것이 어려워질 가능성도 크다. 일본에서 빈집이 대량 발생하는 문제도 결국 그러한 상황의 결과라고 할 수 있다. 이에 따라 정부 당국은 공공주택 프로그램이 가진 시스템적인 모순을 해결해야 하는 과제를 안게 되었다(Chua, 2015).

싱가포르 정부는 주택자산과 노후소득 사이의 상관관계를 엄중히 보는 가운데, 당면하게는 주택자산의 부분적 현금화를 돕는 제도들을 운영하고 있다. 우리나라에서 실시하고 있는 주택연금과 유사한데, Lease Buyback Scheme은 65세 이상 노인 가구가 남아 있는 점유lease 기간을 HDB에 팔 때, 현금 보너스를 50%까지 제공하는 방식이다. 또 Silver Housing Bonus는 노인 가구가 작은 집으로 옮길 경우 연금에 3만S$의 보너스를 제공하는 프로그램이다.

이와 함께 주택 자체가 노후화되는 데다 99년 토지 임대 기간이 끝나면 가치가 0이 될 것이라는 문제도 현실적인 위협으로 다가오고 있다. 1960년대부터 도입된 공공주택이기 때문에, 이론적으로는 지금부터 한 세대 이후에 99년 점유 기한이 도래할 수도 있는 것이다. 이 문제는 주택 노후화에 따른 재건축 요구와 맞물리면서 싱가포르 주택정책의 미래를 더욱 복잡하게 만들고 있다(Phang, 2019).

하지만 재건축의 경우, 비용 부담과 개발이익의 분배 문제가 있어서 간단하지 않다. SERS가 대체 주택 제공, 새로 99년 계약 기간 부여 등 특혜성 사업이었다는 평가 아래, 2018년 로렌스 웡 국가개발부 장관은 공공주택 소유자들에게 더 이상 SERS 같은 재건축 프로그램을 기대하지 말라고 경고했다. 전체의 4%에 대해서만 극히 제한적으로 실시할 것이라는 입장이다. 새로 시행하려는 VERS가 대안이 될 것인가? 악마는 디테일에 숨어 있다고 하는 것처럼, 공공주택 소유자들은 그 구체적인 시행 계획을 염려하고 있다. 이 프로그램하에서 어떤 보상이 이루어질 것인가? 남은 점유 기간에 대한 보상 평가는 어떻게 될 것인가? 보상이 현금으로, 아니면 새 공공주택에 대한 입주 자격으로 주어질 것인가? 그리고 새로운 점유 기간이 설정될 것인가? 남은 점유 기간이 자동으로 보장될 것인가? 그렇다면 차액은 어떻게 평가될 것인가? 등의 문제가 제기되고 있다(*The Independent*, 2018.9.3.).

리콴유 전 총리는 2010년 11월, 한 행사에서 "HDB 주택을 팔지 말라. 그 가치가 계속 올라가게 될 각 가정의 소중한 자산이다"라고 연설했다(*The New Paper*, 2010.11.14.). 과연 그렇게 될 것인가? 이것이 싱가포르가 직면한 가장 큰 걱정거리다. 그러나 아직 싱가포르 외에는 아무도 가보지 않은 길이어서, 그 해답도 싱가포르가 풀어낼 수밖에 없다.

우리나라는 왜 싱가포르처럼 못 하나?

어떤 면에서 보든 싱가포르 주택정책은 세계적인 성공 사례다. 우리나라에서 가장 걱정하는 두 가지 문제, 즉, 집값과 남의 집 살이 문제를 근본적으로 해결했기 때문이다. 2018년 싱가포르의 소득 대비 주택가격은 4.6으로 홍콩의 20.9, 시드니 11.7, 런던 8.3과 비교하면 매우 낮다. 1990년대 후반 아시아 경제위기를 전후하여 버블 형성과 붕괴를 겪기는 했지만, 이후에는 동아시아 국가들 중에서 가장 안정적인 가격 추세를 보여주고 있다. 또 자가 소유율이 1994년경 90%에 도달한 이래 최근까지 계속되고 있다. 특히 결혼 등으로 가구를 형성하고 3년 정도만 기다리면 공공주택을 분양받을 수 있기 때문에, 사실상 완전한 자가 사회가 되었다고 해도 과언이 아니다.

이를 뒷받침하는 주택 시스템도 자랑할 만하다. 싱가포르 국민들은 기본적으로 내 돈으로 집을 사는 것이 아니다. 소득의 20% 정도(고용주 기여분을 포함하면 35~50%)에 달하는 의무저축제도CPF를 이용해 주택구입자금을 대출받고 건강보험, 노후연금을 해결한다. 땅은 국유지를 계속 늘림으로써 개발이익 사유화 문제를 근본적으로 해결했다. 주택 마련에 핵심적인 두 요소, 즉 돈과 땅 문제를 공적으로 해결한 것이다. 이외에도 공공주택에 대해 의무 거주 기간을 둔 것이나, 두 번째 공공주택 매각 시 일정 비율을 환수하는 것도 나름대로 형평성을 기한 장치다.

이와 같은 주택정책은 싱가포르 경제 기적의 원동력이 되었다. 집 장만 걱정이 없는 사회, 집으로 인한 양극화가 억제되는 사회에다 인종 간 분리와 반목을 차단하는 주택 배분이 이루어졌기 때문이다. 이에 우리나라에서도 유명한 도시사회학자 마누엘 카스텔은 싱가포르가 홍콩과 함께 새로운 주택정책 모델이라는 칭찬을 아끼지 않았다(Castells 외, 1990). 투명한 시장도 자랑이다. 자기 집을 세놓을 경우라도 임대인, 임차인 모두 자격 요건을 갖춰야 하며, 관련 사항은 투명하게 관리된다. 민간 임대주택에 대해서는 시장 원리를 적용하지만, 공공주택을 세놓을 경우 참조가격을 제시하여 간접적으로 임대료를 억제하고 있다.

물론 숙제도 여전하다. 무엇보다 주택에 대부분의 가계자산이 집중됨으로써, 고령화와 주택 노후화에 따른 대응이 걱정거리다. 장기적으로 국유토지 임대 기한인 99년이 도래할 때의 처리 문제도 과제다. 싱가포르 주택정책의 성공 자체가 가져다준 숙제라고 할 수 있다. 이와 함께 외국인이 계속 증가하는데, 이들의 주거 양극화와 차별도 문제다. 코로나19 사태에서도 확인했지만, 외국인 노동자들의 열악한 주거 상황은 인권 차원에서도 고민해야 할 문제다. 또 싱가포르 국민들이 분양주택을 배정받기까지의 주거문제나 공공임대주택 부족도 고려해야 할 정책 과제다. 물론 이런 과제들이 있음에도 불구하고 싱가포르 주택정책과 시장이 성공적이라는 데는 이견이 있을 수 없다.

같은 동아시아 국가로서 우리는 오랫동안 싱가포르 주택정책을 선망해왔다. '반값아파트', '토지임대부주택'은 지금도 우리 마음을 사로잡는 싱가포르 모델이다. 싱가포르 HDB는 우리나라 LH나 SH가 벤치마킹하는 조직이다. 정치인이나 공무원들도 수시로 싱가포르 방문을 통해 주택정책의 경험을 전수받고자 해왔다. 언론도 마찬가지다. 그때마다 우리는 왜 싱가포르처럼 못 하는가? 하는 질문이 던져졌다.

가장 큰 이유는 우리는 중대 규모 국가이며, 수도권으로의 인구 집중을 억제할 수 없다는 데 있다. 싱가포르는 기본적으로 국경이 통제되어 있으며, 외국인이 아무리 늘더라도 주택정책 대상에서는 분리하고 있다. 따라서 인구라는 기본 수요를 예측할 수 있고, 영토의 가용지 범위 내에서 주택의 수급을 제어할 수 있다. 그러나 서울은 1960년 약 250만 명에서 불과 30년 만에 1,100만 명으로 인구가 늘어난 도시다. 이후 경기도 지역을 포함한 수도권의 인구 증가는 더 가파르다. 다음으로 중요한 차이는 국공유지다. 우리나라는 경제개발 과정에서 있던 국공유지도 팔아 재정에 보탠 나라다. 지금 한강변의 초고가 아파트들은 50여 년 전 한강의 공유수면을 매립해서 만든 땅에 들어선 집들이다. 여의도도 마찬가지다. 요지의 국공유지를 민간에 팔아왔던 것이다.

인구와 땅이라는 두 요소에서 기본적으로 싱가포르와 달랐다. 싱가포르가 토지, 주택의 공공성을 높여서 주택문제를 해결하려던 시기에 우리는 가족과 시장에 그 역할을 맡겨두었다. 공공이 했던 일은 판자촌을 묵인하고 장려하는 방식으로 긴박한 주거난을 완화시키는 것이었다. 국공유지에 판자촌이 들어서는 것을 유도했던 것이다. 이런 역사적 차이가 있기 때문에, 현재 싱가포르의 모습을 보면서 우리는 왜 그렇게 하지 못했던가를 한탄하는 것은 의미가 없다. 우리는 우리의 조건에서, 또 우리 방식으로 최선을 다했던 것이다.

그런 점에서 '반값아파트' 식의 선정적 부러움이 아니라, 우리의 조건 속에서 싱가포르의 성공 경험을 접목시키는 것이 중요하다. 우리는 국유지는 아니지만 넓은 공공택지를 통해 주택을 공급하고, CPF는 아니지만 3,000만 명 가까이 가입한 청약제도를 통해 주택을 배분하고 있다. 이 부분을 최대한 공적으로 활용하고 개발이익의 사유화를 제어함으로써 주택문제 해결에 기여할 수 있다. 정부에 대한 신뢰나 시장 개입 정도도 싱가포르와 비교할 수는 없지만, 그래도 나름대로 과학적이고 투명한 시스템을 구축하고 있다. 싱가포르 같은 주택정책 천국은 못 되겠지만, 우리 식 주택문제 해결의 길을 찾아갈 수 있는 것이다.

3장

홍콩: 좌절당한 모범 주택정책 사회

전 세계에서 집값이 가장 비싼 도시

20년 치 소득을 모아야 18평 아파트

홍콩은 우리에게 마치 영화 속의 한 장면 같은 나라였다. 노년층이나 중년층에게는 각자 생각하는 영화의 한 장면이 홍콩과 겹쳐져 있다. 1950년대 홍콩의 모습이 그려진 〈모정慕情〉에서 시작해 〈영웅본색〉, 〈무간도〉, 〈중경삼림〉, 〈화양연화〉 등 이루 열거할 수 없을 정도다. 연령대에 따라 느낌이 다르겠지만, 이른바 홍콩 영화에는 우리가 아직 궁핍하고 부족한 것이 많던 시절의 기억이 담겨 있다. 과거 홍콩은 온통 가난에서 벗어나지 못했던 아시아와 한국에는 비현실적인 도시였다. 홍콩은 중국이 공산화된 이후에도 '99년 조차지'라는 특수성으로 인해 오랫동안 중국 대륙에 대한 서구의 창문 역할을 해왔다. 동양인의 영토에 서양식 제도와 문화가 덧붙여짐으로써 양쪽의 특성이 범벅이 된 왁자지껄한 장터 같은 곳이었다.

홍콩은 다른 아시아 개발도상국가들과 마찬가지로, 20세기 전반부 식민지와 중국 공산화에 따른 유민 급증 등 사회 격변을 경험하면서 심각한 주택문제를 겪었다. 판자촌이 만연했던 것은 물론이다. 하지만 1950년대부터 영국식 공공임대주택을 대량으로 공급하면서, 많을 때는 전체 가구의 36.5%가 공공임대주택에 거주하기도 했다(1991년). 또한 19세기부터 홍콩 섬을 점령하고 있던 영국 총독부는 관내 토지를 모두 국유로 하고, 시한을 정해 사용권만 부여하는 임대제를 시행했다. 이렇게 홍콩 총독부는 주택문제를 공공 중심으로 해결함으로써, 노동자나 자본가들이 주택문제에 부담을 덜고 산업활동에 전념할 수 있도록 노력했다. 도시사회학자 마누엘 카스텔은 이런 홍콩의 주택정책을 《쉑킵메이 신드롬Shek Kip Mei Syndrome》이라는 책에서 극찬했다. 1953년 쉑킵메이 지역의 대화재를 겪은 뒤 정부가 주택문제 해결에 적극적으로 나섬으로써, 홍콩의 높은 경쟁력과 경제 번영이 가능했다는 해석이다.

그러나 어려운 조건에서도 근근이 해결해오던 홍콩의 주택문제는 1997년 홍콩의 주권이 중국으로 반환된 이후 급격히 악화된다. 중국 본토의 인구가 홍콩으로 더 많이 들어오게 된 이유도 있지만, 근본적으로 중국 자본이 물밀듯이 밀려오면서 부동산가격이 폭등하게 된 것이다. 물론 반환 초기에는 아시아 금융위기의 영향에다 사스(2003년)의 타격까지 받아서 집값이 한동안 급락했지만, 2000년대 중반부터는 급등을 거듭했다. 저점이었던 2004년부터 2018년까지 약 15년간 홍콩의 집값은 다섯 배나 올랐다. 소득은 거의 정체 상태였기 때문에 소득 대비 집값PIR은 20배 이상이 되었다. 여러 기관이 발표하는 PIR에서 예외 없이 홍콩이 독보적인 1위를 기록하고 있다. 터무니없이 작은 아파트가 우리 돈으로 수십억 원에 거래되고, 기존 주택이나 사무실을 작게 쪼갠 쪽방이나 옥탑방은 물론이고 2층으로 된 케이지에 기거하는 닭장방까지 있는 실정이다. 쪽방에 사는 인구만 20만 명이 넘을 정도다. 전 세계에서 가장 집값이 비싸고, 또한 고소득 도시이지만 가장 주거가 열악한 곳이 되고 만 것이다.

더구나 〈그림 3-1〉에서 보듯이 40㎡ 이하의 초소형 주택 가격이 평균보다 훨씬 더 올랐다. 주택가격만큼은 아니지만, 임대료 역시 소득보다 훨씬 빠르게 오르고 있다. 2000년대 이후 임대차 보호제도도 더 느슨해져서, 민간 임대료 인상을 효과적으로 억제할 수단도 사실상 없다. 이런 상황에서 빈곤 가정은 소득의 39.7%를 주거비로 지출하고 있어서, 식비 31.4%를 합하면 사실상 생존에 급급한 상황이라고 할 수 있다(Wong & Chan, 2019).

그렇기 때문에 2019년 범죄인 송환법 추진을 계기로 터져나온 홍콩의 민주화시위는 그동안 누적된 청년층의 사회경제적 불만이 분출한 것이라고 보아야 한다. 실제로 캐리 람Carrie Lam 홍콩 행정장관은 2019년 10월 16일, 입법원 시정연설에서 "주택문제는 현재 홍콩이 직면한 가장 시급한 문제이자 사회 불안의 원인"이라며 문제의 심각성을 인정하고 주택문제 해결에 최선을 다하겠다는 의지를 밝힌 바 있다. 최근 코로나19 사태가

〈그림 3-1〉 홍콩의 집값 추이

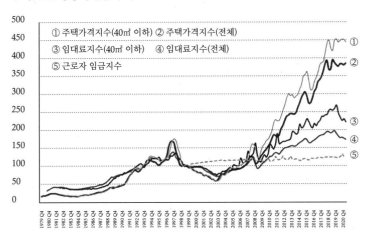

자료: Rating and valuation Department, Census and Statistics Department

〈그림 3-2〉 도시별 PIR 순위 (2020년)

자료: Statista

3장 홍콩: 좌절당한 모범 주택정책 사회　　　　　111

장기화하면서, 홍콩의 집값도 일부 하락하는 경향을 보이고 있다. 하지만 홍콩의 주택문제는 중국 및 세계 경제와 직결된 특성에다 토지 공급이 제한적인 문제 등으로 인해 근본적인 해결이 결코 쉽지 않다. 한때 동아시아 주택정책의 모범 국가였던 홍콩이 이제는 전 세계가 놀라고 또 염려할 정도의 주택문제를 겪는 나라가 되어버렸다. 관련 수치를 좀 더 구체적으로 살펴보자.

수치로만 보면 홍콩의 주택 공급은 충분하다. 주택 보급률이 110% 내외로 가구수에 비해 주택수가 더 많다. 그러나 통계에 제대로 잡히지 않는 불법 또는 단기 체류자가 많기 때문에 체감상으로 이 수치는 무의미하다. 더구나 1인당 주거면적이 15㎡로 선진국 도시 중에서 최악의 수준이다(*NY Times*, 2019.7.22.). 서울의 평균 30㎡(서울연구원 홈페이지)와 비교하면 얼마나 열악한지 짐작할 수 있을 것이다. 특히 빈곤층이 많이 거주하는 공공임대주택은 1인당 13.3㎡밖에 안 되어 더 심각하다(Transport and Housing Bureau, 2019).

홍콩은 한때 전체 가구의 40% 가까이가 공공임대주택에 거주했지만, 1980년대 후반부터 주거 사다리를 강화하는 차원에서 자가 소유를 지원하는 방향으로 정책을 전환한다. 특히 1997년 아시아 금융위기 이후 집값이 급락하자 자가 소유 촉진을 경기 부양 차원에서 강화하기도 했다. 물론 2000년대 초반 집값이 다시 빠르게 오르기 시작하면서 자가 소유 촉진정책이 둔화되기는 했지만, 이번에는 집값 상승에 불안한 가구들이 내

〈그림 3-3〉 초고층 아파트가 밀집한 홍콩

자료: https://www.pinterest.co.kr/pin/326722147945666353/visual-
search/?x=16&y=9&w=530&h=313

집 마련에 나서면서 자가 소유율이 지속적으로 올라갔다. 1981
년에는 공공임대 33.4%, 자가 27.9%였지만, 2019년에는 그 비
중이 각각 30.6%, 49.8%로 변하게 된다.

　이런 상황에서 공공임대주택에 입주하는 것은 갈수록 어려
운 일이 되고 있다. 공공임대주택에 대한 입주 대기 기간이 갈
수록 길어져서 평균 6년 가까이 걸리는데, 노인 가구에 비해 일
반 저소득 가구의 대기 기간은 훨씬 길다. 특히 비노인 1인 가
구 대기자는 10만 가구에 이르지만 특별 배정 물량이 있을 경

〈그림 3-4〉 주택 점유 형태 추이 (단위: %)

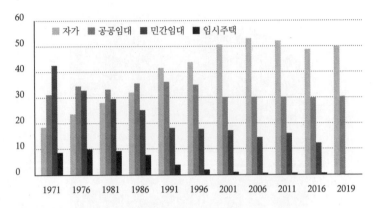

자료: Census and Statistics Department에서 재구성

우에만 기회가 주어지기 때문에, 언제 입주할지조차 알 수 없다(Hong Kong Housing Authority 홈페이지). 역설적으로 빈곤층은 그나마 이런 기회라도 기대해볼 수 있지만, 어중간한 소득이 있는 대다수의 가구들은 혹독한 민간 시장에서 주택문제를 해결할 수밖에 없다.

쪽방, 옥탑방, 닭장방, 캡슐방

이에 따라 수많은 단신 가구나 공공임대주택 입주 신청 후 대기하는 가구, 나아가 불법 체류자 등은 민간의 열악하지만 저렴한 주거를 대안으로 찾게 된다. 기존 주택이나 사무실, 공장 등을 잘게 구획하여 만든 쪽방(주택 이외의 건물을 쪼갠 경우는 cubicle이라고 부르기도 한다), 건물의 옥상에 주거공간을 설치한 옥탑방, 건물에 개인별 공간을 닭장을 만드는 재료로 구획한 닭장방, 그리고 이보다 현대화된 캡슐방capsule home 등이 그런 종류나.

이 중에서 쪽방에 사는 인구는 2016년 공식 조사에 따르면 9만 1,787가구, 20만 9,700명으로 전체 가구의 3.6%에 해당하는 수준이다. 특히 야침몽Yau Tsim Mong, 샴수이포Sham Shui Po 지역에 3분의 1 이상이 집중되어 있다. 쪽방의 1인당 평균 사용면적은 두 평이 되지 않는 5.3㎡이며, 이는 홍콩 전체 1인당 평균 거주면적 15.0㎡의 3분의 1 수준이다. 쪽방의 중위 임대료는 일반 민간임대의 40% 정도인 4,000HK$(약 62만 원)이지만, 거주자의 소득에서 차지하는 비중은 31.8%에 이른다(Census and Statistics Department, 2018). 반면 2019년 한 시민단체의 조사에 따르면 쪽방 주민들은 소득의 41%, 여기에 수도와 전기 요금을 합하면 소득의 반 이상을 주거비로 쓰고 있다고 한다(SCMP, 2019.6.23.). 거주자들은 주로 신규 이주민, 저소득 노동자, 장애인 등이며(Society for Community Organization 홈페이지) 이들의 42%가 혼자 산다(Business and Professionals Federation of Hong Kong, 2009).

쪽방은 여러 가구가 화장실과 주방공간을 공동으로 사용하며, 낡은 건물에 과도한 분할로 붕괴 사고가 발생하기도 한다. 또한 좁은 복도가 미로처럼 얽혀 있거나 방을 구분하는 칸막이가 화재 비상통로를 막고 있어서 화재에 매우 취약하다. 특히 일반 건물을 활용한 쪽방cubicle은 1980년대 홍콩의 산업 구조조정으로 제조업이 본토로 이전하고 오랫동안 공실로 방치되는 빌딩이 많아지면서 불법 주거용 개조가 증가했다. 2010년 1월 발생한 5층 건물 붕괴 사건(사망 2명, 부상 4명)에 대해 건축국이 붕괴 원인을 조사한 결과, 1950년대에 지어진 건물이 노화된 상황에서 중이층으로 개조된 쪽방에 의한 하중을 이기지 못했기 때문인 것으로 나타났다(Buildings Department, 2010). 이 사건을 계기로 건축국은 50년 이상 된 건물을 대상으로 대대적인 안전 점검을 실시했다. 조사를 받은 4,011개의 건물 중 안전상 문제가 있는 건물은 2,302개로, 이 중 1,032개는 중대한 결함이 있는 것으로 나타났다(Panel on Development, 2011). 뒤이어 당국에서는 수시로 조사하여 고발 조치를 하고 있는데, 2013년부터 17년까지 쪽방 검사에서 문제가 발견된 건수는 1,542건이었으며, 이 중 664건이 기소되었다(Research Office, Legislative Council Secretariat, 2018).

하지만 이는 전체 불법·편법 주거의 숫자에 비하면 빙산의 일각이다. 언론에서는 마치 '시한폭탄 같은 상황'(SCMP, 2018.7.15.)에서 화재 위험 및 붕괴 위험에 노출되어 있다고 경고하고 있다(SCMP, 2017.5.16.). Concerning Grassroots' Housing Rights Alliance와 홍콩대학교의 2018년 쪽방 조사에 따르면, 대부분 50년 이상 된 건물에 많게는 설계 용량의 6배까지 하중을 초과하는 것으로 나타났다. 또 화재경보기를 설치한 곳은 20%가 안 되었다(SCMP, 2018.7.15.).

청년들의 불안, 불만

세계의 많은 나라들이 최근 주택가격 앙등과 불안정을 겪고 있다. 2008년 금융위기로 급락을 경험했던 나라들조차 과거 고

〈그림 3-5〉 샴수이포의 쪽방에서 생활하는 가족

자료: *SCMP*, 2019.6.23.

〈그림 3-6〉 쪽방이 만들어지는 구조 (17평 주택 2개를 3.5평 8개의 방으로 쪼개는 사례)

자료: *SCMP*, 2017.5.16.

〈그림 3-7〉홍콩의 닭장집 사례

자료: Society for Community Organization

점 이상으로 주택가격이 올랐다. 부동산이 투자자산화되는 부동산의 금융화 현상이 가장 큰 배경이다. 홍콩도 예외가 아니지만, 이런 현상의 가장 큰 피해자가 주택 구입 여력이 안 되는 청년층이나 빈곤층이라는 데는 이론이 없다. 특히 청년층은 만성적인 저성장 국면에서 불안정 고용, 낮은 소득 증가율로 고통받고 있다. 부모 세대인 이른바 고도성장세대는 자산을 보유하고있는 데다 연금 소득을 보충하는 차원에서 부동산자산을 늘리고 있지만, 청년 세대는 오른 집값을 감당하지 못해 주택 구입을 늦추거나 포기하는 중이다. 이는 각국의 연령대별 주택 소유 상황이나 민간임대 거주 상황 추이를 보면 명확하다. 이로 인해 소득·자산 양극화는 개인 단위를 넘어 가계 단위와 세대 간으로 전승되며 심화되고 있다. 즉, 부모가 주택과 자산을 가진경우와 그렇지 않은 경우, 자녀들의 주택시장 진입에 큰 차이가나타나는 것이다. 이는 모든 동아시아 국가들이 함께 겪고 있는문제이지만, 집값이 비싼 홍콩에서 더욱 심각하다.

홍콩의 세대별 주택 점유 형태 변화를 보면, 1981년에는 전체 자가 소유 가구 중 45세 이상의 비율이 56.1%이고 25~34세는 21.2%였으나, 2011년에는 이 수치가 각각 67.1%, 11.0%로 변한다. 또 공공임대주택은 1981년 45세 이상 62.9%, 25~34세 13.3%였던 것이 2011년에는 각각 81.8%, 4.7%로 변하게 된다. 결국 중고령층은 공공임대와 자가 거주 비중이 늘어났지만, 청년층은 두 경우 모두 급격히 줄어들었다(Campos 외, 2016). 그만큼 부모 집이나 민간임대에 의존할 수밖에 없게 된 것이다.

결국 갈수록 청년층은 부모와 함께 살거나, 주택시장 진입 시 부모의 도움을 필요로 하거나, 그것도 아니라면 더욱 열악한 민간임대주택에서 거주할 수밖에 없다. 대학생들을 대상으로 한 연구에서도 집 장만하는 것보다 더 중요하게 돈 쓸 곳이 있다고 답한 비율은 17%에 불과했고, 74%는 공공임대주택을 신청하고 싶다고 했다(Campos 외, 2016). 그 결과 대학 졸업과 동시에 공공임대주택 신청으로 갈 수밖에 없는 현실을 한 언론 매체는 '졸업과 함께 공공임대주택으로 직행'이라는 제목으로 소개한 바 있다. 2018년 현재 30세 이하의 공공임대주택 신청자 중 절반이 대졸이며, 이 수치는 6년 전에 비해 세 배나 늘어났다(*Bloomberg*, 2018.12.19.). 그러나 안타깝게도 대부분 대졸자들의 소득은 공공임대주택 입주 자격을 넘는 상황이라, 이마저도 결코 쉬운 대안이 될 수 없다.

이런 주택문제와 함께 홍콩 청년들의 소득은 정체 또는 실질적으로 하락하고 있다. 한편에서는 중국으로부터의 투자가 급증하는 가운데, 다른 한편에서는 새로 들어온 본토인들에게 취업 기회에서도 밀리기 때문이다. 풍요 속의 빈곤이자 불안이 아닐 수 없다. 이런 분위기는 정치 상황에도 그대로 반영되고 있다. 2014년의 이른바 '우산혁명'과 2019년의 '송환법 반대 시위', 나아가 2020년의 보안법 제정 반발 등은 홍콩에 대한 중국의 주권을 강화하는 과정에서 분출된 민주화시위다. 그런데 이 운동에 참여한 세대는 20대가 49%이며, 10대까지 포함하면 약 60%가 30세 미만의 청년 세대다(김재형, 2020). 각종 매체에 따르면 이들은 정치적인 이유 외에도 실제 삶의 문제로 시위에 나섰다고 보는 것이 합당하다. 20대의 고용 상황이나 경제 상황에 대한 불안과 불만이 배경인 것이다. 결국 홍콩의 집 문제는 홍콩의 장래를 둘러싼 미래 세대의 문제와 결합된 복합적인 정책 영역이 아닐 수 없다.

쉑킵메이 신드롬: 모범 주택정책 사회의 꿈

쉑킵메이 대화재와 판자촌

홍콩은 20세기의 전반부에 영국의 지배, 일본의 점령, 다시 영국으로의 식민지 회귀, 나아가 중국의 내전과 공산화 과정을 거치면서 극심한 사회 혼란을 겪었다. 중국 본토로부터의 유민, 이민으로 인구가 급증하는 가운데, 무허가 정착지(판자촌)가 난립한 것도 어쩔 수 없었다. 이에 홍콩 총독부는 1950년대 초까지 특별한 대안 없이 불가피한 지역에 대해서만 철거하는 정도로 개입했다. 그러나 이로 인해 총독부와 주민들 간에 갈등이 빈발했고, 이는 중국 본토와의 정치적 문제까지 야기했다.

그런데 무허가 정착지 정책이 전환되는 획기적인 사건이 벌어지는데, 1953년 크리스마스이브에 발생한 쉡킵메이 대화재다. 이틀간의 화재로 모두 5만여 명의 이재민이 발생한 이 사건은 중국 본토에서 구호품을 보낼 정도로 홍콩과 중국 간의 정치적 이슈로 번지기도 했다. 이에 홍콩 총독부는 더 이상 무허가 정착지를 방치하지 않고, 공공임대주택 형태로 대체하는 정책으로 선회하게 된다. 바로 공공임대주택정책의 도입 계기다. 현재도 쉡킵메이 지역에는 홍콩 최대의 공공임대주택단지가 자리하고 있다. 이후 몇 차례의 재건축과 개량을 거치기는 했지만, 아직도 그 시절의 흔적을 간직하고 있다. 또 이 화재 사건을 계기로 홍콩 정부는 무허가 정착지에 대한 통제와 관리도 강화하는데, 1954년 Squatter Control and Clearance Division을 설치하여 건물별로 관리에 들어간다.

그러나 무허가 정착지 관리와 대체 주택 공급에도 불구하고 그 거주민 숫자는 오히려 늘어났는데, 이는 중국 본토로부터의 불법·합법 이주가 멈추지 않았기 때문이다. 중국 정부로서는 영국이 과연 제때 조차지를 반환할 것인가 하는 염려가 있었기 때문에, 다양한 형태로 홍콩에 대한 영향력을 확대하는 차원에서 인구를 계속 보낸 측면이 있었다. 무허가 주택은 관리했지만, 주민까지는 관리하기 어려웠던 것이다. 이로 인해 홍콩에서

<그림 3-8> 쉑킵메이 대화재와 공공임대주택단지

시계 방향으로 ①화재 이전의 쉑킵메이 ②대화재 모습 ③화재 이후 이재민 ④공공임대주택 건립 중 ⑤초기 단지 모습 ⑥최근 재개발과 개량 이후 모습.
자료: ①Smart, 2006 ②Fung, 2006 ③https://gwulo.com/atom/11025 ④Hong Kong Heritage Museum 홈페이지 ⑤Fung, 2006 ⑥https://www.wikiwand.com/en/Shek_Kip_Mei_Estate

무허가 정착지 거주 인구가 가장 많았던 때는 1981년으로 약 70만 명에 달했다.

그러다 1984년에 이르러 홍콩 총독부와 중국 간에 조차지 이양 시기에 대한 합의와 함께 불법 이민 통제에 대한 공감대가 이루어지게 된다. 이에 홍콩 총독부는 곧바로 무허가 정착지의 건물뿐 아니라 주민들에 대해서도 모두 등록을 받는 조치에 들어간다. 이 등록 기간에 포함되지 않은 사람들은 공공임대주택 입주 자격을 주지 않도록 한 것이다(종전에는 7년간 홍콩 거주 요건을 충족하면 됐다). 이에 따라 1985년부터는 무허가 정착지 주민의 신규 유입을 효과적으로 통제하는 가운데, 거주민 숫자가 지속적으로 감소하게 된다. <그림 3-9>는 홍콩 인구와 무허가 정착

<그림 3-9> 홍콩의 무허가 정착지 인구 추이 (단위: 천 명)

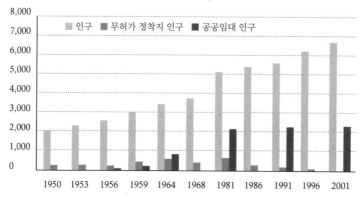

자료: 김수현, 2011: 47

지, 공공임대주택 거주 인구를 비교한 것으로 무허가 정착지의 절대 인구는 1981년경, 상대적인 비율로는 1964년 17.2%로 가장 높았다(김수현, 2011).

이처럼 홍콩은 비록 중국과의 정치적인 이유 등으로 상당한 기간이 걸리기는 했지만, 무허가 정착지를 완전히 해소하는 데 성공했다. 그런데 홍콩과 싱가포르 두 나라는 여타 개발도상국가들과 달리 무허가 정착지를 인정하거나 개량하는 단계를 거치지 않고 바로 공공주택으로 이행했다. 우리나라가 1970년대에 판자촌을 양성화하고 도시 새마을운동을 통해 개량하는 과정을 거친 다음 재개발 사업을 통해 해소한 것과 대비가 된다. 대다수 개발도상국가들이 점유권을 인정하거나 개량하는 단계에 머물러 있는 것과 비교하면 동아시아 4개국은 비록 경로의 차이는 있었지만, 경제성장을 바탕으로 무허가 정착지를 완전히 해소하는 데 성공했다. 그러나 판자촌이나 무허가 정착지는 해소했지만, 새로운 형태의 불법·편법 주거지들을 막지는 못했는데 앞에서 살펴본 쪽방 같은 유형들이다. 우리나라의 고시원, 쪽방도 일종의 그러한 대체품이라고 할 수 있다.

전체 가구의 3분의 1이 공공임대주택에 거주

앞에서 살펴본 것처럼 홍콩의 공공임대주택은 무허가 판자촌을 대체하는 정책에서 시작했고, 그 직접적 계기는 1953년의 쉑킵메이 대화재였다. 그러나 판자촌을 대체하는 수준의 소극적인 공공임대주택정책은 1960년대 말 정치적 소요 사태를 겪으면서 새로운 단계로 전환된다. 중국 정부는 홍콩이 극단적인 자본주의로 가는 데 대해 우려했기 때문에, 노동운동이나 민족운동 등을 뒤에서 부추김으로써 끊임없이 중국의 영향력을 확대하고자 했다. 이에 1971년 부임한 머리 맥리호스Murray MacLehose 총독은 광범한 사회 개혁 조치를 통해 사회 통합과 안정을 기하려 했는데, 그 일환으로 1972년 공공임대주택 공급 10개년계획을 발표하고 본격적인 공급을 시작한다. 이에 따라 1973년부터 공공임대주택이 철거민을 넘어 일반 주민을 대상으로 대폭 확대된다. 또한 초기에 대체 주택으로 건립된 응급형 공공임대주택을 개량하는 정책도 추진된다.

홍콩의 공공임대주택은 판자촌 대체 주택에서 시작해 적극적 복지정책으로 발전했으며, 이를 통해 노동력 재생산 비용을 낮추는 한편 철거된 토지를 이용하고 개발함으로써 홍콩의 경제 성장 기반을 낚았나고 할 수 있다. 이에 카스텔 등은 홍콩의 공공임대주택정책을 싱가포르의 공공주택정책과 함께 국가가 주택정책을 통해 사회 통합과 경제성장을 동시에 달성한 성공 사례로 보고 있다(Castells 외, 1990). 그러나 다른 한편으로 이러한 정책 전환은 중국 본토 정부가 무허가 정착지 철거와 화재 등에 대해 홍콩을 정치적으로 압박했기 때문이기도 하다(Smart, 2006). 또한 중국과의 체제경쟁에서 자본주의 복지국가의 우월성을 과시해야 하는 영국 정부의 정치적 의도도 영향을 끼쳤다. 이는 전후 유럽 공공임대주택 확대 과정에 당시 소련과의 체제경쟁의 영향이 있었던 점과 유사하다.

어떤 연유에서든 홍콩은 1970년대부터 공공임대주택이 빠르게 늘어났는데, 특히 1980년대 초부터 2000년대 초까지는 연평균 2만 5,000호 이상씩 건립되었다. 그 결과 1991년에는 가구수 기준으로 36.5%가 공공임대주택에 거주하는 등 홍콩의 가장 중요한 주거 형태가 된다. 하지만 1980년대부터 식민 본국인 영국이 자가 소유 확대정책을 도입하면서, 홍콩도 공공분양 물량이 점진적으로 늘어나게 된다. 거기다 1997년 중국으로의 주권 반환 시기에 터진 아시아 금융위기와 뒤이은 사스 사태 등으로 2003년부터 공공임대주택 건립이 급격히 줄어든다. 주택정책 자체가 시장화, 자율화 경로를 밟기 시작한 것이다.

이런 과정을 거쳐 2019년 현재 공공임대주택은 모두 83만 2,000호로 전체 홍콩 거주 가구의 30.6%가 거주하고 있다. 그런데 홍콩의 공공임대주택은 그 역사가 긴 데다, 초기에는 판자촌 대체 주택으로 시작되었기 때문에 면적이나 설비가 열악한 주택이 많다. 건립 시기별로 면적이나 구조 등이 차이를 보이지만, 특히 면적은 다른 국가들에 비하면 매우 좁다. 2019년 현재 20㎡ 미만이 13.3%, 20~30㎡는 22.9%, 30~40㎡는 47.0%로, 40㎡ 즉 12평 이하 규모가 83.2%에 이른다. 1인당 평균 13.3㎡ (4평)밖에 안 되는 수준이다(Transport and Housing Bureau, 2019).

공공임대주택의 임대료는 비슷한 수준의 민간임대주택의 20~30% 정도로, 주택 규모와 가구 소득에 따라 차등화하여 월 380~5,159HK\$, 평균 2,070HK\$(약 30만 원)다. 입주 자격은 일반 가구와 비노인 1인 가구로 구분하여 별도 신청 및 대기 방식으로 운영하고 있다. 일반 가구에는 2인 이상 가족 또는 노인 1인 가구가 포함된다. 일반 가구는 동거 가족 구성원이 모두 홍콩에 거주하고 있으면서 주택을 소유하지 않아야 하며, 입주 시점에 가족의 반 이상이 최소 7년 이상 홍콩에 살아야 한다. 신청자는 2019/20년도의 현재 4인 가족 기준으로 월 소득 2만 9,240HK\$(약 420만 원), 자산 53만HK\$(약 7,500만 원)를 넘지 않아야 한다. 가구주가 사망할 경우, 배우자에게 입주 자격이 자동 승계되지만 동거 가족의 경우 조건을 충족해야 한다. 처음 입주 후 10년이 경과하면, 2년마다 자산 및 소득이 기준에 부합되는지 평가하여 계속 거주 여부와 임대료 책정에 반영한다. 다만 주택을 소유하게 될 경우 기간에 관계없이 퇴거해야 한다. 비일반 대기자는 청년 1인 가구가 대표적인데, 연간 입주 가능 물량을 별도의 쿼터로 정하기 때문에 사실상 입주 시기를 예측

〈표 3-1〉 공공임대주택 공급 추이 (1954~2021년)

기간	공공임대주택		공공분양주택	
	건설량 (연평균)	이전 기간 대비 증감률	건설량 (연평균)	이전 기간 대비 증감률
1954.4.1~1973.3.31	18,321	-	0	-
1973.4.1~1983.3.31	19,525	+6.6%	6,322	-
1983.4.1~1988.3.31	26,371	+35.1%	11,768	+86.1%
1988.4.1~1998.3.31	24,971	-5.3%	16,517	+40.4%
1998.4.1~2003.3.31	27,865	+11.6%	16,848	+2.0%
2003.4.1~2013.3.31	15,118	-45.8%	601	-96.4%
2013.4.1~2018.3.31	12,384	-18.1%	754	+25.5%
2018.4.1~2021.3.31	11,860	-4.1%	4,342	+475.8%

자료: Hong Kong Housing Authority

〈그림 3-10〉 공공주택 건설 추이 (1997~2021년, 매년 3월 말 기준, 단위: 호)

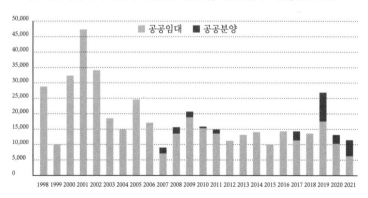

자료: Hong Kong Housing Authority

할 수 없다. 이들의 입주 우선순위는 대기 기간, 자산, 소득 등을 감안한 점수에 따른다.

그런데 앞에서 설명했듯이 공공임대주택에 입주하는 것이 점점 더 어려워지고 있다. 주택가격이 폭등하고 민간 임대료가 오르면서 공공임대주택을 대안으로 생각하는 가구가 늘고 있기 때문이다. 이 때문에 일반 대기자도 신청으로부터 평균 입주까지 5.8년이 소요된다. 노인 빈곤 가구는 좀 더 빨리 입주해서 3.7년이 걸리기 때문에 일반 가구는 7~8년 소요된다고 보면 된다. 그런데 홍콩에 새로 진입한 가구의 경우 영주권 취득까지 감안하면 10년 이상 기다려도 입주가 쉽지 않다. 2021년 6월 현재 일반 가구 대기자는 15만 3,600가구이며, 비일반 가구는 10만 1,000가구에 이른다. 반면 연간 공공임대주택 입주자는 2019년 7월부터 1년간 1만 400가구에 불과하다(Hong Kong Housing Authority 홈페이지).

이에 따라 홍콩 정부는 최근 주택 공급 확대계획과 함께 공공임대주택도 늘리는 계획을 발표했다. 2019년 6월의 홍콩 정부 계획에 따르면, 매년 2~3만 호 내외의 공공주택을 공급해서 장기적으로 입주 대기 기간을 3년으로 줄이겠다는 것이다. 하지만 이 같은 '입주 대기 기간 3년 이내로 단축'은 이미 10여 년 전부터 되풀이되어왔던 약속으로, 현실에서는 지켜지기 어려울 것이다.

주권 반환 이후 본격적인 시장화, 규제 완화

자가 소유 촉진과 경기 정책으로서의 부동산정책

이 책의 전편인《꿈의 주택정책을 찾아서》에서 영국 주택정책을 소개했는데, 영국은 이른바 BUY 시리즈(자가 촉진 프로그램)가 매우 다양하고 복잡하다. 홍콩도 영국의 제도와 맥락을 같이한 데다 1997년 아시아 경제위기를 계기로 경기 부양 차원에서 자가 촉진정책을 펼쳐왔기 때문에, 상당히 다양한 제도를 가지고 있다. 이를 통칭하여 자가 소유 지원 프로그램Subsidised Home Ownership이라고 부르는데, 기본적으로 중·저소득층의 주거 사다리 정책의 일환이다. 또 공공임대주택 거주자들의 자가 구입을 촉진함으로써, 그들이 살던 공공임대주택이 대기자들에게 돌아갈 수 있도록 하는 데도 주안점을 두었다. 이 프로그램에 따른 주택들은 기본적으로 전매 제한이 따르고, 일반 시장에서 매각할 경우에는 부담금premium을 납부해야 한다. 단, 그 자체의 2차 시장에서 매각할 때는 부담금이 면제된다.

2018년 9월 현재 40만 7,600가구가 자가 소유 지원 프로그램 혜택을 받았는데, 그중 25만 호 가까이가 Home Ownership Scheme(HOS)에 따른 것이다. HOS는 1977년 공공임대주택 거주자 등의 자가 소유를 촉진하기 위해 도입되었는데, 공공이 건립한 주택을 시장가격보다 30~40% 싸게 구입할 수 있도록 하는 것이 핵심이다. 최근에는 주로 공공임대주택단지 재건축 과정에서 발생하는 추가 주택의 일부를 분양주택으로 전환하는 방식을 사용하고 있다. 2014년부터 2018년까지 1만 1,305호를 분양했고, 이후에도 물량이 많지는 않지만 일부 계획되어 있다 (Transport and Housing Bureau, 2018).

그리고 아시아 경제위기 이후 주택시장이 침체기에 들어 가자 다양한 자가 촉진 프로그램을 도입해서 대개 2000년대 초까지 운영했다. 그중 규모가 가장 컸던 프로그램은 Tenant Purchase Scheme으로, 공공임대주택 세입자들에게 주택을 30~45% 할인하여 불하한 정책이다. 이 방식을 통해 15만 호 정도가 자가로 전환되었지만 주택 당국의 재정 제약 등으로 2006년 중단된다. Home Starter Loan Scheme은 가구 소득에 따라 2.0~3.5%의 낮은 이자율로 평균 47만 5,000HK$의 대출금을 지원한 정책이다. 1998년부터 3만 3,000호가 혜택을 받았는데, 조건이 좋다 보니 대출 남용 문제가 발생하고 더구나 20%만 주택 구입에 사용했다는 비판까지 받게 되자 2002년 중단했다. 또 같은 무렵 공공임대주택에 거주하는 빈곤층(월 3만HK$ 이하)이 집을 살 수 있도록 무이자 자금 지원 프로그램으로 Home Purchase Loan Scheme을 도입하기도 했다(Li, 2016).

그런데 홍콩의 자가 소유 확대는 정부의 촉진 프로그램보다도, 오르는 집값에 따라 시장 자체가 이를 부추기고 동시에 견인했다고 할 수 있다. 집값이 계속 오르는 환경에서는 수요자들이 조금이라도 빨리 자가 구입에 나서는 것이 자연스러운 현상이다. 그러나 시장 여건이 과잉 유동성과 겹치면 가격이 더욱 폭등하면서 사회 불안까지 야기되기 때문에 정부는 시장 억제책을 도입할 수밖에 없다. 따라서 홍콩 정부는 주택가격이 너무 빠르게 오르고 부동산 경기가 과열되면 이를 진정시키기 위해 수요 관리와 공급 확대정책을 병행해왔다. 반면 부동산가격이 급락하거나 경기 부양이 필요할 때는 반대 방향의 정책을 구사해왔다. 우리나라에서 보아왔던 경기 등락에 대응하는 정책과 유사하다.

모든 토지가 국가 소유라지만…

홍콩의 국유토지 역사는 1840년대 처음 영국이 홍콩 섬을 지배했던 때부터 시작된다. 1차 아편전쟁을 통해 홍콩 섬을 조차한 영국은 전체 토지를 국가 소유(형식적으로는 왕의 소유)로 선포하고 75년 기한으로 임대하되, 이용권은 경매를 통해 판매하는 방향을 정한다. 그 뒤 이용권의 가격이 연납 방식에서 일시불 방식으로 바뀌게 된다. 임대 기한은 여러 차례 바뀌어서 현재는 50년 임대가 원칙이지만, 실제로 임대 기한이 도래해서 토지가 다시 국가에 회수되는 사례는 거의 없다. 국유인데도 사실상 사유재산과 같이 거래, 이용되고 있는 것이다. 토지가격이 오르면 재계약 시 입찰비용이 올라가지만 이 역시 시장에서 회수될 수 있는 자산에 불과하다. 더구나 부동산가격이 급등하는 시기에는 최고가 입찰제도의 경매가격이 오히려 부동산가격 전반을 끌어올리는 결과를 가져온다. 우리나라의 분양가 논쟁과 비슷한 이슈를 담고 있는 것이다.

이 때문에 홍콩의 국유토지 이용권 경매제도는 한편으로

는 정부의 재정 조달 수단이면서, 다른 한편으로는 대규모 개발 업자들의 이익 창출 기회가 되어왔다. 홍콩 정부 재정에서 토지 경매 및 임대 수입이 차지하는 비중이 22.8%에 달할 정도다 (2020/21년 회계연도, The 2020-21 Budget 홈페이지). 과거 1953년에는 57%에 이르렀고, 1990년에는 38%에 달했다. 이런 점에서 보면 국유토지는 홍콩 정부에 현찰을 구할 수 있는 은행 같은 역할이었다(Wong, 2010). 그런데 이는 홍콩이 자랑하는 기업활동 친화적 세제의 부작용이기도 하다. 즉 소득세, 법인세 등이 매우 낮은 반면, 고령화 추세 등으로 인해 추가 재원이 필요하기 때문이다. 국유토지가 그 재원이 된 것은 물론이다.

여기다 더 고려해야 할 사항은 경매에 의해 공급된 토지가 실제 주택용 토지로 공급되는 데 시차가 크다는 점이다. 홍콩 정부는 부동산가격 추이나 토지 수요 등을 감안해서 수시로 토지 공급에 나서고 있지만, 이 땅을 높은 가격에 낙찰받은 개발업자들은 즉시 공급에 나서지 않고 시간을 끌면서 가격을 더 끌어올리고 있다. 연구에 따르면 2.5년 정도 개발을 지체시킴으로써 토지 공급이 곧바로 주택 공급으로 이어지지 못하고 있다 (Huang 외, 2015). 정부의 택지 공급에도 불구하고, 주택 개발이 실제 이루어지는 시점은 전반적인 주택가격 동향에 가장 크게 영향을 받는다. 개발업자들이 주택가격이나 이자율 동향, 건설 비용, 시장 기대심리 등을 고려해서 이익을 극대화할 수 있는 시점을 고려하는 것이다(Lam & Hui, 2018). 이 때문에 단순히 토지 공급을 늘리는 것만으로는 주택 공급이 늘어나지 않는다. 주택가격 안정을 위해서는 토지 공급이 중요하지만, 토지 불하에도 불구하고 건설업체들이 제때 공급하지 않거나 못하는 문제도 봐야 하는 것이다. 결국 2003년 이후 시행되고 있는 현행 토지 경매제도는 그 의도와는 달리 토지 공급을 더 줄여왔고, (전반적인 가격 상승에) 무임승차하는 문제를 야기하고 있다.

이 때문에 부동산 재벌들이 국민들의 비난을 받자, 최근 정치 상황과 관련하여 중국 정부와 홍콩 정부의 압력을 받은 부동산 재벌들이 토지 기부에 나서서 민심을 달래려고 하기에 이르렀다. 홍콩 정부도 토지 공급 확대를 약속하는 한편, 더 적극적으로 대규모 인공 섬을 조성해서 주택 공급을 늘리겠다는 구상을 밝히게 된다. 이른바 Lantau Tomorrow Vision 프로젝트로, 17㎢에 이르는 인공 섬에 110만 명을 수용하려는 구상이다. 이는 현실성이나 환경문제도 쟁점이지만, 홍콩 시민들의 강한 정치적 이슈와 차별화하여 주택문제로 눈을 돌리게 하려는 의도도 있는 것으로 보인다(Lim, 2020).

그러나 다른 한편에서는 토지 공급과 주택 공급 간의 시차 문제가 개발업자들만의 문제가 아니며, 홍콩의 도시계획 절차 자체가 복잡하여 지체된다는 지적도 제기된다. 입법원 보고서에서도 홍콩의 도시계획제도와 절차가 주택 공급에 장애가 되고 있다는 취지의 비판이 제기되고 있다(Research Office, Legislative Council Secretariat, 2019). 더구나 홍콩 행정구역 전체 면적 1,106㎢ 중 2018년 현재 녹지와 농지가 69.9%를 차지할 정도다(Planning Department 홈페이지). 홍콩 도심은 초고층 건물과 아파트가 밀집되어 있지만, 주변은 대부분 미개발 녹지로 남아 있는 것이다. 여기에는 산지가 많은 홍콩의 지형적 요인이 크지만, 영국식 전통을 이어받아 계획 규제가 강한 영향도 있다. 이에 시장 관계자들은 "토지 자체는 부족하지 않다. 대신 의지가 부족한 것"(*SCMP*, 2018.6.8.)이라며, 방치된 산업용지brownfields나 농지 등을 적극 이용할 것을 제안(*SCMP*, 2018.10.9.)하고 있다.

제한적인 임대차 보호 및 지원제도

홍콩은 동아시아 도시 중에서 민간 임대료가 가장 높은 도시다. 홍콩의 일반적인 민간아파트 임대료는 2020년 10월 현재 ㎡당 250~450HK$(3만 5,000원~6만 3,000원) 수준이다. 40㎡ 소형 주택도 월 140~250만 원 수준이다. 따라서 홍콩의 저소득층이 일반적인 주거에서 월세로 살아가는 것은 불가능하다. 우리의 고시원보다도 더 열악한 수준의 쪽방, 심지어 닭장 같은 곳에서 생활하기도 한다. 그럼에도 홍콩은 저소득층을 위한 임대료 보조에는 소극적이다. 공공임대주택이 주된 저소득층 주거여서 그런 점도 있지만, 민간 임대료가 너무 높아서 임대료 보조제도를 적극적으로 시행하기가 쉽지 않기 때문이다.

홍콩의 임대료 보조제도는 우리나라의 기초생활보장제도에 해당하는 Comprehensive Social Security Assistance(CSSA) 프로그램에 임대료 지원(Rent Allowance, 租金津貼)을 포함해서 운영하는 것이 중심이다. 2020년 10월 현재 수급자 수는 22만 5,000가구다(Social Welfare Department 홈페이지). 여기에 공공임대주택이나 임시 주거에서 생활하는 가구의 임대료를 25%나 50% 감면하는 RAS(Rent Assistance Scheme)도 운영 중이다.

홍콩의 임대료 규제제도는 제2차 세계대전 이후 인구가 급증하던 와중에 시행되기 시작했다. 초기에는 임대차 분쟁조정기구Rent Tribunal를 설치하여 조정하는 데 중점을 두었지만, 1973년에는 임대료 규제가 본격화되어 2년간 주변 시장 임대료의 90%를 넘는 수준으로 올리거나, 30% 이상 일시에 인상하는 것이 금지되었다. 또한 기존 세입자가 원할 경우 주변 시장 임대료로 자동 계약하도록 규정되었다. 이후 공공임대주택과 자가주택이 늘어나면서, 임대료 규제제도는 공식적으로 1998년 폐지되었다. 또한 임대차 기간 자동연장제도도 2004년에 무력화되었다. 현재는 기한이 차면 자동으로 계약이 끝나며, 새로 계약을 맺어야 연장할 수 있다. 이때 임대료도 계약에 의해 새롭게 결정된다.

따라서 현재 민간 임대료는 가옥주와 세입자 쌍방의 자유계약에 의해 결정되는 구조다. 이처럼 임대차 규제제도가 적용되지 않기 때문에 나날이 오르는 주택가격과 그에 따른 임대료 상승은 심각한 사회문제가 되고 있다. 하지만 건설업 부양과 자가 소유 촉진, 그리고 그를 통한 주택 공급 확대를 꾀하는 홍콩 정부로서는 임대차 규제제도를 다시 도입할 계획이 없다. 이런 상황 때문에 글로벌 프로퍼티 가이드의 분류에 따르면 홍콩은 싱가포르와 마찬가지로 친임대인 시장pro-landlord rental market이다.

홍콩 주택시장의 미래

주택문제 해결은 홍콩 정부의 최대 현안

홍콩은 왜 집값이 세계에서 가장 비싸고, 또 계속 오르기만 할까? 관련 연구와 현지 언론 보도 등을 종합하면 세 가지로 요약할 수 있다. ①세계 경제 상황과 바로 연결된 개방형 경제, ②중국으로부터의 자금 및 인구 유입, ③토지 공급 제한과 왜곡이 그것이다. 이 중 첫 번째, 두 번째는 곧 홍콩의 주택시장이 자체 여건보다도 외부 상황과 더 밀접히 연결되어 있다는 것을 의미한다. 그만큼 외부 요인에 따른 변동성이 크다.

우선 홍콩 경제는 미국 달러화에 대한 환율이 고정된 상태 (이른바 페그제)로, 미국의 이자율, 나아가 유동성이 홍콩 경제에 즉각 영향을 끼친다. 동시에 미국 금리와 홍콩 금리는 거의 실시간으로 연동되어 있다 해도 과언이 아니다. 미국을 포함한 세계적인 유동성 상황에 따라 홍콩에도 과잉 유동성이 발생하고, 그 돈이 주택으로 몰리는 구조인 것이다. 위자홍Yu Ka Hung 등은 다양한 분석을 통해 양적 완화와 같은 미국 통화정책이 홍콩 주식시장, 금융시장에 직간접적으로 영향을 끼침으로써, 현재의 주택가격 문제가 야기되었다고 주장한다(Yu & Hui, 2018; Yu, 2018; Huang & Shen, 2017).

여기다 2000년대부터 본격화된 중국 본토의 영향이 홍콩 주택시장에도 그대로 나타나고 있다. 중국 경제의 강한 성장세는 홍콩에 직접 영향을 끼치고 있으며, 중국의 홍콩에 대한 직접투자액도 홍콩 경제의 성장 및 유동성 확대와 밀접한 관련이 있다(Taghizadeh-Hesary 외, 2019). 홍콩은 동아시아 국가들 중에서도 외국(대부분 중국)으로부터의 직접투자FDI가 차지하는 비중이 압도적인 1위를 차지하고 있다. 2015년에는 FDI가 GDP의 60%에 이를 정도였다(Lee, 2018). 물론 싱가포르를 빼고는 최근 중화권 전체의 주택가격이 올랐지만, 홍콩은 그중에서 가장 많이 오른 나라다. 결국 홍콩 주택시장은 2008년 금융위기 이후 전 세계적인 양적 완화의 영향을 받기도 했지만, 특히 중국 경제의 성장과 확대의 영향이 크다고 보아야 한다.

학자들의 분석에 따르면 홍콩의 주택가격 폭등은 만성적인 수요와 공급 불일치 때문이기도 하지만, 이보다는 수요 측 변수, 즉 주식시장, 국제적인 자금 흐름과 유동성 확대가 결정적인 변수다(Chong & Li, 2020). 1990년에서 2012년까지의 시장을 분석한 다른 연구에서도 공급정책을 통한 안정화 노력은 별 효과가 없었고, 결국 유동성이나 구매심리와 같은 수요 측 문제라는 점을 강조하고 있다(Wong & Ho, 2017).

다음 세 개의 그래프는 이런 사정을 직관적으로 이해할 수 있도록 해준다. 엄밀한 분석은 아니지만 개괄적으로 홍콩의 부동산시장 상황을 이해하는 데 도움이 된다. 세계 어느 나라나 마찬가지지만 부동산가격 상승 혹은 거품 형성은 유동성 확대를 반드시 동반한다. 홍콩의 주택가격도 이런 과정을 그대로 보여준다(〈그림 3-11〉 ①). 그런데 홍콩은 미국 달러화 가치에 연동된 고정환율제를 사용하고 있어서, 금리 역시 미국 금리와 거

<그림 3-11> 홍콩 주택시장 상황을 보는 세 개의 그래프

① 가격지수와 유동성(M3) 추이 (1997.4~2018.9)

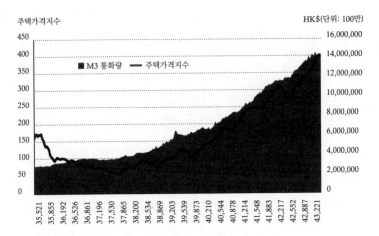

*가로축은 일수를 나타내서 연도와는 다르다.

의 동일한 흐름을 보인다. 그만큼 미국의 유동성 확장을 홍콩이 그대로 받는다는 뜻이다(②). 이와 함께 홍콩 경제는 중국 경제와 동전의 앞뒷면이기도 하다. 홍콩은 중국이 국제 자금을 조달하는 통로이면서, 다양한 투자를 통해 해외 자본과 만나는 장소다. 따라서 중국의 홍콩에 대한 직접투자 추이는 홍콩 및 중국 경제 추이와 밀접한 관련이 있다. 홍콩의 유동성과 직접투자 추이를 비교한 것이 ③이다.

이처럼 불리한 대외 여건에다가, 앞서 설명한 것처럼 홍콩의 토지제도 자체도 집값 상승에 악영향을 끼치고 있다. 국유토지가 많아서 효과적으로 집값을 낮출 수 있을 것으로 보이지만,

② 미국과 홍콩의 기준 금리 추이 (단위: %)

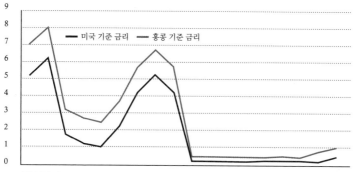

③ 중국의 유동성(M3)과 홍콩에 대한 직접투자액 추이

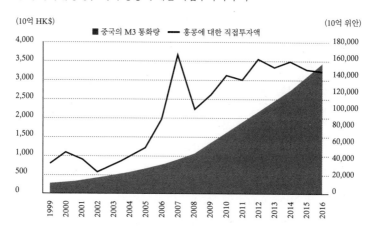

자료: ①Taghizadeh-Hesary 외, 2019: 1 ②Yu, 2018: 14 ③Taghizadeh-Hesary
외, 2019: 2

실제로는 이를 민간에 불하하고 개발, 공급하는 과정에서 거꾸
로 가격을 올리게 되는 것이다. 토지 경매 수입을 정부의 주요
수입원으로 해왔던 친기업·친시장 홍콩의 다른 모습이다.

이런 상황에서 홍콩의 주택문제는 정치적으로도 가장 중요한 문제로 부각되었다. 특히 청년들의 민주화시위 배경에는 정치체제에 대한 염려 외에도 고용 및 주거 불안이 깊이 뿌리 내리고 있기 때문이다. 이에 홍콩 정부는 2015년경부터 집값을 안정시키고 다양한 정책들을 펴고 있는데, 2017년 10개년 장기주택전략Long Term Housing Strategy에 이를 집약했다. 행정장관이 2017년 입법원 연설을 통해 밝힌 4가지 핵심 기조는 ①주택은 일반적인 상품이라고 할 수 없다. 시장경제를 존중하더라도 정부는 주택정책에서 핵심적인 역할을 해야 한다. ②정부는 자가 소유의 중요성에 주목한다. 이를 통해 다양한 소득 계층들이 주거 사다리의 희망을 가질 수 있도록 최선을 다한다. ③정부는 장기 전략에 입각해서 주택 공급이 원활히 될 수 있도록 집중한다. ④아직 신규 공급이 충분치 않은 상태에서, 정부는 기존 주택 자원을 최대한 활용하여 공공임대주택을 기다리는 저소득 가정의 주거문제 해결을 위해 노력한다.

이 같은 기조하에서 무엇보다 주택 공급을 늘리는 것이 홍콩 정부의 최대 과제인데, 2018년 12월에는 기존 계획을 수정해서 향후 10년간 45만 호를 추가 공급하되, 공공/민간 부문의 비중을 60:40에서 70:30으로 하여 공공 부문의 역할을 강화하기로 했다. 공공 부문이 맡을 31만 5,000호 중 공공임대 방식은 22만 호이고 9만 5,000호는 공공분양으로 계획하고 있다.

또한 홍콩 정부는 시장 불안에 대처하기 위해 이른바 '건전한' 자산시장 발전healthy development of the property market에 나서기로 했다(Transport and Housing Bureau, 2018). 최근의 과열된 부동산 시장이 극심한 수급 불균형과 초저금리하의 과잉 유동성에서 비롯된 것으로 보고, 수요 관리를 위한 다양한 수단을 도입하고 있다. 6개월 미만 단기 거래에 대해서는 2010년부터 우리의 취득세와 같은 인지세Stamp Duty를 15~20%로 중과하고 있지만, 2016년 11월부터 가액에 따라 누진 중과하는 방향으로 더 강화했다.

이런 노력에 힘입어 2017년 무렵부터는 급격한 상승세가 둔화되었고, 2019년의 송환법 반대시위 이후 추가 하락하고 있다. 특히 2020년 보안법 제정 등 중국의 주권을 강화하는 움직임이 본격화하면서 이민을 신청하는 사람들이 늘어나 홍콩 주택가격이 안정 또는 하락할 것으로 보는 언론 보도도 늘고 있다(*Bloomberg*, 2020.4.23.; *SCMP*, 2019.12.31.). 최근의 코로나19 사태에 따른 영향도 예상되고 있다(*SCMP*, 2020.4.8.). 그러나 홍콩 주택시장의 미래는 여전히 낙관적으로 볼 수 없다. 무엇보다 정부의 정책 의지나 정책 수단만으로는 주택시장을 안정시키거나 양질의 부담 가능한 주택을 충분히 공급하는 것이 쉽지 않다. 외부 환경에 바로 노출된 홍콩 주택시장이 그 자체로 불안정 요인을 담고 있기 때문이다. 그중 가장 큰 불안 요인은 홍콩이 중국의 일부라는 사실 그 자체다. 미국과 중국의 갈등도 계속되지만 그만큼 홍콩의 중국화도 가속화될 것이기 때문에, 홍콩 주택시장은 중국 시장 확장의 영향을 계속 받게 될 것이다.

쉑킵메이 신드롬의 유산

최근 이른바 홍콩 사태와 함께 홍콩 주택시장은 전 세계적인 가십거리가 되었다. 터무니없이 높은 부동산가격과 부동의 PIR 세계 1위에도 불구하고 주거면적이나 주거 환경은 선진국 중에서 가장 열악하다. 더구나 우리의 고시원이나 쪽방보다 더 열악한 저소득층 주거가 만연한 상황이다. 그야말로 해외 토픽감이 되어버린 데다 청년들의 주택난, 취업난은 홍콩의 민주화운동을 더 부추기기도 했다.

홍콩 주택정책은 한때 서구 사회에서조차 놀라워했던 적극적 국가 역할 사례다. 토지 전체를 국유지로 관리하는 한편, 공공임대주택을 대량으로 공급하여 노동자계층의 주거 안정을 기했기 때문이다. 낮은 주거비는 기업의 경쟁력을 높여서 홍콩의 탁월한 경제 성과를 뒷받침하는 핵심 요소였다. 한때 판자촌이 만연했던 혼잡한 도시가 동아시아 경제의 중심이 되게 한 것이다. 그 시발점이 된 판자촌 동네 이름을 딴 쉑킵메이 신드롬은 동아시아 국가의 적극적인 주택정책 모델이 되었다.

그러나 1997년 중국으로의 주권 반환 무렵부터 이전의 명성에 금이 가기 시작했다. 이미 그 이전에도 집값 등락 경험이 있었지만, 특히 주권 반환 이후 아시아 금융위기와 사스 사태 등으로 집값이 급락하면서 대대적인 시장 중심 정책으로 전환했기 때문이다. 여기다 중국 자본이 대대적으로 몰려들어오면서 홍콩의 주택은 주거수단이 아니라 투자이자 투기수단으로 변질되기 시작했다. 이는 홍콩 주택시장이 미국 등 세계 경제와 연동되어 있고, 특히 중국 경제성장에 강한 영향을 받는 구조이기 때문이다. 또한 특별행정구역이라는 특수성으로 인해 토지조건 자체가 공급 탄력성이 거의 없고, 인구 유입을 적절히 제어하기 어렵다는 악조건을 가지고 있다. 더구나 홍콩 특유의 토지 공급 방식이 오히려 부동산가격을 부추기는 한계도 보이는 중이다. 홍콩의 법인세가 사실상 없고 소득세 부담이 낮다는 것을 마치 기업 경쟁력의 상징처럼 얘기해왔지만, 재정 부족을 충당하기 위해 토지 임대료를 터무니없이 올리는 바람에 결국 주거비가 올라간 것은 생각하지 못했다.

홍콩은 때로 우리의 주택정책 모델로 거론된다. 서울같이 집값이 비싼 곳은 홍콩처럼 고밀로 개발하자는 논의는 최근에도 강남권 재건축 사업의 대안으로 제기되는 중이다. 토지를 모두 국유화해서 이용권만 부여한 것, 공공임대주택을 대량으로 공급한 것 등은 20여 년 전까지만 해도 우리의 모델 중 하나였다. 그러나 최근 홍콩의 현실을 보면, 제도의 외피만 볼 것이 아니라 그것이 운영되는 사회경제적 조건, 그리고 정부의 실질적 구현 목표가 더 중요하다. 그런 점에서 우리가 홍콩의 상황과 경험에서 생각해볼 수 있는 시사점을 몇 가지 제안하면 다음과 같다.

첫째, 공공임대주택과 일반 주택시장과의 관계다. 공공임대주택은 분명 주거 취약계층의 안전망으로 중요하다. 우리나라 역시 정권에 관계없이 그 확대를 추진하고 있다. 그러나 홍콩의 경험을 보면, 아무리 공공임대주택 거주 비율이 높더라도 전반적인 주택시장이 불안정하고 가격이 급등할 경우 공공임대주택은 '고립된' 안전망으로 제한된다는 사실에 주의할 필요가 있다.

둘째, 국공유지가 많고 적은 것보다 그것이 관리되고 활용되는 방식이 중요하다. 우리나라는 국공유지를 도시용지 내지 주택용지로 공급하기 어렵다는 점을 아쉬워하는 사람들이 많다. 싱가포르처럼 획기적인 주택 공급을 할 수 없는 제약 조건이기 때문이다. 그러나 전체 토지의 95%가 국유지인 홍콩에서 국유지 임대제도가 반드시 주택가격을 안정시키는 것은 아니라는 사실도 확인했다. 오히려 집값 앙등의 원인 중 하나일 정도다. 또 도시계획제도나 절차가 택지 공급 속도와 수준에 영향을 끼치는 점도 참고할 필요가 있다.

셋째, 유동성 관리의 문제다. 홍콩은 소규모 개방형 경제로서, 세계적인 유동성 확대의 직접적인 영향을 받고 있다. 이것이 홍콩 주택가격 등락의 가장 큰 원인이라는 게 관련 학자들의 공통적인 의견이다. 우리 역시 높은 대외 경제 의존성으로 인해 과잉 유동성 문제에서 자유로울 수 없다. 우리나라에서도 이 부분은 논란 중으로, 홍콩 사례는 우리에게도 상당한 시사점을 준다.

마지막으로 주택문제의 사회적·정치적 중요성이다. 홍콩의 정치적 불안은 중국과의 관계가 큰 원인이기는 하지만, 많은 언론이 지적하고 홍콩 정부도 인정한 것처럼 주택가격 폭등과 열악한 주거문제도 배경이 되었다. 정도의 차이는 있지만 우리도 최근 이와 비슷한 문제가 제기되고 있으므로, 보다 예민한 사회적 대응 노력이 필요하다.

결국 한때 우리가 이상적으로 이해했던 홍콩 모델은 그 자체로서는 우리의 대안이 될 수 없다. 다만 쉑킵메이 신드롬이 지향했던 가치와 수단을 복기하면서, 그 정신이 한국의 조건에서 발현될 수 있는 방안을 찾아야 한다는 것이 우리가 홍콩에서 배울 점이다. 국가는 국민의 주택문제 해결에 최종적인 책임이 있다. 그 나라의 특징과 조건을 바탕으로 적당한 가격의, 충분한 주택을 어떻게 공급하며, 또 시장의 투기적인 이익을 어떻게 제어할 것인가는 모든 국가 정부들의 핵심 과제다.

4장

대만
: 불평하면서도 적응한 자가 소유 사회

닮은 국가 운명, 다른 주택시장

오랜 식민지와 닮은 꼴 현대사

대만은 우리에게 익숙하면서도 친근한 국가다. 몇 해 전 TV 여행 프로그램의 영향도 있었지만, 대만은 우리나라 사람들에게 가장 인기 있으면서도 부담 없는 해외 여행지 중 하나가 되었다. 곳곳의 풍광이 좋은 데다 안전하고 물가도 싸며 맛있는 먹거리가 많은 나라로 알려져 있다. 반대로 한류 역시 대만에 잘 알려져서 한국의 유명 프로그램이나 연예인들이 대만에서도 인기다. 경제 교류 또한 한국과 대만은 밀접하다. 2021년 3월 현재 대만은 우리나라의 여섯 번째 수출국이자 수입국이다.

대만은 1960년대 이후 경제성장 과정에서 우리나라의 은근한 경쟁자이기도 했다. 대만은 우리보다 먼저 1인당 국민소득 1만 달러에 도달했지만 2만 달러, 3만 달러는 한국이 빨랐다. 현재는 전반적인 경제 규모에서 우리가 앞서지만, 오랫동안 대만은 튼튼한 중소기업과 강한 수출 국가로 우리의 관심사가 되어왔다. 반도체를 예로 들면 메모리 분야는 우리가 이제 현저히 강한 반면, 시스템 반도체는 아직 대만에 미치지 못하고 있다. 그만큼 각각의 강점을 가지고 국제 무대에서 경쟁해왔다고 할 수 있다.

그런데 이런 경제, 사회 측면 외에도 정치, 역사, 외교 측면에서 대만과 우리는 더욱 유사하고 또 밀접하다. 대만은 오래전부터 외세의 침공과 식민 지배를 겪어왔다. 과거 대만은 한족이 거의 살지 않는 중국의 변방이었다. 그러다가 17세기부터 유럽 상인들이 당시 지명인 포모사(Ilha Formosa, 포르투갈어로 '아름다운 섬'이라는 뜻)를 찾기 시작했으며, 결국 1625년부터 네덜란드의 식민 지배를 받았다. 이후 1683년 청나라가 네덜란드를 몰아내고 대만을 직할 통치하면서 한족이 급속히 늘어났다. 그러나 1895년 청일전쟁에서 중국이 패하면서 대만은 일본의 최초 해외 식민지가 되고 말았다. 우리나라가 1910년 병탄되어 36년의 식민 통치를 겪었다면, 대만은 그보다 긴 50년 동안 일제의 식민지가 된 것이다.

그런데 1945년 식민 지배에서 해방된 대만은 다시 본성의 지배가 강화되면서 상당한 탄압을 받게 된다. 특히 1949년, 공산당과의 내전에서 패배한 장제스蔣介石 총통의 국민당이 대만으로 퇴각하면서, 말하자면 지배자만 바뀌는 문제가 발생한다. 더구나 초기에 국민당은 대만을 본토 수복을 위한 전진기지로만 생각했기 때문에, 계엄령을 선포하고 강압적인 통치를 계속했다. 이 계엄령은 장제스 총통 사후인 1987년이 되어서야 해제될 정도로 40년 가까이 계속되었다. 이렇게 대만은 공산 국가와 대치하는 전선에 있었기 때문에, 우리의 남북 분단 및 휴전 상황과 동병상련이 있었다. 그 결과 1971년 대만이 중국에 밀려서 UN에서 탈퇴하고 국제적으로 고립되었을 때도 우리는 대만과의 수교를 지속했다. 물론 1992년에 우리가 중국과 수교하면서 결국 단교하게 되었지만, 오랫동안 특별한 관계를 유지한 것은 분명하다.

이런 역사적 경험을 공유한 데다, 양국 모두 1980년대 중반까지 군사정부 내지 권위주의 정부 기간을 겪어야 했고, 민주화 운동 경험과 분단체제의 특수성을 공유하고 있다. 우리나라 대통령 선거 때마다 북한 관련 이슈가 등장하듯, 대만도 중국과의 관계가 핵심 정치 이슈가 되고 있다. 2019년 말 치러진 대만 대선의 경우, 홍콩 사태와 연관된 중국의 1국 2체제에 대한 우려가 크게 영향을 끼쳤다. 그럼에도 대만과 중국의 교류는 우리 남북한의 그것과는 차원을 달리한다. 이미 상호 방문이 자유롭고 투자도 매우 활성화되어 있다.

대만은 주택문제 역시 우리와 비슷한 정서를 가지고 있다. 대만은 세계에서 인구밀도가 두 번째로 높은 국가인 데다 주기적인 주택가격 상승을 경험했고 소득 대비 주택가격 역시 자국민들 사이에서 우려가 높다. 또 자가 소유 지향이 강하고 주택 구입 시 가족 간 원조 경향도 우리와 유사하다. 민간임대시장이 불투명하고 부동산 세제가 미약하다는 비판을 받고 있는 점, 청년층의 주거 사정이 어렵다는 점도 공통점이다. 우리나라에서 서울올림픽 무렵에 집값, 전셋값이 폭등하여 가두집회가 열렸던 것처럼, 타이베이에서도 1989년 5만여 명이 주택문제를 규탄하는 노숙시위를 벌였다.

정부는 국방에 집중, 주택은 시장과 가족이

대만은 일본 식민 지배를 오래 겪기는 했지만, 대만 섬 내에서 전쟁이나 파괴는 거의 없었다. 그런데 1949년 국민당의 중국 본토 퇴각과 함께 큰 혼란에 빠지게 된다. 섬 전체 인구가 610만 명에서 745만 명으로 갑자기 150만 명 가까이 늘어난 것이다. 수도 타이베이는 27만 명에서 50만 명으로 늘어났다(Chen, 2019). 여기다 이 무렵에는 큰 자연재해에 따른 이재민 문제도 심각했다. 1959년 8월 7일, 대만 중남부 지역에 큰 수해가 발생해서 667명이 사망하고 4만 5,000여 호의 주택이 멸실 또는 반파되고 30만 명의 이재민이 발생했다. 또 1964년에는 106명이 사망한 대지진이 발생해서 수만 채의 주택이 파괴되었다. 갑자기 늘어난 인구에다 재난으로 인해 긴박한 주택문제가 발생한 것이다(Chang & Yuan, 2013).

하지만 장제스 총통의 국민당 정부는 대만을 본토 수복을 위한 전진기지로 생각한 데다, 전쟁을 장기전으로 보지 않았기 때문에 가용할 수 있는 자원의 거의 대부분을 국방에 투입했다. 1950년대 대만 정부 예산의 85~90%가 국방비로 사용될 정도였다(Chou & Wang, 2004). 따라서 주택에 대한 공공투자를 추진할 여력이 없었고, 그나마 하더라도 체제 유지에 필수적인 군인 및 군인 가족, 공무원, 교사 등에 대한 지원에 우선순위를 두었다.

당시 타이베이시에는 수많은 불법 건축물이 난립했다. 1963년 조사에서는 약 5만 2,000동의 위법 건축물이 있었고, 여기에 시민의 28%나 거주했던 것으로 추정된다. 불법 건축물 주민의 70%는 국민당 정권과 함께 본토에서 들어온 외성인 外省人이었기 때문에, 당시로서는 정부도 묵인하는 것이 불가피했다. 그러다 1962년부터 미국 원조를 이용해서 불법 건축물을 철거하고 대체 주택을 건설하기 시작했다. 1975년까지 23개소에 1만 1,012호의 대체 주택을 공급했는데, 그중 최대는 현재까지도 남아 있는 완화구萬華區 난지창南機場 주택이다. 이 대체 주택은 당초에는 임대 방식의 국민주택이었지만, 뒤에 정부의 관리 업무 간소화를 위해 소유권이 주민에게 넘어갔다. 시간이 지남에 따라 거주민이 바뀌었는데 아직 남아 있는 주택들은 이미 노후주택이 되어 이주 여성, 독거노인, 장애인, 저소득 노동자 등 사회적 약자들이 주로 거주하고 있다(黃麗玲, 2011).

그런데 1970년대 들어 대만의 상황이 크게 변한다. 중국이 본격적으로 세계 무대에 나오기 시작하면서, 대만이 UN을 탈퇴할 수밖에 없게 된 것이다(1971년). 또 1973년의 오일쇼크에 따른 경제난으로 민심이 동요하는 등 대만 정부로서는 정치적인 정당성 확보가 필요하게 되었다. 이에 따라 주택정책도 그동안의 사실상 무대책을 벗어나 적극적인 개입 방식으로 전환된다. 대만 정부는 1975년 경제건설 6개년계획을 수립하는데, 여기에 국민주택건설 6개년계획을 포함한다. 이와 함께 국민주백법을 제정하여 신도시 건설과 함께 국민주택 확대를 추진하게 된다. 1974년부터 1981년까지 10만 8,000호 공급 목표를 세우고, 1979년에는 다시 국민주택 10개년계획을 수립한다. 그러나 당시 인력 및 자원 부족으로 국민주택 공급은 1981년까지 7만 2,532호에 머물렀다. 도시의 주요 지역은 토지가격이 너무 높아 주택 건설이 어려웠고, 저렴한 지역은 외진 곳에 위치하기 때문에 수요가 없었다(Chen, 2019). 공급량만 목표에 못 미친 것이 아니라 관리 등에도 문제가 있었다. 1977년 조사에 따르면 불법 전대 비율이 49.4%에 이르렀고, 거주자는 중산층 이상이 82.4%에 달한 반면 원래 대상으로 삼은 저소득층은 소수에 불과했다(黃麗玲, 2011).

이에 따라 1982년부터는 국민주택 건설정책을 유지하긴 했지만, 민간에 의한 건설을 중심에 두고 국가에 의한 건설은 보조 수단으로 변화시킨다. 민간에서 건설할 경우 보조금을 지급하는 방식을 병행했다. 1982년부터 1989년까지 건설된 주택 중 공공주택의 비율은 3.5%에 불과했다(Yip & Chang, 2003). 이와 함께 정부는 건설업을 경기 선도형 산업牽引役産業으로 보면서 세제, 토지에 관해 우대정책을 펼치게 된다. 그 결과 부동산의 시장화가 가속화하는 한편, 건설업이 지방권력과 유착한 가운데 비리가 만연하고 부동산 투기도 늘어나는 부작용이 본격적으로 나타났다. 1996년부터 기존의 군인 가족 관사를 재건축하면서도 민간 불하를 확대함으로써, 그나마 있던 국유지마저 민간주택으로 사유화되는 현상이 벌어진다.

〈표 4-1〉 공공, 민간주택 건설 추이 (1982~2001년)

연도	계	민간 부문		공공 부문	
		호수	비중(%)	호수	비중(%)
1982~1989	836,867	807,404	96.5	29,463	3.5
1990	67,600	53,417	79.0	14,183	21.0
1991	72,016	68,410	95.0	3,606	5.0
1992	102,399	94,190	92.0	8,209	8.0
1993	143,649	140,655	97.9	2,994	2.1
1994	197,678	191,503	96.9	6,175	3.1
1995	194,762	184,037	94.5	10,725	5.5
1996	152,205	143,245	94.1	8,960	5.9
1997	113,142	105,597	93.3	7,545	6.7
1998	97,849	90,195	92.2	7,654	7.8
1999	85,566	85,233	99.6	333	0.4
2000	62,273	62,273	100.0	0	0
총계	2,126,006	2,026,159	95.3	99,847	4.7

자료: Yip & Chang, 2003: 98

1980년대부터 민간 부문의 대량 주택 공급이 현실화된 결과, 1990년대 전반이 되면 공공주택과 민간주택을 불문하고 대량의 공가가 발생하기 시작한다. 1990년에는 타이베이시의 공가율이 9.4%에 이르고, 대만 전체는 13.3%에 달하게 된다. 자가 거주율도 80%에 달하는 등 자가 사회가 정착된다. 이에 따

154

라 정부는 1999년, 더 이상의 국민수택 공급을 중단하고, 대신 자가 구입에 대한 우대 대출로 정책 방향을 확고하게 전환한다.

또 정부는 1990년대부터 다양한 계층들을 위한 여러 가지 모기지 지원 프로그램을 마련한다. 기존 공무원과 군인 등 특정 계층에만 국한되어 있던 지원제도를 처음 주택을 구매하는 사람들과 노동자, 원주민 등 더 폭넓은 사람들에게로 확대시켰다. 주택에 대한 정부 개입은 두 가지로 이루어졌는데, 첫 번째는 은행 대출액이 늘어날 수 있도록 정부가 추가 신용을 제공하는 것이며, 두 번째 형태는 주거용 부동산에 부과되는 상속세에 대한 혜택, 귀속 임대료에 대한 세금 면제, 모기지 이자 공제 등의 세금 혜택이다. 이러한 정책을 통해 더 많은 주택 수요자들을 민간주택시장에 진입시키기 위해 노력했다. 이는 결과적으로 주택의 상품화를 더욱 촉진했다(Chen, 2019).

하지만 2000년대 들어 자가를 구하기 어려운 가구의 주거 문제가 부각되기 시작한다. 특히 공공임대주택이 2000년 당시 전체 가구의 0.08%에 불과할 정도로 극소수에 그친 상황에서 자가 구입 형편이 되지 않는 청년층이나 취약계층의 주거문제가 부각되었다. 이에 따라 2009년부터 민간임대주택에 대한 임대료 보조제도가 제한적으로 도입된다. 그리고 2010년경부터 공공임대주택을 요구하는 사회운동이 활성화되면서, 공공임대주택 공급이 재개되기 시작한다. 특히 2016년 집권한 차이잉원蔡英文 정부는 8년 내에 공공임대주택 20만 호 공급을 공약했고, 타이베이시도 커원저柯文哲 시장이 '주거정의 2.0'을 내걸고 공공임대주택 및 민간임대주택 확대를 추진하고 있다.

이상과 같이 대만 주택시장과 정책 70년을 개관해보았는데, 대만은 주택의 95% 이상이 민간에 의해 공급되는 등 공공 부문의 역할이 동아시아 국가들 중에서 가장 미약했다. 전통적으로 대만에서 주택은 가장 중요한 자산으로 여겨져왔으며, 대만 정부는 임대보다는 주택 소유를 지원하는 데 주안점을 두었다. 민간 건설을 지원했으며 특히 금융 지원 등을 통해 주택 구입에 유리한 조건과 환경을 만드는 데 주력했다. 임대료 보조 제도를 시행하고는 있지만, 주택 구매 지원에 비해 임대 지원의 비중은 30분의 1 수준에 불과하다. 이런 과정을 거쳐서 대만은 2018년 현재 전체 가구의 84.5%, 가족 소유 주택에 거주하는 비율 4.7%를 합하면 89.2%가 사실상 내 집에 거주하는 대표적인 자가 중심 국가가 되었지만, 그에 수반해서 집값도 높고 또한 빈집도 많은 이른바 3고(자가 소유, 집값, 빈집) 사회가 되고 말았다.

주택 3고 사회

비싼 집값과 높은 자가 거주율

대만의 언론이나 사회단체가 설명하는 대만 주택시장의 첫 번째 모습은 대개 비싼 집값, 특히 소득 대비 주택가격PIR에서 시작한다. 2020년 2분기 현재 타이베이시의 PIR이 14.4에 이르

<그림 4-1> 타이베이시의 PIR 추이

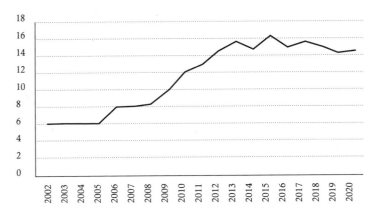

자료: Housing Statistics Report(住宅資訊統計年報·季報)에서 재구성

는데, 이는 타이베이에 거주하는 중간 소득자가 중간 가격대의 주택을 구입하기 위해서는 14년 치 월급을 모아야 한다는 뜻이다. 이 수치는 갈수록 악화되어왔는데, 2002년 6.1에서 2015년 16.2에 이르렀다가 최근에 그나마 개선된 상황이다. 전국의 PIR은 2020년 현재 8.7로, 이 역시 매우 높다. 물론 PIR은 국제 비교가 쉽지 않지만, 대만에서는 이 수치가 전 세계에서 소득 대비 집값이 가장 비싸다고 하는 홍콩 바로 다음에 해당한다며 우려하고 있다. 전반적으로 소득 증가는 지지부진한데 집값은 계속 오르기 때문에 구매력이 계속 악화되는 것이다.

　대만의 주택가격은 그동안 몇 차례 파동을 겪으면서 빠르게 상승했다. 〈그림 4-2〉에서 보는 것처럼, 1970년대 후반, 1980년대 후반 그리고 2000년대 후반, 또 2010년부터 2015년

〈그림 4-2〉 타이베이시의 집값 상승 추이

① 1973년부터 2009년까지 (단위: 1,000NT$/㎡)

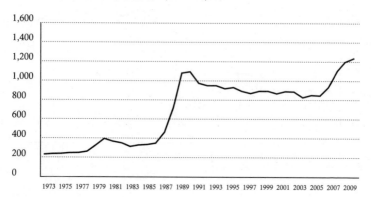

자료: Chang & Yuan, 2013: 87

② 2000년대부터 (2001년=100)

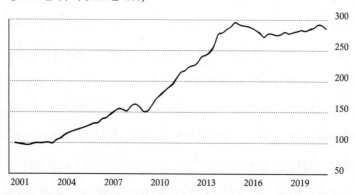

자료: Trading Economics 홈페이지

까지 급격히 올랐다. 특히 1988년 전후의 집값 상승은 가히 기록적이라 할 수 있다. 우리나라도 이 무렵, 억제되었던 주택 수요가 폭발하면서 주택가격이 폭등한 바 있다. 1973년부터 2002년까지 대만의 주택가격은 연평균 7.0%씩 상승한 반면, 가구소득은 4.4%씩 오르는 데 그쳤다. 그런데 2008년의 경우에는 이전과 달리 수도권, 특히 타이베이를 중심으로 많이 올랐다. 이 역시 우리와 비슷한 경험이다. 2015년부터는 그동안 과도하게 오르기도 했고, 단기 차익을 억제하는 양도세 중과대책 등에 따라 가격 상승이 정체되어 있다.

대만의 집값이 비싸고, 또 지속적으로 오른 이유에 대해서는 여러 설명이 가능하다. 대만 언론은 풍부한 유동성과 소득 양극화, 투자수익 기대심리, 대만의 부동산 집착문화, 선호하는 고급주택 공급 부족, 낮은 세 부담에 따른 다주택 보유 추구, 공급 부족 등을 이유로 들고 있다. 실제로 대만의 보유세 실효세율은 0.1% 수준이며, 우리의 종합부동산세 같은 고가, 다주택에 대한 중과제도도 없다. 양도세 세율 역시 우리보다 훨씬 낮은 편이다. 학계에서는 2000년대 이전의 주택가격 상승은 대체로 주택시장에 대한 투자 수요로 설명하는데, 이후의 가격 상승은 느슨한 통화정책과 낮은 모기지 이자율을 그 원인으로 지적한다(Chang & Yuan, 2013).

그런 점에서 해외 유입 자금, 특히 중국 본토의 자금이 대만 집값을 올렸을 것이라는 추론이 제기될 수 있다. 홍콩의 경우를 보더라도 중국의 투자 수요, 이주 수요가 겹치면서 집값이 폭등한 경험이 있기 때문이다. 물론 현재 대만에서는 공식적으로 중국 본토 출신의 주택 구입을 엄격히 제한하고 있다. 하지만 다양한 편법과 간접적인 방식을 통해 본토 자금이 유입되었을 개연성은 충분하다. 특히 홍콩 사태 이후 대만으로 이주하려는 홍콩 인구가 해마다 20~30% 이상 증가하고 있다. 이런 상황은 대만 부동산시장이 꾸준히 상승할 것이라는 기대를 하게 만드는 대목이다(매일경제, 2019.5.31.).

이렇게 높은 집값과 함께 대만의 자가 거주율도 이례적으로 높다. 2018년 현재 전국적으로 84.5%(가족 소유까지 포함하면 89.2%)의 가구가 내 집에 거주하고 있다. 더구나 수도인 타이베이의 경우에도 83.4%(가족 소유 포함 시 86.6%)가 자가에 거주한다. 일반적으로 선진국 수위 도시의 자가 거주율이 50% 이하에 머물고 있는 것을 감안하면 놀라운 수치가 아닐 수 없다. 전국적으로는 자가 거주율이 60~70%에 이르는 미국, 영국, 일본도 뉴욕, 런던, 도쿄 등 수도는 전국 평균에 비해 20~30% 이상 낮은 것이 일반적이다. 서울도 전국 평균에 비해서는 15% 정도 낮다. 하지만 대만은 수도의 자가 거주율이 전국 평균과 거의 비슷한 수준으로 높다.

이렇게 자가 비율이 높은 것은 물론 집값이 오르기 때문에 무리해서라도 내 집을 장만하려는 불안감이 작동했기 때문이지만, 그렇더라도 소득에 비하면 너무 높은 주택구입자금은 어떻게 마련하는 것일까? 여기에는 두 가지 측면을 생각할 수 있다. 하나는 대만 정부의 자가 소유 진작책의 영향이다. 앞에서도 설

〈표 4-2〉 주택 점유 형태 추이 (단위: %, 괄호 안은 타이베이)

구분	1970	1976	1981	1985	1990	1995	2000	2005	2010	2015	2018
자가	66	67	73	77	80	84	85	87.3	84.9	84.2 (82.5)	84.5 (83.4)
가족 소유									3.4	4.2	4.7 (3.2)
민간임대	20	19	15	13	12	10	9				10.6
무상	11	13	6	3	2	1	1				
불명	3	1	6	7	6	5	5				

*공공임대 비중은 0.1~0.2% 정도에 불과하여 별도 분류 않음.
자료: 2000년까지는 Li, 2008: 76, 2005년부터는 Housing Statistics Report(住宅資訊統計年報·季報) 각 연도 및 각 분기에서 재구성

명한 것처럼 대만 정부의 주택정책은 초기부터 시장에서의 자가 소유를 촉진하는 방향을 택했고, 구입자금에 대한 이차 보전 제도가 가장 중요한 주택정책이었다. 여기에다 저금리에 풍부한 유동성은 주택 구입에 대한 상대적 부담을 낮추는 요소가 되어왔다. 실제로 모기지 이자율은 1990년대까지 7% 이상을 유지했지만, 2000년대 들어 2%대(Chen, 2020), 2019년 말 현재는 1.6%까지 떨어진 상태다(Taipei Times, 2020.1.25.).

또 한 가지 요인은 토지에 대한 대만 국민들의 태도다. 대만 언론에서는 흔히 '땅을 가져야 재산을 갖는 것有土斯有財'이라는 말이 통용되고 있다. 이는 다른 동아시아 국가들에서도 흔히 사용되는 말이다. 산업화와 도시화 속도가 워낙 빠르다 보니, 농경사회의 문화가 남아 있어서 유독 부동산에 집착한다는 것이

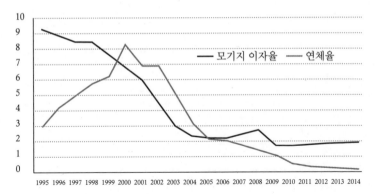

〈그림 4-3〉 모기지 이자율 추이 (단위: %)

자료: Chen, 2020: 9

다. 이러한 문화가 가족주의와 결합하면서 자가 소유에 더 집착하게 되었다는 것이다. 하지만 2000년대 이후 서구 국가들도 자가 소유나 부동산자산에 대한 집착이 강해지면서, 이를 동아시아 특유의 현상이라고 부르기는 어렵게 되었다.

비싼 집이 비어 있다?

집값이 비싼데도 빈집이 많다? 그것이 가능할까? 만약 그것이 사실이라면 시장 원리에 따라 집값이 내려가야 하는데, 대만의 현실은 그렇지 않다. 대만 주택시장에서 쉽게 이해가 가지 않는 것은 집값 상승, 자가 확대와 함께 빈집도 늘었다는 것이다. 일본의 경우 집값 하락, 자가 비율 정체 속에서 공가가 대폭 늘었다면, 대만은 특별한 사례가 아닐 수 없다. 〈그림 4-4〉에서 보는 것처럼 공가는 빠른 속도로 늘어나고 있어서 10년마다 실시

〈그림 4-4〉 공가 비율 추이 (단위: %)

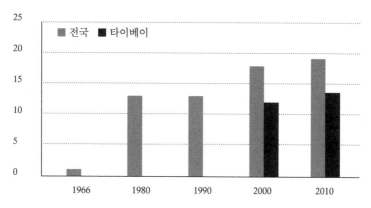

자료: Chang & Yuan, 2013: 87과 Chang & Chen, 2018: 373에서 재구성

하는 센서스의 2010년 통계로는 전국적으로 19.3%에 달하고
있다. 더구나 농촌이나 지방 과소 지역에서만 공가가 늘어나는
것이 아니라, 수도 타이베이(13.8%)와 대도시의 공가 비율도 높
다.* 제5장에서 살펴볼 일본과 비교해보면, 공가 비율이 일본보
다도 높은 수준이다. 특히 타이베이는 도쿄(10.2%)보다 더 높다.
잘 알려진 것처럼 일본은 30년 가까이 주택가격 하락과 지역별
차별화가 나타나고 있지만, 대만은 아직 전반적인 가격이 상승

* 그런데 각국의 공가 통계는 일시적인 현장 조사에서 비어 있는 것으로 판
단하는 방법(센서스, 주거 실태조사 등)으로 파악한 수치와, 일정 기간의
전기 사용량으로 판단한 것이 상당한 차이를 보인다. 이는 일본, 우리나라
도 마찬가지다. 대만에서도 10년 주기로 실시하는 센서스 자료와 전기 사
용량 추정을 통한 공가 수가 차이를 보이는데, 전자의 2010년 현재 공가율
은 19.3%인 반면 후자의 방법에 따른 2017년 현황은 86만 4,000호, 10.1%
다(內政部 不動産資訊平台, 2019). 그러나 통계의 연속성과 대만 내에서의
활용도를 감안하여 이 글에서는 센서스 자료를 기준으로 설명한다.

추세에 있는데도 이런 일이 일어나고 있는 것이다.

왜 이런 일이 일어나고 있는지 알기 위해서는 전체 공가 현황과 발생 원인에 대한 분석이 필요하다. 일본의 경우 정례적으로 공가 실태조사를 통해 원인과 대응책을 논의하고 있다. 학계와 현장에서도 다양한 논의와 실천활동이 활발하다. 그런데 대만은 그와 관련된 자료나 활동 내역을 찾아보기가 어렵다. 전반적으로 공가에 대한 문제의식 자체가 일본에 비해서는 상대적으로 약한 것으로 보인다. 그나마 구득할 수 있는 자료에 따르면, 대만에서 공가가 많은 것은 기본적으로 대만의 주택 보유 부담이 너무 적고, 임대료 수입도 낮기 때문에 주택을 여러 채 보유하고도 빈집인 상태로 두는 경우가 많다는 것이 첫 번째 이유다(Asia Dialogue, 2020.5.1.).

실제로 대만의 임대 수익률은 동아시아뿐만 아니라 전 세계적으로 낮다. 글로벌 프로퍼티 가이드의 조사에 따르면, 2019년 현재 연간 수익률은 1.5%로 동아시아 국가 중에서 가장 낮다. 또 보유세 부담도 낮은데 실효세율이 0.1~0.2% 정도다. 이는 1980년대 초에 비해 부담이 4분의 1 수준으로 줄어든 것이다. 우리나라와 비슷한 수준이라고 할 수도 있겠지만, 우리의 경우 고가일수록 실효세율이 높아진다는 점에서 차이가 크다. 또 다주택자의 경우도 우리는 세율이 더 높아진다. 우리와 같은 종합부동산세도 대만에는 없다. 결국 여러 채의 주택이 있다고 해서 보유세 부담이 누진되지 않는 것이다. 실제로 전체 주택 소유자 중 1주택은 71%, 2주택 19%, 3주택 이상이 10%

로 다주택자가 29%에 이르는 상황이다(Chang & Chen, 2018).

이처럼 대만의 다주택자들은 임대 수익보다는 자본 이득을 노리는 상황으로, 집값이 오르기를 기대하면서 빈집 상태로 방치하는 경우가 많다. 바로 이런 이유 때문에 최근 대만 정부의 주된 주택정책 중 하나가 빈집을 세놓을 수 있도록 장려하는 일이다. 타이베이시는 일본의 전문임대사업자 개념과 비슷한 서브리스 방식을 도입해서, 집주인의 여유 주택 임대를 권장하고 있다. 다주택자들이 여유 주택을 임대하기 위해 중간 기관에 위탁하면, 이 기관은 입주자 모집과 관리 등을 담당해서 집주인에게는 임대료 수입을, 세입자에게는 안정적인 주거를 제공하는 매개 역할을 하게 된다. 이때 시 정부는 집주인에게 재산세 할인 등의 혜택을 제공하고, 중간 관리업체의 운영비 등을 부담한다. 이는 커원저 시장이 주택난 해결을 위한 브랜드 사업의 하나로 추진 중이다. 커원저 시장은 "타이베이시의 PIR이 지난 30년 동안 8.6에서 15로 악화됨으로써, 자산 격차가 심화되고 홍콩처럼 사회 불안이 야기될 수 있다"고 경고하면서, 공공임대주택을 5만 호 늘리는 한편 다주택자가 빈집을 세놓을 경우 재산세율을 1.2%에서 0.6%로 낮추고 관련 행정 지원을 하는 방안을 추진하고 있다(*Taipei Times*, 2019.9.11.).

이와 함께 대만의 저조한 도시 재개발 사업도 공가 발생의 원인이 된다는 점을 감안해야 한다. 매년 10~15만 호의 신규 주택이 공급되고 있지만, 대부분은 신축 방식에 의한 주택이다. 즉, 재개발을 통한 방식은 그 비중이 손에 꼽힐 정도다. 대만의

〈그림 4-5〉 타이베이 시장의 '주거정의 2.0' 캠페인

사진 가운데가 커원저 타이베이 시장, 왼쪽 끝은 대표적인 주거권 시민단체인
OURs의 펑양카이 대표.
자료: *Taipei Times*, 2019.9.11.

재개발 사업은 이제 막 시작한 단계라고 할 수 있는데, 타이베
이시에서 현재 공공이 주도하는 주요 재생 사업은 8군데에 불
과하다(HURC 홈페이지). 반면 국민들의 신축 아파트 선호도는 계
속 높아지는 중이다. 타이베이 주민들의 선호 주택 조사에 따
르면 엘리베이터가 있는 고층 아파트는 71.6%, 저층 아파트는
23.4%이지만(Chang & Chen, 2018: 378), 현실적으로 타이베이에서
고층 아파트가 차지하는 비중은 그에 훨씬 못 미치는 상황이다.
선호 주택 유형의 불일치도 노후주택의 공가화를 앞당기고 있
다고 볼 수 있는 것이다.

미미한 주거복지정책

0.2%에 불과한 공공임대주택

대만의 공공임대주택은 동아시아 국가 중에서도 특히 적다. 2019년 현재 전국적으로 1만 7,476호(3,811호는 기존 주택 임대)로, 전체 주택의 약 0.2%에 불과한 수준이다. 가장 많이 분포하는 타이베이시도 8,329호(813호는 기존 주택 임대), 0.8%에 불과하다. 동아시아 국가 중에서 싱가포르도 그 비중이 적기는 하지만, 대신 국민 대부분이 공공이 공급한 분양주택에 살고 있다. 대만은 애초에 공공주택 자체가 매우 적은 데다, 그나마도 대부분 분양용으로 공급되었거나 일정 기간 임대 후 분양함으로써 공공임대주택은 극소수에 그치게 되었다.

2010년 이후부터 대만에서도 공공임대주택 확대를 추진하고 있어서, 그 이전까지의 상황을 우선 살펴보자. 대만의 공공임대주택에는 입주 대상자를 기준으로 크게 두 종류가 있다. 최저소득층(소득 하위 1.5%)을 대상으로 하는 복지주택과 하위 20%를 대상으로 하는 일반적인 공공임대주택이다. 복지주택은 1972년 안캉安康 프로젝트를 시작한 것이 출발점인데, 당초 계획은 3,150호였으나 2,048호를 건립하는 데 그쳤다. 이 임대주택의 임대 기간은 사실상 영구이며, 임대료는 면제이거나 최대 275NT$(1~2만 원)로 거의 무상 수준이다. 타이베이 시내에서 가장 가난한 사람들이 모인 주거단지라고 할 수 있다. 일반 저소득층을 대상으로 하는 공공임대주택은 1990년대에 일시적인

〈표 4-3〉 공공임대주택 현황 (2019년 4월 현재, 단위: 호)

	공공 건설	민간주택 활용	계	비고(공사 중 및 계획 물량)
타이베이	7,516	813	8,329	12,131
신베이	5,126	651	5,777	4,434
타오위안	225	601	826	11,670
타이중	401	1,134	1,535	4,430
타이난	0	167	167	430
가오슝	315	445	760	405
기타	82	0	82	192
계	13,665	3,811	17,476	33,689

자료: OURs 외, 2019: 11

부동산 경기 침체로 공공분양주택의 분양이 잘 안 될 때 일부를 임대용으로 사용하기로 하면서 조성되었다. 임대 기간은 최대 12년으로 규정되어 있으나 극빈층의 경우 실제 강제 퇴거는 하지 않는다. 교통이 편리하고 비교적 주거 사정이 양호하기 때문에 인기가 있는 편이다.

그러나 2010년대 들어 소득 대비 높은 주택가격이 사회 이슈로 부각되고, 청년층의 주택문제에 대한 우려가 높아졌다. 특히 시민단체들이 주거권 연합기구를 결성하여 '0.008%에 불과한 공공임대주택'에 대해 문제제기를 본격적으로 하기 시작했다. 서구 사례는 물론이고, 뒤늦게 공공임대주택 공급을 시작했지만 급격히 재고를 늘리고 있던 한국 사례를 대만 사회에 소개하고 여론을 형성해갔다. 이에 타이베이시의 하오룽빈郝龍斌 시장은 'Public Run Housing' 사업을 2014년부터 착수하여, 우선 4,808호를 공급하는 한편 장기적으로 타이베이 주택 재고의 5%를 달성하는 것을 목표로 제시했다. 공공용지를 적극 활용하면서 특히 기존 복지주택을 재건축하여 공급하는 방안이 중심이었다. 따라서 앞서 설명한 안캉 단지가 새로운 공공임대주택 공급의 핵심 역할을 하게 되었다. 필자가 2019년 11월, 타이베이를 방문했을 때는 안캉 단지가 단계별로 재건축되면서, 대표적인 모델 공공임대주택단지 역할을 하고 있었다.

그러나 하오룽빈 시장의 공공임대주택 확대계획은 충분한 성과를 내지 못했는데, 공공용지를 중앙정부로부터 이관받는 것이 쉽지 않았고 민간의 매입 주택도 확보하기 어려웠기 때문이다. 이후 현재의 커원저 시장과 차이잉원 총통도 공공임대주택 확대를 중요한 공약으로 내세우고 추진 중이다. 타이베이시 차원에서는 여전히 목표를 5%로 하고 있으며, 중앙정부는 8년간 20만 호의 공공임대주택을 공급하는 목표를 유지하는 중이다. 이와 함께 공공임대주택 공급을 위한 조직으로 중앙 차원에서는 2018년 주택·도시재생센터國家住宅及都市更新中心: HURC를 설립하여 대응하고 있고, 타이베이시는 도시계획국이 그 역할을 담당하고 있다. 이 과정에서 우리나라의 LH, SH와 수시로 교류하면서 사업 모델을 모색했다.

〈그림 4-6〉 안캉 공공임대주택단지의 전경 변화

조성 당시 모습

2010년경 모습

최근 모습

*최근 사진 중 뒤쪽에 보이는 새로 지은 건물이 재건축한 공공임대주택이고, 앞이 과거 주택이다. 단계별로 진행되는 중이다.
자료: 위의 두 사진은 서울시, 2014: 77, 아래 사진은 https://news.housefun. com.tw/album/12482248

미약한 임대료 지원제도

대도시까지도 자가 거주율이 85%가 넘는 사회에서 청년들의 주거는 어떨까? 기본적으로 집을 가진 부모와 함께 사는 청년들이라면 일차적인 주거문제는 해결할 수 있을 것이다. 그러나 결혼하거나 독립하려 할 경우는? 더구나 집값이 이미 천정부지로 치솟았다면? 대만 정부는 그동안 내 집 마련을 지원해왔지만, 청년들의 경제 상황 자체가 불안정하고 양극화가 심화되면

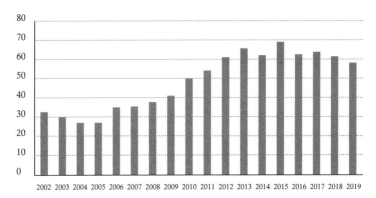

〈그림 4-7〉 타이베이시의 소득 대비 모기지 상환 비중 추이 (단위: %)

자료: Housing Statistics Report 각 연도 및 각 분기에서 재구성

서 자가 소유는 더 이상 만능 대안이 되기 어렵다. 소득 중에서 모기지 상환 비중이 60%인 상황이 그 방증이다(〈그림 4-7〉). 더구나 공공임대주택이 0.2% 수준에 불과한 국가에서는 대안이 민간임대밖에 없을 것이다. 물론 대만의 민간주택 임대료는 주택 가격에 비하면 이례적으로 낮은 편이다. 임대 수익률이 세계에서 가장 낮기 때문이다. 그러나 이는 임대료의 절대치가 낮다기보다는 집값이 비정상적으로 높은 데 따른 현상이다. 소득 대비 임대료 부담은 여전한 것이다.

실제로 대만의 소득 대비 임대료RIR 수준은 2020년 2분기 현재 타이베이시가 57.6%(전국 34.6%)나 된다(內政部 不動産資訊平台, 2020). 이렇게 임대료가 부담이 되기 때문에, 대만 정부는 2007년부터 신혼부부 등을 대상으로 주거비 지원제도를 시행하고 있다. 2019년 현재, 전국적으로 약 6만 가구에 대해 월

3,000~5,000NT$(약 12~20만 원)의 임대료를 2년 한도 내에서 지원하고 있는데, 신청 자격은 지역별 연간 소득 2분위 이하(타이베이시 88만NT$, 6대 도시 이외 46만NT$)다. 또 생애최초 주택구입 이자지원도 시행하고 있는데, 지역별 연간 소득 5분위 이하로서 자산이 일정 금액 이하인 경우, 250만NT$까지 1.14%(취약계층은 0.56%)로 대출해준다. 2019년에는 5,000가구 정도가 혜택을 받았다. 또 신혼부부인 경우 소득 8분위까지 우대 대출을 해주는 제도도 있다.

대만 주택시장의 미래

작지만 꾸준한 주거권 요구 운동

중국과 대만은 대만의 독립국가 여부를 두고 다투고 있지만, 대만의 공식 국호는 중화민국으로 그 뿌리를 쑨원孫文의 1911년 신해혁명에 두고 있다. 쑨원은 노쇠한 청나라를 무너뜨리고 공화주의 혁명을 이끌었다. 쑨원은 당시 미국의 사회개혁가인 헨리 조지의 영향을 받아서, 평균지권平均地權, Equal land rights regulation을 주요 과제로 채택했다. 평균지권이란 사람들이 토지에 대한 권한을 고루 향유할 수 있어야 한다는 사상으로, 사람들의 빈곤과 사회 불평등의 근본 원인이 토지 소유의 왜곡, 토지 불로소득의 소수 독점에 있다는 인식에 뿌리를 두고 있다. 따라서 쑨원은 토지공개념에 가까운 생각을 가지고 있었다. 하지만 쑨원을 계승한 장제스의 정책은 앞에서 살펴보았듯이 가장 시장화된 정책이었다.

이런 상태에서 1980년대 후반 대만의 주택가격이 사상 최대로 폭등하는 일이 벌어진다. 당시는 우리나라도 집값이 폭등했을 때인데, 양국 모두 경제성장의 과실을 향유하는 단계에서 좋은 주택에 대한 수요가 급증한 것이 큰 원인이었다. 그러나 이 같은 집값 폭등은 국민들의 박탈감을 초래했고 1989년에는 대대적인 철야 노숙시위가 열리게 된다. 1989년 8월 26일 타이베이의 가장 번화한 거리에서 부동산 투기 방지와 정부 대책을 요구하는 5만 명의 인파가 밤새워 대규모 시위를 벌였다. 중산층까지 광범위하게 동참한 이 시위는 계엄령 해제 이후 일어난 최초의 대규모 시위로, 대만의 사회운동이 합법화되는 전환점이 되기도 했다. 그 뒤에도 매년 8월 26일 무렵에 이를 기념하는 가두시위가 타이베이 시내에서 열리고 있다.

그러나 인상적이었던 노숙시위에도 불구하고 주택정책의 기조는 바뀌지 않았다. 아직 이 시위의 요구를 담아낼 정치 세력이 없었던 것이 가장 큰 이유이지만, 이미 시장 중심으로 굳어진 대만의 주택정책을 바꾸기에는 늦었던 점도 있을 것이다. 한국의 경우 당시 주된 요구였던 '보유세 강화, 거래세 완화', 그리고 공공임대주택 확대가 나름대로 현실화 과정을 겪었던 것과는 차이가 있다. 더구나 1997년 아시아 금융위기가 대만에도 영향을 주면서 주택정책에서 시장화와 규제 완화가 더욱 빨리 진행되게 된다. 공공임대주택 비중이 늘어나기는커녕 오히려 줄어들었으며, 보유세 실효세율 역시 2000년대 들어 오히려 내려갔다. 또한 소득이 정체된 상황에서 집값이 계속 오르면서 청년들의 주거문제는 더욱 악화되었다.

이에 따라 2000년대 후반부터 대만의 주거권운동 진영은 새롭게 전열을 정비하고 공공임대주택 확대 요구를 체계화하게 된다. 2010년 8월, 시민단체인 도시개혁조직都市改革組織, OURs 이 주축이 되어 사회주택추진연맹社會住宅推動聯盟, Social Housing Advocacy Consortium을 구성하고 공공임대주택 확대와 주거권 문제제기 등의 활동을 확대했다. 이 단체는 해외 전문가와 운동 집단을 초청하고 아시아 국가의 시민단체들과는 포용도시 Inclusive City 네트워크를 구성하여 상호 방문 현장조사 및 토론을 이어가고 있다. 또한 서울에 장기 체류하면서 우리나라의 공공임대주택 확대정책을 학습하기도 했다.

그 운동의 일환으로 2014년 10월, 타이베이시에서 25년 전의 대규모 노숙시위를 다시 벌이게 된다. 타이베이에서도 집값이 가장 비싼 초호화 아파트 단지인 디바오帝寶 앞 도로를 점거한 2만여 명의 시위대는 정부의 부실한 주택 보급정책을 비난하고 주택 관련 법률의 개정을 요구했다. 이날 시위는 사회주택추진연맹을 포함한 전국 101개의 단체들이 결성한 '새둥지 운동巢運'의 이름으로 전개되었다. 이 단체들은 1)주거권의 법률화를 통한 강제 철거 종결, 2)부동산 세금제도 개혁, 3)공공임대주택 보급률 5% 달성을 위한 담당 기관 설치, 4)공유지 관련 법령 개정, 5)임대주택시장 활성화를 위한 법률 제정 등 5개 사항

〈그림 4-8〉 주거권시위 사진

1989년 8월 26일, 약 5만 명이 중샤오둥루(忠孝東路)에 모여서 주거문제에 항의하
는 노숙시위를 벌였다.

2014년 10월 4일, 25년 만에 가장 많은 인파가 모여서 다시 노숙시위를 벌였다.
자료: OURs 홈페이지(https://ours.org.tw/socialhousing10/)

을 정부에 요구했다.

　이런 사회적 요구에 대해 정치권도 반응했는데, 앞에서 살
펴본 것처럼 타이베이시의 커원저 시장은 공공임대주택 확대와
세제 개편을 통한 민간임대 활성화 등 '주거정의 2.0' 캠페인에
앞장서고 있다. 또 2016년 집권하고 2020년 재선에 성공한 차

이잉원 총통은 공공임대주택 20만 호를 공급하여 2024년에는 주택 재고의 2%를 달성하겠다는 공약을 추진하는 중이다. 이와 함께 투기적인 단기 거래를 막기 위해, 2014년에는 거주하지 않는 두 번째 주택을 1년 내에 팔면 15%p 양도세를 추가로 부과하고, 2년 내에는 10%p 추가하기로 했다. 또한 비거주 주택의 재산세를 인상하기도 했다.

대만 주택 시스템의 시사점

앞에서 살펴보았듯이, 대만은 이 책이 다루고 있는 나라들 중에서 주택정책이 초기부터 가장 시장화되어 있었다. 반면 다른 나라들은 아시아 외환위기 이후 대체로 민영화, 시장화가 진전되기는 했지만, 그 이전까지는 상당한 국가 개입을 특징으로 하고 있었다. 주택을 경제활동의 필수적인 부문으로 간주하는 가운데, 그 공급은 물론이고 배분에까지 적극적으로 개입했던 것이다. 그런데 대만은 이른바 성공한 네 마리 용 중에서 왜 가장 시장화된 정책 기조를 채택했던 것일까?

물론 대만도 초기에는 홍콩이나 싱가포르와 다르지 않게 공공의 주택 공급에 적극적인 때가 있었다. 그러나 공공주택 공급 목표를 절반도 달성하지 못했는데, 무엇보다 토지가 전통적으로 모두 개인 소유였을 뿐 아니라 공공토지 개발도 관료주의와 지역 유착과 같은 장벽에 막혀 진전되지 못했다. 이는 일본 식민 지배를 경험한 한국도 마찬가지였다. 반면 영국 식민 지배를 경험한 홍콩, 싱가포르는 기본적으로 상당한 비율의 국공유지를 활용한 공적 주택 공급이 가능했다.

또 공적 자금 조달 역시 다른 국가들과 차이가 있었다. 경제개발 초기에 싱가포르는 국민연금CPF, 홍콩은 광범한 공공토지 개발을 통해 자금 조달이 가능했지만, 대만은 한국과 마찬가지로 뚜렷한 수단이 없었다. 민간 금융기관에 대해 보증을 서거나 이자를 지원하는 간접적인 방식을 택할 수밖에 없었다. 이런 상황에서 부족한 주택구입자금은 가족주의에 기반한 비공식 부문을 통해 보충되었다. 특히 지방에서는 자가용 주택 건립이 주택 공급의 주요 수단이었으며, 친가나 처가에 같이 사는 비율이 18%에 달했다. 말하자면 정부 지원 없이 자구적인 해결책을 강구했던 것이다(Yip & Chang, 2003).

공공 부문의 주택 생산과 배분에 대한 참여가 적었던 만큼, 민간 부문에 대한 간섭 역시 적었다. 지금도 대만의 부동산 관련 세금은 전 세계적으로 낮고, 특히 시장 투명성이 낮다. 아직 실거래가제도도 정착되지 않았고, 민간임대 부문의 정보나 납세 등의 투명도도 매우 낮은 상황이다. 우리나라도 2005년 실거래가 등기제도가 정착되기 전에 그랬지만, 대만은 지금도 부동산에 세 가지의 가격이 있다고 한다. 가격을 낮춘 공공기관 제출용 계약서, 실제 계약서, 은행 대출을 위해 부풀려진 계약서다.

결국 대만의 주택시장 상황은 민영화, 상품화, 시장화와 최소한의 정부 개입으로 요약할 수 있다. 이런 상황에서 시민단체와 전문가들이 너무 높은 집값을 연착륙시키고 주거의 공공성을 높일 것을 요구하고 있지만 현실적으로 쉽지는 않은 일이다. 서울에 체재하면서 한국과 대만을 비교하는 연구를 진행했던 첸이링陳怡伶은 자신의 논문에서 대만 정부의 대응 역량 한계, 정부와 부동산업계의 유착, 시장 메커니즘에 대한 국민들의 믿음, 발전주의와 생산주의 이데올로기, 주택을 단순히 상품으로 생각하는 내재된 이념 등 다섯 가지를 대만 주택체제의 공공성과 투명성 강화를 가로막는 장애로 진단하고 있다(Chen, 2020).

동아시아 주요 국가들 중 대만과 한국은 국가 규모나 경제 발전 과정 면에서 서로 비교할 대목이 많다. 그러나 주택정책에서는 상당히 다른 길을 걸어왔다. 그 차이는 근본적으로 한국이 대만에 비해 더 어려운 주택시장 조건을 가지고 있었기 때문이다. 대만은 제2차 세계대전 이후 본토로부터 급격한 인구 유입이 있기는 했지만, 기본적으로 전화를 입지 않은 국가였다. 수도권 집중률 역시 우리보다 낮은 상태이며, 일본 식민지 시대부터 산업화가 상당한 수준으로 진행되었기 때문에 중소기업 중심의 지역 균형 발전도 우리보다 훨씬 나은 조건이었다. 그렇기 때문에 국가의 적극적이고 직접적인 개입 없이도 주택 수급에 성공할 수 있었을 것이다. 우리는 전화를 입은 데다 급격한 이촌향도로 인해 대만보다 훨씬 어려운 상황이었기 때문에, 주택 생산과 배분에 정부가 적극적으로 개입했고, 특히 공공택지를 통해 정부가 주택 대량 공급을 선도했다. 뒤늦게 공공임대주택 대량 공급도 계속하고 있다.

그러나 대만은 다른 동아시아 국가들과 마찬가지로 저출

산, 고령화, 나아가 저성장 국면에 진입해 있다. 과거와 같은 성장 모델이 유지되기 어려운 것이다. 장기적으로 보면 높은 자가 소유율, 높은 집값에도 빈집이 많은 이른바 3고 현상은 변화가 불가피하다. 일본 주택시장이 겪은 것처럼, 공가가 누적될수록 주택가격의 양극화도 심화될 것이다. 또한 주택 과잉 생산에 따른 자원 낭비가 사회경제적 현안으로 부각될 수밖에 없다. 주거 양극화와 청년층의 주거 상황 악화 속에서 주택문제는 더욱 정치적 중심 의제로 부각될 것이다. 최근 공공임대주택 확대와 주거비 인하가 정치권 공약에서 빠지지 않는 것도 그런 현상의 반영이다. 이와 함께 불투명한 부동산시장도 변화 압력을 받을 수밖에 없다. 이런 과정에서 우리나라가 겪었던 여러 일들이 대만 사회에도 반면교사가 될 수 있을 것이다.

5장

일본
: 버블의 기억과 주택 과잉 사회

버블의 기억

우리 기억에 각인된 일본 부동산 버블

일본은 우리와 지리적으로 가장 가까이 있는 나라다. 우리의 다섯 번째 수출 대상 국가이자 세 번째 수입 대상 국가이며, 연간 오가는 관광객이 많을 때는 양국을 합해서 1,000만 명이 넘을 정도로 교류도 활발하다. 그러나 굳이 얘기할 필요도 없지만, 우리는 일제 강점기를 겪었고 아직도 독도나 강제징용 문제를 가지고 분란이 계속되고 있다. 최근에도 소재·부품을 가지고 심각한 외교 문제를 겪고 있다. 가깝고도 먼 나라인 것이다.

더구나 주택시장에서 일본은 우리의 걱정스러운 미래상이다. 우리와 마찬가지로 수도권 집중률이 높은 데다 높은 주택가격, 강한 자가 소유 지향을 가진 나라가 경험한 버블 붕괴 때문이다. 일본이 1990년을 전후해서 겪은 버블 형성과 붕괴는 지금까지도 연구 대상이 될 정도로 특별한 사례다. 특히 상업지의 가격은 몇 년 사이에 3~4배나 껑충 뛰었다가 도로 원점으로 돌아오는 끔찍한 일이 벌어지기도 했다. 이는 세계석으로 유례를 찾아볼 수 없을 만큼 급격하면서도, 동시에 장기간에 걸쳐 부동산가격이 하락한 사례로, 부동산 버블 붕괴의 교과서적인 연구 대상이다.

일본은 1960년대부터 이른바 '토건국가'라는 별칭이 있을 정도로 토목·건축 사업에 의존적인 경제구조를 유지하고 있었다. '좁은 국토에 많은 인구', 수도권 인구 집중 등을 이유로 집값이 계속 올랐으며, 1970년대 이른바 일본열도개조론과 같은 국토 균형 발전을 명분으로 한 대대적인 SOC 투자와 토목 사업이 있었기 때문이다.

이런 상황에서 그동안 낮게 평가된 일본 엔화의 가치를 한꺼번에 올리는 플라자합의가 이루어진다(1985년). 이에 수출 경쟁력을 계속 유지하려는 일본 정부가 저금리 기조를 채택하면서, 막대한 무역 흑자와 함께 일본 경제는 놀라운 유동성 잔치를 벌이게 된다. 주식가격이 폭등한 것은 물론이고 부동산가격도 급등하기 시작했다. 엔고를 배경으로 전 세계를 여행하는 일본인 관광객이 늘어났으며, 막대한 자금으로 해외 부동산 매입에까지 나서게 된다. 미국의 자존심이라던 록펠러센터가 일본의 미쓰비시에 매각된 것도 이때의 일로, 일본 땅을 팔면 미국 몇 개를 살 수 있다는 얘기가 떠돌기도 했다.

그런데 당시의 저금리 추세는 일본에만 국한된 것이 아니었다. 전 세계 선진국 그룹들이 대부분 유동성 공급을 통해 경기 유지에 매달릴 때였다. 다만 독일, 미국, 영국 등은 과도한 부동산 거품이 누적되자 1988년 무렵부터 금리 인상에 나서게 된다. 미국은 1987년 대부조합 부실 대출로 이미 부동산 거품이 꺼졌다. 그러나 일본은 그 시점을 놓치고 말았다. 1989년 말까지 저금리 추세를 유지했으며, 결국 부동산 거품이 심각한 정치적 위기로까지 발전하자 금리 인상을 단행하기 시작했다. 2%대의 금리를 6%까지 급격히 인상하는 한편, 우리의 종합부동산세와 유사한 지가세地價稅까지 도입하자, 이번에는 과잉 대응의 파장이 몰려왔다.

이미 부동산 거품이 잔뜩 낀 주택들의 가격이 금리 인상을 계기로 추락하기 시작했다. 추락은 돈줄을 죄는 데서 시작되었지만, 이미 누적된 문제로 가득 차 있었기에 가격이 끝없이 떨어지게 된 것이다. 일본 정부는 뒤늦게 금리를 낮추고 부양책을 펴보았지만 그때뿐이었다. 오히려 토건식 부양책에 계속 의존함으로써 부동산 과잉 투자는 계속되었고, 건설업이나 금융업의 구조조정이 지체되기만 했다. 이런 식의 행태가 거꾸로 일본의 부동산시장 회복을 더디게 만든 원인이라는 지적이 많다. 토건으로 경제위기에 빠진 나라가 토건에 의존하는 방식으로 위기를 극복하려다가 결국 장기 침체에 빠진 형국이었다.

그런데 이러한 해석에 또 한 가지 중요한 이유가 덧붙는데, 바로 저출산·고령화 문제다. 부동산 거품이 붕괴되는 순간 되돌아보니, 이미 부동산 수요 자체가 현저히 줄어든 상황이었던 것이다. 신규 주택의 왕성한 수요층이 되는 장년층 규모가 이미 1985년 정점에 도달한 상태였음에도 일본은 과도한 주택 공급을 계속했다. 더구나 낮은 복지수준으로 인해 고령자들이 비축한 돈을 소비하기는커녕 어떻게든 움켜쥐고 있는 바람에 내수는 더욱 위축되고 말았다.

이 때문에 우리나라에서 2009년경 이른바 하우스푸어 문제가 대두되었을 때, 그것이 일본식 버블 붕괴의 전조인가 아닌가가 논란이 되었다. 선대인 등이 쓴 《부동산 대폭락 시대가 온다》(2008)는 일본 버블 붕괴 전후의 부동산시장 구조가 우리나라와 유사하다는 점을 바탕으로 대폭락을 경고했다. 노무현 정부 당시 가격이 크게 올랐던 데다 인구 변화가 예상되던 시점이었기 때문에, 이는 상당한 걱정거리가 되었던 것이 사실이다. 하지만 논란이 무색하게도 우리나라 부동산의 대폭락은 오지 않았고, 오히려 2015년 무렵부터 부동산가격이 회복되다가 이후 큰 폭으로 올랐다.

장기 침체가 계속되는 줄로만 알았던 일본 주택시장은 최근 확인되는 바에 따르면 차이가 있다. 전반적으로 하향 안정 추세가 지속되고 있지만, 수도권 신축 아파트(일본식 표현으로는 '맨션')의 경우에는 2006년부터 상승으로 전환해서, 적어도 명목 가격상으로는 과거 고점에 근접하고 있다(《그림 5-1》). 실제로 오사카의 아파트 가격이 2018년 전 세계에서 가장 많이 올랐다는 일본 내 보도도 있었다(日本経済新聞, 2019.11.27.). 한편에서는 빈집이 사상 최대로 늘어나는 동안, 다른 한편에서는 신축 주택가격이 빠른 속도로 오르는 양극화 현상이 심화되고 있는 것이다.

또 대폭락설의 근거가 되었던 인구 감소 역시 주택시장 양극화와 비슷한 양상을 보이고 있다. 인구 감소와 함께 주택가격이 하락하고 공가가 쌓여가는 지역이 많지만, 일부 대도시들은 오히려 인구가 늘어나는 중이다. 일본 전체적으로 2010년을 정점으로 실질 인구가 줄어들고 있고, 가구수는 2025년을 정점으로 예상하는 중이다. 2010년부터 2015년까지 광역자치단체 47개 중 39개에서 인구가 줄어들었다. 하지만 도쿄도(23구)는 1995년 800만 명 이하로 인구가 줄어들었다가 최근 인구가 다시 유입되면서 2018년 현재 941만 명을 기록하고 있다. 이는 도쿄도의 주택가격을 올리는 불쏘시개 역할을 하고 있다.

이런 변화에 따라 일본 언론들도 최근 도쿄의 인구 증가와 건축 붐에 따른 보육시설과 교통망 정비 필요성을 지적하거나(日本経済新聞, 2018.6.4.), 민간임대 등의 과잉 공급을 우려하고 있다(日本経済新聞, 2017.2.8.; 2017.3.14.). 이처럼 최근 일본의 주택시장은 주택지 공시가격이 2년 연속 소폭 상승하는 등 전반적으로 약한 회복세를 보이는 가운데(読売新聞, 2019.9.20.), 지역 및 주택 유형에 따라 양극화가 뚜렷하게 나타나고 있다.

결국 일본 주택시장을 일률적으로 하향 지속이라고 부를 수 없는 것이다. 우리가 그동안 대폭락 시대가 온다고 알고 있던 것과는 다른 양상이다. 실제로 제1장에서 살펴본 OECD의 부동산가격 상승률 비교에서도 일본이 우리나라보다 최근 더 많이 오른 것을 확인할 수 있다.

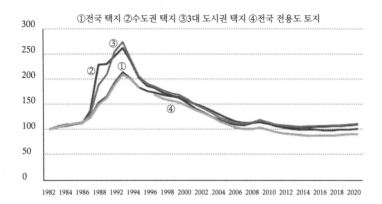

①전국 택지 ②수도권 택지 ③3대 도시권 택지 ④전국 전용도 토지

자료: 國土交通省

대규모 공가와 '짐이 되는 부동산'의 시대

이처럼 일부 지역의 신축 아파트 가격이 오르기는 하지만, 일본 전체적으로 국민들이 이해하는 주택문제의 핵심은 급격히 늘어 나는 '공가'와 '짐이 되는 부동산'을 뜻하는 부동산負動産이라는

〈그림 5-2〉 인구 및 가구 추이 (단위: 천, 도쿄: 백)

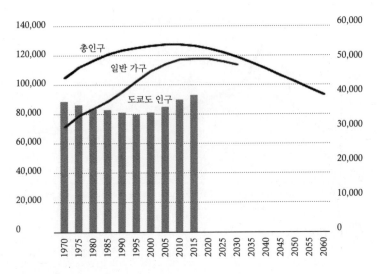

*일반 가구 수는 오른쪽 축.
자료: 統計廳(e-Sata), 東京都 홈페이지 자료 재구성

조어로 요약할 수 있다. 이는 발행 부수 순으로 일본의 4대 일간
지인 요미우리読売, 아사히朝日, 마이니치每日, 니혼게이자이日本
経済 신문의 최근 보도 내용을 보면 명확하다. 우선 공가가 2018
년 조사에서 849만 호(전체의 13.6%)로 늘어나면서, 각 지역의 버
려진 주택에 대한 르포나 문제점 지적, 대책 촉구가 이어지고
있다. 인구는 감소하는데 주택이 남아도는 시대에 대한 우려다.
여러 신문이 '공가 문제를 어떻게 해결할 것인가'에 관한 심층
기사를 다루고 있다(대표적으로 読売新聞, 2019.10.31.~11.2.).

 아사히신문은 2017년 6월부터 1년간 '짐이 되는 부동산 시

대負動産の時代' 특집 시리즈를 게재했는데, 거래 에로, 노후화, 대출금 상환 부담, 재산세固定資産税 부담, 재건축의 어려움 등을 다루었다(朝日新聞, 2017.6.~2018.7.). 이에 따른 노인들의 주거비 부담을 지적하면서, 자가를 전제로 한 주택정책을 전환해야 한다(朝日新聞, 2018.2.9.; 2018.11.3.; 2019.1.23.)거나, 임대료 보조를 확대해야 한다(読売新聞, 2019.11.5.)는 기사도 눈에 띈다.

하지만 전체적으로 일본 사회에서 부동산에 대한 관심은 우리와 비교할 수 없을 정도로 잠잠하다. 워낙 오랫동안 가격 하락이 계속되다 보니 부동산에 대한 기대도 매우 낮은 상황이다. 아사히신문에 따르면, 통계적 의미가 약하기는 하지만, 일본 국민의 75% 이상이 갖고 싶은 자산으로 현금, 예금, 주식 등을 들었고, 부동산은 8.5%에 불과하다. 또 본인이나 주변에 부담이 되는 부동산문제를 겪고 있는 경우가 있는가 하는 질문에는 53.4%가 그렇다고 답했다(朝日新聞, 2017.10.1.). 실제로 1990년대 초 버블 붕괴 이후 일본인들의 자산 구성을 보면, 토지와 비금융자산이 대폭 줄어든 반면 금융자산만 크게 늘어났다.

주택문제에 관한 정치권의 관심도 낮은 편이다. 2019년 7월 치러진 참의원 선거의 각 정당 공약에서 주택 및 부동산에 대한 직접적인 공약은 국민당의 "연 수입 500만 엔 이하 임대주택 거주 가구에 대해 월 1만 엔의 임대료 보조" 외에는 찾아볼 수 없다. 대신 연립여당인 자민당과 공명당은 지역 활력 강화地方蒼生 차원에서 지방으로의 기업 이전과 취업 촉진을 주요 공약으로 내세웠다.

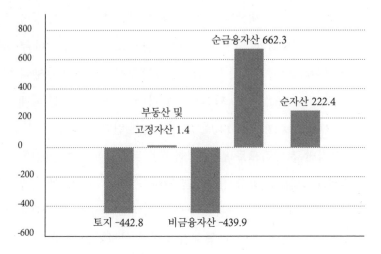

〈그림 5-3〉1994년부터 2017년까지 가계자산 변화 (단위: 조 엔)

자료: Yuko Hashimoto 외, 2020: 23

　부동산문제가 정치, 정책 양 측면에서 최우선순위가 되고 있는 우리나라와 비교하자면, 일본은 공가대책을 제외하고는 이미 부동산문제가 국정의 우선순위에서 벗어나 있는 셈이다. 일부 지역의 신축 아파트 가격이 많이 오르기는 했지만, 전체적으로는 집값과 민간임대료가 하향 안정 추세에 있고 또 공가도 계속 늘고 있어 일상의 부동산문제에 조급해할 이유가 없기 때문이다. 특히 버블 붕괴 이후 장기간의 주택시장 침체를 겪어오며 국민들이 전체적으로 부동산문제에 대해 둔감해졌다고 할 수 있다.

　아직 부동산 인질 사회에 머물러 있는 우리는 일본의 길을 따라갈 것인가, 아니면 다른 길을 걸을 것인가? 또한 일본이 겪고 있는 심각한 공가 문제를 우리도 겪을 것인가? 일본이 우리에게 던지는 무거운 질문이다.

전후 주택체제의 성공과 후퇴

대량 주택 공급과 전후 주택체제의 성공

일본은 아시아 국가 중에서 가장 먼저 산업화에 착수했고 근대적 도시계획도 1800년대 후반부터 시작했다. 제2차 세계대전 이전에 이미 상당한 수준의 도시 및 주택 인프라를 구축한 것이다. 그러나 전쟁 동안 전시 통제와 공습에 따른 파괴 등으로 주택시장은 붕괴에 직면했다. 패전 후 폐허가 된 도시를 복구해야 하는 가운데, 급속한 경제성장, 빠른 인구 증가 및 도시화 과정에서 주택 수요가 폭증하게 된다. 이에 일본 정부는 택지 및 주택 공급을 주도하는 한편, 자가 촉진을 위한 공적 자금 지원에 본격적으로 나선다. 또한 빈곤층을 위한 공영주택 공급에도 노력한다. 이 같은 정부 주도 주택 공급과 자가 촉진정책을 일본에서는 종합적으로 '전후 일본 주택체제'라고 한다. 일본 정부는 이를 뒷받침하기 위해 일본주택공단(1955년)을 통해 공적 주택을 공급하고, 주택금융공고(1950년)를 통해 건축 및 구입 자금을 지원하며, 공영주택법(1951년)을 활용하여 적극적인 공공임대주택 공급에 나서게 된다. 일본에서는 이 셋을 '전후 주택체제의 세 기둥'이라고 부른다(日本建築センター, 2018: 27).

이 같은 정부 주도 공급정책의 결과로, 1966년이 되면 주택 수가 가구수를 넘어서게 된다. 이후에도 주택 공급은 계속되어, 2018년 현재 가구수와 비교한 주택수(즉, 주택 보급률)는 116%에 이른다. 그만큼 공가가 많다는 뜻이기도 하다. 또 일본 정부는 1966년부터 주택의 양적, 질적 개선을 위해 주택건설 5개년계획을 통해 목표 관리를 하게 된다. 이 과정에서 1995년까지 30년 동안 4,480만 호의 주택을 새로 공급했다. 매년 약 150만 호의 주택을 공급한 것이다. 이후 주택 공급은 단계적으로 줄어들기는 하지만, 지금까지 연간 100만 호 내외가 꾸준히 공급되고 있다.

주택 대량 공급과 함께 전반적인 주거수준 또한 높아져서, 최저주거기준 미달 가구는 조사가 처음 이루어진 1973년에 전체 가구의 30.4%에서 2000년대에 들어서면 5% 이하로 줄어든다. 이에 따라 정부의 주거수준 달성 목표를 최저수준에 그치지 않고 한 차원 높은 유도주거수준에 두게 된다. 이 개념을 적용한 첫 번째 조사인 1983년에는 28.1%에 그쳤지만, 2003년에는 52.2%로 올라간다. 2018년 현재 면적 기준 유도주거수준 달성 세대는 59.7%다.

이와 함께 자가 거주율은 전쟁 전 20~30% 수준에 불과했던 것이 1960년대에 들어서면 60%를 넘게 된다. 이후 일본의 자가 거주율은 61% 내외에서 안정되게 유지된다. 또 공공임대주택(일본에서는 '공영주택'으로 부른다) 거주 가구도 1980년 무렵 최대치인 7.6%에 이르렀다(재고 기준으로는 2003년 최대). 그리고 일본

〈그림 5-4〉 주택 공급 추이 (단위: 만 호)

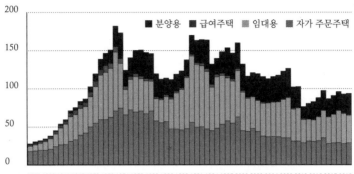

자료: 日本建築センター, 2018: 22와 國土交通省, 統計廳(e-Stat) 홈페이지 자료 재구성

〈그림 5-5〉 주택 보급률 추이 (단위: 천 호, 천 가구, 배)

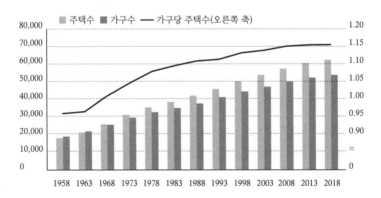

자료: 総務省 統計局, 2019

〈표 5-1〉 일본의 주택공급 5개년계획 변화

| 연도 | 기본 구상 | 계획 목표 | 건설 실적 | | 비고 |
			총 호수 (계획 달성률)	공적 자금 주택 (계획 달성률)	
1기 1966~ 1970	미해결 주택난 해소. 대도시 집중 등에 따른 주택 수요에 대처.	1세대 1주택 실현	6,739 (100.6)	2,565 (95.0)	전국 평균 주택보급률 100% 달성 (1966년)
2기 1971~ 1975	미해결 주택난 해소. 베이비붐 세대의 주택 수요에 대처.	1인 1실 규모를 가진 주택 건설	8,280 (86.5)	3,108 (81.1)	모든 지역 보급률 100% 달성 (1973년)
3기 1976~ 1980	주택의 질적 충족을 배경으로 장기적 관점에서 주거수준 향상	주거수준 목표 설정 - 최저주거수준: 1985년 100% 달성 - 평균주거수준 도입	7,698 (89.5)	3,649 (104.2)	
4기 1981~ 1985	대도시에 중점을 두고 주거수준의 지속 향상. 베이비붐 세대의 자가 수요에 대처.	주거수준 목표 달성을 위해 노력. 주거환경수준을 별도로 설정.	6,104 (79.3)	3,231 (92.3)	최저주거 수준 미달 가구의 해소 지체
5기 1986~ 1990	21세기의 안정되고 여유 있는 주거 생활이 가능하도록 양질의 주택 재고 형성	새로운 주거수준 설정 - 최저주거수준: 조기에 100% 달성 - 유도주거수준 도입	8,356 (124.7)	3,138 (95.1)	
6기 1991~ 1995	대도시 주택문제 해결. 고령화 사회 대응 등을 통해 풍요를 체감할 수 있는 주거 생활 실현.	유도주거수준 달성에 주안점 - 유도주거수준: 2000년 2분의 1 달성 등	7,623 (104.4)	4,017 (108.6)	

| 7기 | 1996~ 2000 | 양질의 주택 재고 확보. 안전하고 쾌적한 주거 환경 확보. 고령화에 대비한 환경 확보. 지역 활성화에 기여하는 주택 및 환경 정비. | 주거수준 목표 달성을 위해 계속 노력 | 6,769 (92.7) | 3,487 (98.9) | |
| 8기 | 2001~ 2005 | 국민들의 다양한 수요를 충족할 수 있는 양질의 주택 재고 확보. 저출산, 고령화에 대비. 도시 주거 확보와 지역 활성화에 기여하는 주택 및 환경 정비. 수요자의 접근성을 높일 수 있는 시장환경 정비. | 주거수준 목표 재설정 - 유도주거수준: 2015년 3분의 2 달성 등 - 주택성능수준 - 주거환경수준 | 5,935 (92.7) | 1,299 (39.9) | 절반 이상 가구, 유도주거 수준 달성 (2003년) |

자료: 日本建築センター, 2018: 41~42에서 재구성

〈그림 5-6〉최저 및 유도주거기준 해당 가구 추이 (단위: %)

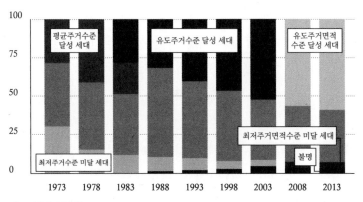

자료: 國土交通省

<표 5-2> 주거수준별 면적 기준 (단위: ㎡)

		단신	2인	3인	4인
유도주거 수준	일반형	55	75【75】	100【87.5】	125【112.5】
	도시형	40	55【55】	75【65】	95【85】
최저주거수준		25	30【30】	40【35】	50【45】
(참고) 우리나라 최저주거 기준		14	26	36	43

*【 】는 3~5세 아동이 1명 있는 경우.
자료: 國土交通省

은 특유의 종신고용체제와 기업 복지 덕분에 사택과 기숙사의 비중이 어떤 선진국보다 높았다. 1970년대 초까지 최대 7% 정도의 가구가 급여주택에 거주했고, 이후에도 물량은 계속 늘어서 1993년, 205만 가구를 기록한다. 다만 뒤에서 설명하겠지만 공영주택과 급여주택의 거주 비율은 버블 붕괴 이후 주택정책이 시장화, 자유화되면서 전반적으로 후퇴하게 된다.

자가 소유 촉진과 함께 저소득층을 위한 공영주택, 그리고 회사 차원의 급여주택 공급이 확대되면서 주거수준까지 개선되자 일본의 주택정책은 나름대로 성공한 모델이 된다. 이 과정에서 '주거 사다리'는 경제성장, 가구소득 증가와 함께 비교적 잘 작동한 것으로 볼 수 있는데(平山洋介, 2009: 7~18), 자가 소유는 중산층화 또는 사회적 주류화와도 연계되어 있으며 경제성장에도 기여했다. 현대 일본의 맥락에서 집은 소비이자 투자 자산이었으며, 이것을 매개로 가족이 다시 강화된다. 다른 서

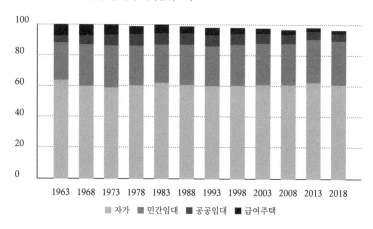

〈그림 5-7〉 주택 점유 형태 추이 (단위: %)

자가 ■ 민간임대 ■ 공공임대 ■ 급여주택

자료: 國土交通省, 統計廳(e-Stat) 홈페이지 자료 재구성

구 국가들과 마찬가지로 주택정책은 복지, 경제성장, 사회 안정 그리고 국가의 정치적 정당성과 연결되었다. 다만 서구 사회가 자가 확대를 '자산 소유 민주주의' 이념으로 뒷받침했다면, 일본은 '자산 증식 가족주의family based housing consumption and asset augmentation'(Ronald, 2007)가 중심이 된다. 즉 '가족'이 자가 확대의 핵심 이념이 되었고, 이는 서구와 차별화되는 동아시아 주택 시스템의 특징이라 할 수 있다. 그러나 가족 중심의 자가 소유 지향과 그 과정에서의 자산가격 상승은 1990년 무렵 대규모 버블 형성의 배경이 되면서, 역설적으로 전후 주택체제를 붕괴시키는 결과를 초래하게 된다.

버블 붕괴와 전후 주택체제의 후퇴

앞에서 살펴보았듯이, 1990년 전후 일본 부동산 버블의 형성과 붕괴는 본원적으로 베이비붐 세대의 인구 정점 경과, 고령화, 주택 과잉 공급 등이 배경을 이루는 가운데, 거시 건전성 유지를 위해 너무 급격히 금리, 유동성을 강화하고 금융 구조조정을 철저히 하지 못했던 것이 정책적 오류로 지적된다.

그런데 문제는 이후 너무나 오랫동안 저성장이 지속되었다는 것이다. 경기가 정체되고 고용 불안정, 인구 및 가구 구조 변화가 계속되면서, 이전에 구축된 전후 주택체제는 근본적인 변화에 직면한다. 주택 분야는 그동안의 확장 일변도에서 분절fragmentation과 불안정fluctuation으로 들어서게 된다(Hirayama & Izuhara, 2018). 정부 역시 종전의 적극적인 개입주의에서 후퇴하여 일본주택공단의 직접 공급이나 공공택지 공급이 급감한다. 공적인 주택구입자금 지원 역시 대폭 축소되어, 주택담보대출 잔액에서 공적 대출이 차지하는 비중은 2001년까지 40%를 넘었던 것이 최근에는 신규 대출이 완전히 중단되면서 2017년 현재 잔액 비중이 4.3%로 줄어들었다.

공공임대주택의 경우에도 1990년대 후반부터 신규 공급이 사실상 중단되었으며, 노후주택의 재건축도 지속적으로 감소하고 있다. 그 결과 공공임대주택 거주 가구가 최대였던 2003년 312만 호에 비해 2018년에는 267만 호로 절대치가 줄어들었다. 또 저소득층 이외에는 임대료를 인상하는 이른바 응능형應能型 임대료체계를 도입하여, 공공임대주택이 빈곤층 중심의 주거로 더욱 성격을 굳히게 된다. 급여주택 역시 종신고용 후퇴와 기업 구조조정의 결과, 2018년에는 과거 가장 많았을 때에 비해 거의 절반인 110만 가구로 줄어들었다. 거주 가구 비율로는 1970년대 초 7%대에서 2.1%로 줄어든 것이다.

결국 전후 주택체제의 세 기둥도 근본적으로 변하게 된다. 일본주택공단은 2004년 도시 재개발 지원을 중심으로 하는 UR도시재생기구로 전환되었고, 주택금융공고는 더 이상 공적 자금을 지원하지 않고 민간 금융기관이 그 역할을 대신하게 되었다. 공공임대주택은 신규 착공이 급감한 것은 물론이고 절대량이 줄어들 정도로 후퇴한다. 반면 민간임대 부문에 대해서는 임대차보호법의 완화와 세제 개편 등을 통해 공급을 확대하려는 조치를 취하게 된다. 실제로 민간임대주택 거주 가구는 지속적으로 늘어나는 추세에 있다.

이에 따라 공공의 적극 개입과 역할을 전제로 했던 전후 주택체제가 시장 중심으로 '자유화'(Ronald & Kyung, 2013)되는 한편, 공적 역할도 축소되는 '탈사회화'(Hirayama, 2007) 과정을 겪게 된다. 이를 서구 주택체제론 논의의 연장선상에서 생산주의적 성격에서 자유주의적 성격으로의 이행으로 설명하기도 한다(남원석, 2009). 이처럼 정부가 신자유주의적 개혁에 치중하면서 시장 의존을 강화하자 중산층 이상은 그 경로를 따라갔지만 비혼 단독 가구, 저소득 가구, 고용 불안 가구 등은 전통적 주거 사다리에 올라서지 못하고 오히려 주거 사정이 악화되기 시작했다. 더구나 자가와 민간임대의 주거비 부담은 2000년 이후

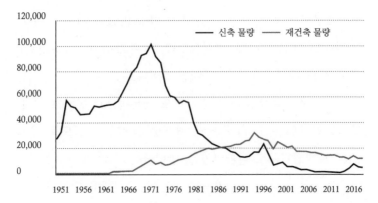

〈그림 5-8〉 공영주택 건설 추이 (단위: 호)

자료: 日本建築センター, 2018: 27

안정되고 있지만, 공공임대와 급여주택은 임대료 현실화로 부담이 지속적으로 높아지는 상황이 되었다(住宅産業新聞社, 2011: 104; 2018: 110). 반면 주택시장의 전반적 침체 속에서도 민간 모기지 시장이 확장되고, 도쿄 등 대도시의 특정 주택 유형(신규 맨션 주택) 시장이 계속 확대되면서 가격 또한 상승하게 된다.

이에 따라 '다차원적인 주거 양극화'(Hirayama, 2010)가 나타났는데, 신축 주택과 기존 주택, 단독주택과 아파트(맨션), 중고령 가구와 청년층 가구, 도쿄 및 수도권과 지방 도시·주변부 등 주택 유형, 가구 유형, 지역, 소득수준에 따라 다양한 차별화와 양극화가 일어나게 된다. 특히 외국인 노동자, 노인, 장애인, 단신 가구 등 취약계층들의 주거 상황이 예전보다 더 악화되었다는 평가를 받는다(Okamoto, 2016). 또한 세대별로 주택자산을 둘러싼 격차가 고착화되는데, 고도성장세대는 여전히 자가 소유

200

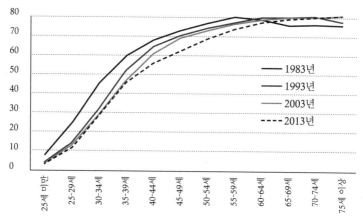

〈그림 5-9〉 연령대별 자가 소유율 추이 (단위: %)

자료: 近藤智也, 2018: 5

중심의 자산 기반 복지에 집착하는 반면, 저성장세대post-growth generation는 접근성이 제약되게 된다. 전 세계적인 공통 추세이 기는 하지만, 젊은 층의 자가 소유율은 갈수록 떨어지고 있는 반면, 고령층의 소유율은 오히려 올라가고 있다. 고도성장세대 와 저성장세대의 주거 상황, 조건의 차이를 확연히 보여주는 현 상이다. 이와 함께 가족별로 가격이 오르는 주택자산을 소유했 는가, 아닌가에 따라 계층 격차가 전승되는 문제가 심화되면서, 이제는 주택이 사회 통합이 아니라 사회 양극화의 핵심 요인 이 되었다(Hirayama & Izuhara, 2018). 가족 역시 사회경제적 상황 에 따라 해체되거나 이완되는 경우가 있는가 하면, 여전히 자산 을 매개로 강하게 결속되는 등 점차 다원화되는 양상을 보이고 있다.

주택 양극화와 정부가 보는 4대 주택문제

일본은 전후 고도성장기에 다른 동아시아 국가들과 마찬가지로 국가보다는 가족 중심의 복지에 의존해왔다. 대규모 주택 공급과 자가 소유 확대정책은 이러한 가족 중심 복지를 강화하는 기제였다. 자산 기반 복지는 그런 점에서 일본이 선도적인 모델이었다고 할 수 있다. 국가는 대규모 주택 공급을 위해 택지 공급, 금융 지원제도를 정비했고, 가족은 자가 소유를 통해 가족의 결속을 강화하고 자산가격 상승이라는 혜택을 누리기까지 했다.

그러나 장기간에 걸친 주택가격 하락 과정을 거치면서 정부는 대량 공급과 배분을 위한 메커니즘에서 후퇴했고, 역설적으로 집값 하락의 피해는 가족이 감당해야 할 몫이 되고 말았다. 정부는 도시 지역의 임대주택과 맨션 공급을 촉진했지만, 대규모 공가가 발생하고 있는 지방 쇠퇴 지역이나 도시 내 비선호 재고 주택에 대해 실효적인 대책을 세우지 못하고 있다. 이는 결과적으로 신규 주택 공급을 통한 경기 부양 효과에도 불구하고 공가 소유 가족에 대한 차별적 양극화를 초래하고 있다. "주택은 공급 과잉인데 혜택은 중고소득층에게만 돌아가고 있다"(小黒一正, 2019)고 할 수 있다.

이와 함께 청년, 저소득층, 노인 등의 주거 사정이 악화되고 있어서 주거 양극화도 심해졌다. 공공임대주택은 상대적 비율만이 아니라 절대 재고도 감소하고 있고 임대료도 오르는 추세다. 결국 주택시장에서 국가의 후퇴가 가족의 소득, 자산에 따른 주택시장 양극화, 분절화로 이어지고 있다. 동아시아 주택

시스템의 특징인 '자가 소유를 지향하는 기족'과 '대량 공급을 통해 자가 소유를 뒷받침하는 국가'의 관계에서, 국가의 후퇴와 함께 가족에게 자가 소유의 부담이 그대로 전가되고 주거 안전 망까지도 취약해진 상황이 된 것이다. '부동산負動産'이라는 조어는 이러한 상황을 상징적으로 나타내는 말이다.

이처럼 주택시장 환경이 근본적으로 변하자, 일본 정부는 2006년부터 그동안의 주택공급 5개년계획을 폐지하고, 10년 단위의 주생활 기본계획체제로 전환하게 된다. 주택시장 침체가 장기화하면서 양적 공급보다는 새로운 시장환경 적응이 중요해진 것이다. 현재는 2016년부터 시행된 제2차 주생활 기본계획 시기인데, 주택정책의 핵심 대상으로 청년, 신혼부부, 고령자, 취약계층을 설정하고 이들에 대한 지원을 강조하고 있다(거주자 측면). 이와 함께 주택 순환 시스템 구축, 재건축과 리모델링, 공가의 활용·철거와 같이 주택 재고를 어떻게 관리하느냐가 공급 확대보다 우선시되고 있다(주택 재고 측면). 아울러 각 지역의 주거지 여건 악화를 방지하는 것도 주요 과제이다. 이처럼 공가를 방지하고, 주택 및 주거지를 개선하는 일이 현재 일본 주택정책의 핵심 내용이 되었다.

이런 결론이 도출된 배경에는 제2차 주생활 기본계획에서 일본 주택시장이 당면한 문제로 ①후기 고령자의 급증(고령화 문제), ②세대수 감소에 따른 공가 증가(공가 문제), ③지방 인구 감소로 지역 주거환경 악화, ④주택시장을 뒷받침할 수 있는 인구 문제(저출산 문제), ⑤재고 주택의 활용 지체, ⑥맨션 노후화 및 공

제2차 주생활 기본계획의 핵심 내용

【거주자 측면】

목표 1 결혼, 출산을 앞둔 청년 세대와 자녀를 양육하는 세대가
　　　　안심하고 살 수 있는 주거 생활 실현

목표 2 고령자가 자립적으로 생활할 수 있는 주거 생활 실현

목표 3 주거 확보에 특별한 배려가 필요한 사람들의 주거
　　　　안정 실현

【주택 재고 측면】

목표 4 주택 확보 목표를 넘어, 새로운 주택 순환 시스템 구축

목표 5 재건축과 리모델링을 통해 안전하고 질 높은 주택
　　　　재고 확보

목표 6 급증하는 공가의 활용, 철거 추진

【산업, 지역 측면】

목표 7 강한 경제를 뒷받침할 수 있는 주택 산업의 성장

목표 8 주거지의 매력을 유지, 향상

자료: 國土交通省

가 증가 등에 따른 방재, 치안, 위생 등의 문제(맨션 문제)의 6가지를 들고 있기 때문이다(國土交通省 홈페이지). 이 중 일본 정부 보고서에서 특별히 괄호를 친 '문제'는 저출산·고령화와 공가·맨션 문제인데, 이는 곧 인구 감소와 대규모 공가 발생이 현재 일본 주택시장이 직면한 가장 중요한 문제라는 것을 보여준다. 이는 특히 급격한 인구 감소를 겪고 있는 지방만의 문제가 아니라, 정도의 차이는 있지만 수도권과 도쿄에서도 나타나는 문제다.

인구 감소 시대, 주택 과잉 사회

공가 발생 추이와 배경

일본 정부의 공식 공가 통계인 주택·토지통계조사(이하 주거조사)에 따르면 일본의 공가는 1988년부터 10년마다 평균 157만 호씩 늘어나고 있다. 같은 기간 주택 재고는 10년마다 680만 호가 늘어났으니, 늘어난 재고량의 23%만큼 공가가 새로 생겼다고 할 수 있다(〈그림 5-10〉). 공가가 가장 많은 광역자치단체都道府縣는 야마나시 21.3%, 와카야마 20.3%이며, 가장 적은 지역은 사이타마와 오키나와 10.2%, 도쿄 10.6%, 가나가와 10.7% 순이다. 수도권은 젊은 층이 많이 유입돼서, 오키나와는 인구가 늘어나서 적은 것이다(〈표 5-3〉).

공가의 발생 유형을 보면 임차인을 구하지 못한 임대용 주

〈그림 5-10〉 주택 재고 및 공가 추이

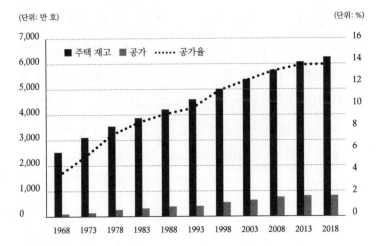

자료: 総務省 統計局, 2019

〈그림 5-11〉 광역지자체의 공가율 분포

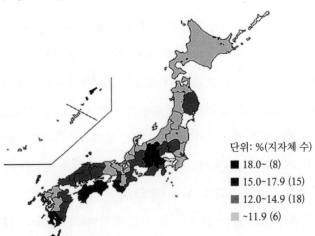

자료: 総務省 統計局, 2019

〈표 5-3〉 공가 증가 상하위 5개 지자체의 인구 증감률 비교

2018년 공가율	광역지자체	공가율(%, 별장 등 제외)		2010~2015년 인구 증감률 순위	비고
		2018년	2013년		
상위 5개	와카야마현	18.8	16.5	하위 5	
	도쿠시마현	18.6	16.6	하위 8	
	가고시마현	18.4	16.5	하위 10	
	고치현	18.3	16.8	하위 4	
	에히메현	17.5	16.9	하위 12	
하위 5개	아이치현	11.0	12.0	상위 4	
	도쿄도	10.4	10.9	상위 2	수도권
	가나가와현	10.3	10.6	상위 5	수도권
	사이타마현	10.0	10.6	상위 3	수도권
	오키나와현	9.7	9.8	상위 1	

자료: 総務省 統計局, 2019와 シニアガイド, 2016.10.31.에서 재구성

택이 반을 넘는 50.9%, 분양용이 팔리지 않은 경우 3.5%, 별장 등 이차적 주택 4.5%, 상속인이 없거나 소유자의 이주 등으로 방치된 경우인 이른바 '기타 주택'이 41.1%다. 대도시의 경우 임대용 공가 비중이 높은 반면, 지방 도시는 기타 유형이 많다 (総務省 統計局, 2019). 특히 도쿄 공가의 71.5%인 57.9만 호가 임대용에서 발생했다(東京都, 2019: 68).

공가 발생은 인구 동향과 밀접한 관련이 있는데, 지역별 공가 증가율은 인구 증가율과 반비례하고 노인 부양비가 높을수

록 늘어난다. 지역적으로 보면 도심에서 먼 지역이나, 철도연선에서 멀고 교통이 안 좋은 지역일수록 공가가 급증한다. 또 주택이 오래될수록 공가가 될 확률도 높고, 공가의 주인은 갈수록 고령화되는 추세에 있다. 1991년 조사에서는 60대 이상이 63.5%였던 것이 2010년에는 75.2%로 늘어났다. 또 무직자 비율도 17.0%에서 36.2%로 늘어났다(佐藤和宏, 2017).

공가 현황에서 짐작할 수 있는 것처럼, 공가 발생의 가장 직접적인 이유는 저출산, 고령화와 그에 따른 지역 쇠퇴 현상이다. 상속인이 없거나, 있더라도 도시 지역에서 생활하고 있는 독거 노인들이 급증함으로써 그들 소유의 주택이 상당수 공가화되는 것이다. 급속한 고령화와 그에 따라 '쪼그라드는 도시shrinking city' 현상이 공가 문제의 기본 원인이라고 할 수 있다(Kubo & Mashita, 2020: 19). 더구나 폐가가 되어 붕괴 위험이 있거나 지역사회 환경을 해치는 상황이 되더라도 기본적으로 이를 주인이 해결해야 하기 때문에 더욱 방치되는 경향이 있다. 특히 일본의 재산세제도에서는 주택이 없거나, 철거한 나대지의 경우 세율이 최대 6배로 오르기 때문에 공가 방치 경향이 더 커진다.

이런 상태에서 새 주택마저 매년 100만 호 가까이 계속 지어지고 있기 때문에 공가가 늘어나는 것은 불가피하다. 여기에는 일본 국민들의 '신축 지향' 성향(松永光雄, 2019)으로 인해 기존 주택에 대한 선호도가 낮은 것도 영향을 미친다. 더구나 버블 붕괴 이후 신축 주택과 기존 주택의 가격 차이가 갈수록 커지면서 신축 지향은 더 강화되고 있다. 일본 특유의 목소수택은 그 비중이 계속 줄어드는 추세에 있기는 하지만 안전이나 난방, 편의시설 등에서 현대적 주거 수요와 부합되지 못하는 경향이 있다. 도시 지역에서도 주택 재고가 남는 상황에서는 라이프스타일에 부적합한 주택들이 공가로 누적되는 것이다. 그런 만큼 중고 주택은 거래도 잘 되지 않는데, 전체 주택 거래 중 중고 주택 거래 비중은 14.7%에 불과해서 미국 83.1%, 영국 87.0%, 프랑스 68.4%에 비해 현격히 낮다(住宅産業新聞社, 2018: 199).

또한 신규 주택 착공 중에서 재건축 방식도 지속적으로 줄어들어 최근 10% 이하에 머물고, 2017년은 7.4%에 불과하다. 주택이 더 남아도는 지방에서까지 신규 토지 위에 짓는 비중이 95% 가까이 된다(住宅産業新聞社, 2018: 67; 노자와 치에, 2018: 13). 이는 지방에서도 농지에 대한 규제를 풀어 난개발 하는 현상과 결합되어 있다.

이는 재개발, 재건축의 경우 이해 관계자들의 동의를 얻어야 하고, 절차가 복잡하며 장기간이 소요되는 현실과도 관련이 있다. 또한 같은 도시 내에서도 개발 동기가 충족되는 지역이 있는가 하면, 개발이익을 기대할 수 없는 곳들도 있다. 도쿄의 경우에도 도심 3구는 인구도 늘고 고소득층이 집중되는 한편 도시 재생도 활발하지만 그 외의 지역은 사회경제적, 물리적으로 쇠퇴하는 식으로 양극화되어 있다(城所哲夫, 2020). 일본에서 공가가 가장 많은 기초자치단체 1, 2위가 모두 도쿄에 있다. 세타가야구, 오타구의 순서다(日本経済新聞, 2020.1.12.).

대도시 공가 증가의 큰 원인으로 지적되는 민간임대 증가는 시장환경과 장려정책이 함께 작용한 결과다. 2015년부터 상속세제도를 강화하면서 현금 상속보다는 주택 상속이 유리하게 되었다. 여기다 저금리에 풍부한 유동성으로 2010년대 이후 더욱 자금 조달이 용이해진 것도 민간임대 활성화에 영향을 주었다. 또한 직접 민간임대를 건설, 운영하는 부담을 덜어주는 차원에서 일본 정부는 전문화된 임대사업자제도를 권장해왔다. 우리나라에도 알려진 다이토겐타쿠, 레오팔레스21 등 전문 임대관리업자들이 민간의 토지를 30년간 임대해서 주택을 신축한 다음, 일반에게 재임대(이른바 서브리스)로 운영하여 소유자에게 임대 수입을 보장하는 방식이다. 이는 고령자들이 부족한 연금을 충당하면서 세금도 절감할 수 있는 방안으로 민간임대주택 붐을 일으키는 촉매제가 되었다. 하지만 최근 무분별한 확대의 영향으로 부실시공이나 공가 발생 및 임대료 하락을 소유자에게 떠넘기는 등의 다양한 사회문제로 논란을 빚고 있다.

　　일본에서는 매년 100만 호 정도가 새로 공급되는 동안 16만 호 정도의 공가가 늘어나고, 임대용 주택 약 430만 호가 비어 있지만 매년 40만 호 정도의 민간임대주택이 새로 공급된다. 특히 인구와 경제가 성장하는 도쿄에서마저 공가 및 민간임대주택 공실이 지속적으로 늘어나고 있다. 이는 단순히 인구 변화나 소비자 선호의 변화로만 이해할 수 없는 구조적 문제를 시사한다. 비슷한 경제 단계의 유럽 선진국이나 미국에 비해서도 공가 비율(미국 10%, 영국 3%, 독일 1%, 프랑스 6% 정도로 추정됨)이 월등

〈그림 5-12〉임대용 주택 공가 추이 (단위: %)

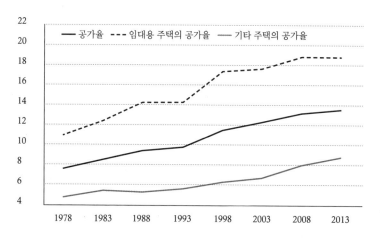

자료: 近藤智也, 2018: 6

히 높은 상황을 감안하면 더욱 일본 특유의 문제에 주목할 필요
가 있다. 즉 일본의 주택시장 및 도시 개발 시스템 자체가 과도
하게 많은 공가를 발생시키는 것은 아닌지 의심해볼 만하다.

공가 누적의 구조: 주택 과잉 사회

주택시장 순환에서 일정 수준의 공가는 불가피하다. 그러나 너
무 많은 공가는 사회적 자원 낭비, 세원 감소, 가격 하락 가속
화, 지역사회 황폐화, 범죄 위험 증가, 붕괴·사고 위험 등의 문
제를 초래한다. 특히 구분 소유자가 많은 공동주택의 공가는 영
향이 더 크다. 이에 일본 정부는 1990년대부터 공가 문제에 부
심해왔다.

그러나 본격적인 공가대책은 2010년대에 들어서면서부터

구체화되기 시작한다. 2014년 공가특별법을 제정하여 종합계획 수립, 각종 특례 도입 등 종합대책을 추진하고, 2017년에는 공가 등을 주거 취약계층의 지원수단으로 더 쉽게 활용하자는 취지로 이른바 주택안전망법(住宅セーフティネット法, 정식 명칭은 住宅確保要配慮者に対する賃貸住宅の供給の促進に関する法律)을 개정했다. 이와 함께 지자체별로, 또 전국적인 차원에서 공가의 거래, 이용 및 활용을 촉진하기 위해 '공가 은행'(空き家バンク-, 아키야 뱅크)이나 민간 참여도 활성화하고 있다. 또 2016년 확정한 주생활 기본계획에서도 공가 문제는 가장 우선순위가 높은 정책 과제가 되었다.

공가특별법은 지자체별 기본계획 수립, 민관협의회 설치, 3,000만 엔까지 양도세 감면, 지역사회에 문제를 초래하는 방치 공가(정식 명칭은 '특정 공가') 소유자에 대해서는 조언·지도, 권고, 명령, 나아가 행정이 먼저 철거하고 구상권을 청구하는 행정대집행 등을 규정하고 있다. 그러나 법 시행으로부터 5년 가까이 지난 2019년 10월 현재, 아직 실적은 미흡하다. 전국 1,741개 지자체 중 종합계획을 수립한 경우는 63%, 협의회 설치는 44%에 머물고 있고, 행정대집행도 전국 누계 50건, 약식 대집행 146건에 그치고 있다. 반면 양도세 감면만 2만 건이 넘는다(國土交通省, 2019).

이런 상태에서 공가 발생은 줄어들지 않고 있다. 물론 2018년 조사를 보면 이전에 비해 증가율이 둔화되기는 했지만, 공가특별법이 주 목표로 한 '방치 공가'는 비중과 절대량이 계속 커지고 있다. 이에 따라 공가 문제의 원인과 대응을 대중적인 수준이 아니라 보다 구조적으로 봐야 할 필요성이 제기된다. 특히 주택 과잉이 온존되는 주택 및 도시 개발 시스템 문제가 제기되고 있다.

대표적으로 노자와 치에野澤千絵는 '주택 과잉 사회' 일본을 지적하면서, 건설업 경기 의존형 경제정책을 통한 주택 과잉 공급이 공가 문제의 본질이라고 주장한다(노자와 치에, 2018). 일본은 전 세계에서 유례없는 버블 붕괴를 겪었음에도 인구 천 명당 신규 주택 건립 수가 미국, 영국 등의 2배 수준을 유지하고 있으며, 기존 주택을 헐고 짓기보다 새로운 토지를 개발하고 확장하는 방식이 주를 이루고 있다. 비시가화 구역에 대한 무분별한 도시 개발을 공가의 주요 원인으로 지적하는 시각은 노자와 치에 외에도 여러 사람들이 제기하고 있다(佐藤和宏, 2017; 齊藤広子, 2019; 明石達生, 2020).

일본은 인구와 세대 수의 감소, 세수 감소, 저출산과 고령화, 고령자 복지비용의 증대, 인력 부족, 노후주택과 빈집의 급증, 공공시설과 인프라의 재생 및 갱신 등 끝이 없을 정도로 많은 문제가 산적해 있다. 성장 지향적인 도시계획과 주택정책의 진정한 전환이 이루어지지 않으면 안 되는 시기에 돌입했다는 것을 깨달았으리라 생각한다.

일본에서는 빈집과 노후주택이 계속 증가하고 있다. 그

럼에도 불구하고 초고층 맨션이 숲을 이루고 대도시 교
외와 지방 도시에서의 신규 주택 난건설이 멈추지 않아
주택 총량뿐만 아니라 거주지 총량이 지속적으로 확대
되고 있다. 고도성장기의 성장주의에 근거한 각종 정책
이 잔상으로 남아 있어, 근본적인 발상의 전환이 이루
어지지 않은 채 사고 정지 상태가 되었기 때문이다. (노
자와 치에, 2018: 203~204)

이 같은 관점에 서게 되면, 공가 문제 해결은 지역 활력 강
화나 발생한 공가의 처리와 이용·활용 수준이 아니라 보다 근
본적이어야 한다. 우선 확장형 도시 개발을 지양하면서 재개발,
재건축을 활성화하고 대중교통망 중심으로 도시를 재구성하는
컴팩트시티(Compact City, 압축도시)가 필요하다. 기존 도시계획 및
도시 개발 방식이 초래한 도심 공동화, 자원 낭비와 에너지·교
통 문제를 해결하려는 취지의 컴팩트시티론이 공가 문제 해결
차원에서도 제기되는 것이다. 또 이는 주택 공급량 자체를 일정
선으로 억제해야 한다는 주장으로 이어진다(長嶋修, 2019). 2000
년대 초까지 물량 확대를 위한 공급 목표를 가졌던 것처럼, 물
량 억제를 위한 목표 관리가 필요하다는 것이다.

더 나아가 버블 붕괴 이후 일본 사회의 계층화, 양극화 문제
가 공가 발생의 사회경제적 원인이라는 점을 지적할 필요가 있
다. 고가의 신축 맨션에 대한 선호 속에서 세계 주요 도시 중 아
파트 가격 상승률이 가장 높은 반면, 상속받을 사람도 없는 공

가 역시 누적되고 있는 것이 현재 일본 주택시장의 상황이다. 소득 양극화, 자산 양극화가 가구 단위로 재생산되면서, 공가는 단순히 버려진 주택만을 상징하는 것이 아니라 소외 지역, 소외 계층을 상징하는 것이 되고 있다. 공가 문제를 사회경제적 맥락에서 보면, '주택'이라는 상품의 속성 그 자체가 원인인 것이다 (行武憲史, 2019). 따라서 주택정책 차원에서 보면, 이 문제 해결의 근본적인 해법은 주택의 생산, 소비 과정에 대한 공공의 개입, 공공임대주택 확대 등 주택정책에 대한 공적 책임 강화에서 찾아야 한다.

결국 개발주의, 성장주의에서 벗어나지 못한 일본 사회가 '주택 과잉 사회'를 온존시키고 있으며, 이것이 공가 발생의 가장 큰 원인이라고 해야 할 것이다.

우리는 일본의 길을 따라갈까?

우리가 일본 주택정책에서 가장 관심을 갖는 것은 우리가 일본의 길을 따라갈 것인가 하는 점이다. 10여 년 전의 '대폭락론'도 그것이 핵심이었다. 이 점을 살펴보기 위해, 우선 두 나라의 주택시장 관련 상황을 비교해보기로 한다.

우리와 일본이 명확한 유사성을 보이는 것은 인구구조와 경제성장률 추세다. 우리의 저출산, 고령화 속도가 워낙 빠르다 보니 일본과 인구 정점은 18년, 고령사회 진입은 23년, 합계 출산율 1.5 이하 진입은 6년의 시차를 두고 그 추세를 따라가는 중이다. 특히 출산율은 최근 오히려 우리가 일본보다 낮은 상태가 계속되고 있다. 경제성장률 역시 경제가 고도화되는 추세에 맞춰 경향적으로 하락하고 있는데, 평균 성장률이 2%대로 하락한 것은 약 26년의 시차를 보이고 있다. 이와 관련해서 1인당 국민소득 3만 달러 달성 시점은 약 23년 차이이지만, 물가를 감안한 구매력PPP을 기준으로 하면 불과 6년의 차이가 있을 뿐이다(World Bank 홈페이지).

반면 주택 보급률은 시차가 훨씬 커서 40년 이상 차이를 보인다. 주택 공급량 추이는 일본의 경우 과거 버블 시기 이후 20~30%가 감소한 상태에서 안정기에 있지만, 우리는 아직 1990년대 초반과 같은 최대 공급 수준이 계속되고 있다. 주거 수준은 직접 비교가 쉽지는 않지만, 최저주거기준 미달 가구가 5% 이하에 도달하기까지 20년 이상의 시차가 있다(일본은 2000년 경 달성, 한국은 2018년 현재 5.7%). 그런데 우리의 최저 주거면적 기준이 일본보다 낮다는 점을 감안하면, 실제 시차는 그보다 훨씬 더 크다고 보는 게 합리적이다.

공공임대주택의 경우 일본은 전후 주택체제의 한 축으로 설정하고 초기부터 대규모 공급에 나서서, 1966년경 이미 전체 가구의 5% 이상이 공공임대주택에 거주하는 수준이 되었다. 그러나 우리나라는 1990년 무렵부터 공공임대주택을 공급하여 2013년 무렵이 되어서야 5%를 달성했다. 그마저도 순수 공공임대주택은 더 적고, 30% 정도가 민간주택을 활용한 전세

임대주택 등이었다. 약 50년의 시차가 있는 셈이다. 우리나라의 공가 통계는 아직 안정되어 있지 않지만, 통계청 기준으로는 2018년 현재 8.1%인데, 8%를 넘은 시기를 보면 일본과 40년 이상 차이가 난다(통계청 홈페이지). 서울시의 경우에는 3.2%(서울시가 조사한 1년 이상 방치된 주택은 2,940호, 0.1%: 서울시 홈페이지)에 불과해서 도쿄(10.6%)와는 큰 차이가 있다.

일본은 주택 건설 투자가 국민경제에서 차지하는 비중이 점진적으로 하락해서 2016년 현재 GDP의 3.2%이지만, 우리는 2017년 말 현재 5.1%로 일본의 1999년과 유사한 상황이다. 주택담보대출의 경우, 우리는 생계·생업자금 대출이 포함되어 있어서, 순수하게 주택시장 상황을 나타내는 지표로 보기 어려운 점이 있다. 그럼에도 잔액을 보면, 일본은 버블 이후에도 계속 늘어나 2001년 GDP의 37%까지 도달한 이후(平山洋介, 2009: 36)에도 신규 대출이 매년 20조 엔 정도 지속되면서 최근까지 35% 정도를 유지하고 있다. 우리는 계속 늘어나는 추세로 2018년 말 현재 758조 원으로 GDP의 40% 정도를 차지하고 있지만, 주택 구입에 소요된 대출이 그중 40~60% 정도인 것을 감안하면 일본에 비해 여전히 적다. 이는 우리 특유의 전세제도의 영향도 있겠지만, 일본의 주택 투자나 대출의 상대적 규모가 크게 유지되고 있다는 뜻이기도 하다. 그만큼 토목·건설이 일본 경제에서 중요한 비중을 가지고 있다는 것을 시사한다.

그런데 개별 가구에 대한 대출 관행은 일본과 큰 차이를 보인다. 일본은 주택구입자금 중 차입금이 차지하는 비중이 연

〈표 5-4〉 일본과 한국의 주택시장 주요 지표 시차 비교

항목		일본	한국	시차	비고
인구	인구 정점	2010년	2028년	18년	
	고령화 사회 (노인 비율 7%) 진입	1970년	2000년	30년	
	고령화 사회 (노인 비율 14%) 진입	1994년	2017년	23년	
	합계 출산율 1.5 이하 진입	1994년	2000년	6년	
경제	경제성장률 2%대 하락	1995년	2018년	23년	
	국민소득 3만 달러 진입	1992년	2018년	26년	
	구매력(PPP) 기준	2004년	2010년	6년	
투자 수준	주택 건설 투자 비중 5% 이하 진입	2000년	2017년 (5.1%)	-	
주택 공급	주택 보급률 100% 진입	1968년	2010년	42년	
	공공임대주택 거주 가구 5% 초과	1966년경	2013년경	47년	
주택 재고 상태	최저주거기준 미달 5% 이하 진입	2000년	2018년 (5.7%)	-	기준 차이
	공가율 8% 진입	1980년경	2018년경	약 40년	

자료: 국토교통부, 통계청(KOSIS), 한국은행, 国土交通省, 統計廳(e-Stat), 日本銀行, World Bank 홈페이지

도에 따라 다르기는 하지만 50%에서 70%에 달한다. 2017년 현재 70.5%(금융기관 차입금 68.3%)다(國土交通省 홈페이지). 반면 우리는 2019년 국토교통부가 국회에 제출한 자금 조달 계획서의 분석 자료에 따르면 차입금이 평균 44%로 나타났다(뉴시스,

2019.11.20.). 금융기관 대출을 통한 차입은 그보다 적어서 30% 대로 추정할 수 있다. 이는 정부의 강력한 LTV, DTI 등 규제도 원인이지만, 본질적으로는 전 세계에서 유일하게 유지되고 있는 전세제도 때문이다.

이렇게 일본과 한국의 주택시장은 다양한 연관 영역에서 시차를 두고 유사한 패턴을 보이거나, 혹은 여전히 뚜렷한 차이를 보이고 있다. 그동안 인구와 경제성장률에 주목하여 우리도 일본의 패턴을 반복하지 않겠느냐는 논의도 있었지만, 주택 부문의 양적, 질적 차이는 다른 요소들보다 더 크다. 일본에서 공가가 급증하던 시기의 주택 과잉 상태와는 큰 차이가 있는 것이다. 또한 주택 시스템상으로도 우리의 상황은 다르다. 두 나라 모두 '적극적인 국가 개입과 강한 가족 역할'을 특징으로 하는 동아시아 시스템이라고 할 수 있다. 그러나 1997년 아시아 외환위기 이후 우리나라를 제외한 싱가포르, 대만, 일본, 홍콩 모두 주택정책에서 자유화, 시장화의 길을 걸었다면, 우리는 공공택지와 공공임대주택 확대 외에도 다양한 시장 개입 장치를 유지하거나 강화하고 있다.

이런 차이와 함께 주의 깊게 보아야 할 상황은 일본의 목조주택 문제다. 목조주택은 일본의 전통적인 건축 문화이기도 하지만, 고도성장 시기의 신속한 주택 공급 수단이기도 했다. 하지만 과잉 공급과 버블 붕괴 뒤에 목조주택은 일종의 '버리는 재고'처럼 누적되고 있다. 지역 전체를 재건축하는 것이 힘든 상황에서 개별 주택의 개량도 이루어지지 않는 것이다. 더구나 소유주가 고령, 빈곤 상황이고 인구 감소 지역이라면 더 말할 것도 없다. 1988년 목조주택이 81.7%였던 것이 2018년, 30년 만에 56.9%로 줄어들었지만(総務省 統計局, 2019) 그중 상당수는 공가로 시장에서 퇴장했을 가능성이 있다.

종합하자면 일본과 한국은 인구·경제 상황은 빠르게 수렴하고 있지만 주택을 둘러싼 상황은 여전히 큰 차이가 있다. 양적, 질적인 차이 외에도 우리나라는 여전히 정부 개입의 수준이 높고 대량 공급을 추진하고 있다. 또한 목조주택이라는 일본 특유의 주거 사정도 감안할 필요가 있다. 특히 공공택지 조성(신도시)을 통한 대량 주택 공급, 대규모 단지형 도시 재생(재개발, 재건축)은 현재 우리 주택시장이 일본과 크게 차이를 보이는 요소라고 할 수 있다.

이런 상황에서 인구가 줄어드는 지방 과소 지역을 제외하면 우리나라에서 공가가 대량으로 발생하는 것은 불가능하다. 그렇기 때문에, 시기를 특정하기는 어렵지만 조만간 일본식으로 대도시에까지 공가가 급증할 우려는 거의 없다. 과학적이지는 않지만 굳이 비교하자면, 주택시장 여건이나 공가를 둘러싼 상황은 일본의 1980년대와 유사한 정도라고 할 수 있다.

그러나 장기적으로 인구, 산업, 주택 재고 등이 일본과 유사한 단계로 수렴될 때를 대비하여 '공가', '지역 소멸'과 같은 현재의 일본 주택시장 현안을 의식하고 한국적 대응책을 마련해둘 필요가 있다. 한국국토정보공사(2016)는 향후 국토 공간에 대한 연구를 통해 2050년 우리나라의 공가 비중이 10.1%(320만 호)

에 이를 것으로 예측하면서, 이를 방지하기 위해 (신규) 건축을 줄이고 빈집 정비를 늘릴 것을 제안한 바 있다. 또 일본의 맨션 선호를 볼 때, 우리도 비선호 주택인 기성 시가지의 노후주택은 갈수록 시장에서 퇴출될 가능성이 높다.

따라서 '한국적인 노후 목조주택의 요소'를 찾아내 선제적으로 관리하는 것이 필요하다. 즉 건축물 구조와 형태, 입지와 교통 측면에서 현재의 기준이나 소비자 선호에 못 미치는 노후 주택들에 대한 집중 관리가 필요하다. 과거 판자촌의 경우, 합동 재개발 사업을 통해 주택과 공간을 함께 바꾸는 전면 철거 방식으로 해결했지만, 여전히 광범하게 산재해 있는 기성 시가지의 노후 저층 주거지는 과거와 같은 방식으로 일시에 개량하기에 어려운 요소가 많다. 그런 점에서 뉴타운 사업, 도시 재생 사업, 역세권 개발, 생활 SOC 사업 등과 같은 기성 시가지 개량 및 활성화 사업에 대한 평가와 보완책 마련이 더욱 중요해졌다. 특히 전반적으로 부동산가격 상승 압력 및 개발 압력이 둔화되었을 때 비선호 주택과 주거지를 어떻게 할 것인가를 고민해봐야 할 것이다.

이와 함께 일본의 버블 형성과 붕괴 과정에 대한 복기도 필요하다. 거품이 너무 크게 형성되고 난 뒤의 '뒤늦은' 고강도 대책, 이후에도 계속된 과잉 공급 과정에 대한 깊이 있는 검토가 중요하다. 두 나라 모두 건설업이 다른 나라들에 비해 과잉 성장한 공통점이 있기 때문에, 이에 대한 주의 깊은 고민이 요구된다.

6장

중국: 대혼전―인구대국, 도시대국

중국식 사회주의의 꿈

중국식 사회주의, 사회주의적 시장경제

중국은 우리 상상을 뛰어넘는 큰 나라다. 또한 사회주의를 표방하지만, 여러 면에서 우리나라보다 더 자본주의적인 나라다. 어떻게 이런 것이 가능했을까? 형용모순적인 용어지만, '사회주의적 시장경제체제'를 가진 나라가 중국이다. 이른바 '중국식 사회주의'(중국 내 용어는 '중국 특색 사회주의': 中国特色社会主义, Socialism with Chinese Characteristics)다. 현재 중국 사회주의의 공식 이념인데, '국가가 강력히 관리하는 시장경제체제'라고 할 수 있다. 주택정책에서도 일관되게 추구하는 방법론이다.

중국식 사회주의는 중국처럼 인구가 많고 기초가 약한 나라가 "어떤 사회주의를, 어떻게 건설할 것인가"라는 근본적인 질문에 대한 중국식 답변이다. 덩샤오핑(鄧小平, 1904~1997)이 1982년 중국공산당 제12차 당대회 개막사에서 "마르크스주의의 일반적 진리를 중국의 구체적 현실과 결합시켜 독자의 길을 걷는 중국식 사회주의를 건설하자"고 선언한 데서 비롯된 중국식 사회주의는 지금껏 중국공산당의 주요 통치 이념이다. 시진핑習近平이 2012년 11월 공산당 총서기에 선출된 직후 제시한 "중화민족의 위대한 부흥을 실현하는 것이 근대 이래로 중화민족의 가장 위대한 꿈"이라는 '중국몽中國夢' 역시 같은 이념적 맥락이다. 중국식 사회주의는 제3세대 장쩌민, 제4세대 후진타오-원자바오, 그리고 현재 제5세대인 시진핑-리커창에 이르는 중국 최고 지도부에 의해 40여 년간 일관되게 계승되고 있다.

1978년 최고 지도자의 자리에 오른 덩샤오핑은 중국공산당의 의무가 '중국식 사회주의를 완성하는 것'이라 생각하며 마오쩌둥 시대의 대중 선동적 경제 건설 방식을 폐기하고 고르바초프식 페레스트로이카의 하향식 접근과는 다른 상향식 개혁을 추진했다. 이러한 방향 전환에 대해, 덩샤오핑은 검은 고양이든 흰 고양이든 쥐만 잘 잡으면 된다는 흑묘백묘론黑猫白猫論과 아랫목이 따뜻해지면 윗목도 자연스럽게 따뜻해진다는 선부론先富論을 설파하며 개혁개방에 시동을 걸었다. 자본주의냐 사회주의냐 하는 논쟁을 흰 고양이든 검은 고양이든 쥐만 잡으면 된다는 말로 잠재웠고, 성장이냐 분배냐의 논쟁은 먼저 돈을 벌어야 한다는 선부론으로 돌파했다(박형기, 2007). 건국 이후 30여 년간(1949~1977)의 이데올로기, 계급투쟁, 평등주의, 배외주의는 1978년 개혁개방 이후 경제성장, 사회개혁, 실용주의 외교노선으로 나아갔다. 대외적으로는 미국과 탁구 교류를 통한 핑퐁외교로 관계 개선을 시작하여 1979년 국교를 정상화했으며, 우리나라와는 1992년에 수교를 맺었다. 이렇게 적대적 외교가 막을 내림으로써 중국은 세계의 공장으로 부상했고 전 세계에 메이드 인 차이나의 값싼 상품들을 수출하는 길이 열렸다.

개혁개방 30주년이 되는 해에 개최된 2008년 베이징 올림픽은 그동안 죽의 장막 뒤의 낙후된 이미지를 완전히 걷어냈을 뿐 아니라 중국이 세계 강국으로 부상했음을 전 세계에 과시한 정치 올림픽이었다고도 할 수 있다. 동아시아의 1세대 성장 국가들(한국, 일본, 대만, 홍콩, 싱가포르)이 25여 년간 연평균 6~7%의 경제성장률을 달성했다면, 뒤늦은 2세대 성장 국가인 중국은 30여 년간 연평균 10%라는 기록적인 성장률을 달성했다. 이는 1세대 성장 국가들이 경험한 것과 유사하지만, 더 크고 더 오래 지속되었을 뿐 아니라 세계 최고의 경제 성적표이자 역사적으로도 어느 경제보다 빠른 성장세였다.

중국의 경제 규모는 2020년 세계 2위이며, 상품 수출과 제조업은 세계 1위다. 중국의 GDP는 2020년 14조 달러(약 100조 위안)로 미국 GDP 21조 달러의 70% 수준이지만, 구매력평가지수* 기준으로 보면 미국 21조 달러, 중국 23조 달러로 이미 2014년부터 미국을 추월한 1위 경제대국이다. 알리바바, 샤오미, 화웨이, 텐센트와 같은 중국 기업이 이제 우리에게 낯설지 않으며《슈퍼 차이나》,《중국 부의 비밀》,《팍스 시나카》,《차이

---

* 구매력평가지수(PPP: Purchasing Power Parity)는 각국의 통화 단위로 산출된 GDP를 단순히 달러로 환산해 비교하지 않고 각국의 물가수준을 함께 반영하여 계산한 GDP를 말한다.

나 쇼크》, 《버블 차이나》 등 중국의 부상과 그 영향력을 다룬 서적들도 많아졌다. 세계 언론들은 중국의 대내외 정세와 경제 상황을 예의 주시하고 차이나 이슈에 촉각을 세우며, 중국과의 교역 의존율이 매우 높은 우리나라에도 미·중 무역 갈등을 둘러싼 이슈는 초미의 관심사가 아닐 수 없다.

신창타이 시대, 전면적 샤오캉 사회 건설을 재차 강조

덩샤오핑이 흑묘백묘론 이후 제시한 이데올로기는 샤오캉론小康論이다. 샤오캉론은 1980년대 초 중국 경제사회 발전 비전에서 제시한 전략적 구상으로, 당시의 발전 속도를 계속해 2020년까지 1인당 국민소득 4,000달러, 국내총생산GDP 5조 달러 규모의 샤오캉 사회를 건설하자는 것이다. 샤오캉 사회만 달성해도 중국은 일본을 제치고 제2의 경제대국이 된다는 것이다. 샤오캉 사회는 큰 부자는 아니지만 그렇다고 가난하지도 않은 상태, 즉 중등 수준의 잘사는 사회를 말하며, 그 뿌리는 덩샤오핑의 '삼보주론三步走論', 즉 3단계의 발전론이다.

첫 단계인 원바오温飽는 기본적인 의식주를 해결하는 수준이고, 두 번째 단계인 샤오캉小康은 생활수준을 중류 이상으로 끌어올리는 수준이며, 세 번째 단계인 다퉁大同은 현대화를 실현해 모두 평등하게 잘사는 것이다. 즉, 원바오는 개발도상국, 샤오캉은 중진국, 다퉁은 선진국에 해당한다고 보면 된다. 그 당시 세 가지 발전 단계에서 제시한 구체적 수치와 기간들을 감안한다면, 원바오 단계는 1998년 중국 GDP가 최초로 1조 달러

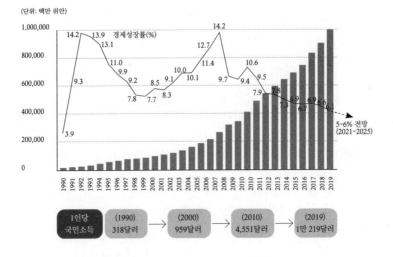

〈그림 6-1〉 중국의 국민총생산(GDP)과 경제성장률 추이

를 돌파했으니 당초보다 1년 앞서 목표를 달성한 셈이다. 샤오
캉 단계도 1인당 국민소득이 2010년 4,551달러, GDP가 2009년
5조 달러대에 진입하여, 목표 연도(2020년)보다 10년이나 앞당겼
다. 마지막 단계인 다통은 이상적인 단계로 구체적인 시기와 수
치는 제시하지 않았지만 2019년 1인당 국민소득이 1만 달러대
에 진입(1만 219달러)했으니 이미 달성했다고 볼 수 있다.

그러나 그 당시의 경제 목표치가 약 30년 후 수치상 달성됐
다고는 하나 여전히 중등 수준의 국민 생활과는 동떨어진 것이
라는 점에서 시진핑 집권(2012년) 이후 '전면적'인 샤오캉 사회
건설은 중국몽을 달성하는 주요 목표로 재차 강조되고 있다. 또
한 개혁개방정책의 확대, 세계무역기구 가입으로 다국적 기업
의 중국 투자가 활발해지고 수출도 폭발적으로 증가하면서 경

<그림 6-2> 중국의 1980년대 경제사회 발전론과 2010년대 발전 방향

덩샤오핑의 3단계 발전론(三步走論)

1단계 **원바오(溫飽) 사회**	2단계 **샤오캉(小康) 사회**	3단계 **다퉁(大同) 사회**

(1979~1999)
"기본적인 의식주 해결"
• GDP: 1조 달러
• 1인당 국민소득:
  800~900달러
• 풍족하지는 않으나
  적당히 따듯하게 입고
  배부른 상태
	(2000~2020)
	"중등 수준의 잘사는
	사회"
	• GDP: 5조 달러
	• 1인당 국민소득:
	  4,000달러
	• 부유하나 여전히
	  부족한 상태
		(2021년 이후)
		"중등 선진국 생활수준"
		• 1인당 국민소득:
		  1만 달러
		• 현대화를 달성하여
		  선진국 수준의
		  복지사회 실현

↓

(30년 후) 2010년대 이후

전면적 샤오캉 사회 건설	**공동부유 (共同富裕)**

(2020년까지 달성)
"중등 선진국가 도달"
• 1인당 국민소득:
  2010년에 비해
  2배 증가
• 조화로운 현대 국가
  실현
	(2035년 목표)
	"선진국 중간 수준 도달"
	• 전 국민이 함께 잘사는
	  나라 건설의 실질적
	  진전. 공평 강조

제는 고속 성장했지만 이 과정에서 계층과 지역 간 심각한 소득 불균형, 과잉 생산, 저부가가치 위주 산업구조 등의 한계가 드러났다. 이에 후진타오胡錦濤 주석(2003~2013)은 사회 불평등 문제 완화 및 균형 발전과 조화 사회 건설을 강조했고, 성장 방식

을 기존의 양적 성장에서 질적 성장으로 전환하면서 덩샤오핑의 선부론은 20여 년 만에 균부론均富論으로 바뀌었다.

글로벌 금융위기 이후 저성장, 저소비, 저수익률이 일반화된 상태를 일컫는 뉴노멀New Normal 현상은 중국도 예외가 아니었다. 중국 경제가 '고속성장이 끝나고 중속성장이 지속되는 시대'라는 의미의 신창타이新常态는 뉴노멀의 중국식 표현이다. 중국의 경제성장률은 2016년 이후 6%대로 떨어졌고 2019년에는 심리적 마지노선인 바오류(保六, 6% 성장률)를 간신히 지켜냈지만 이는 천안문사태의 여파로 중국 경제에 큰 충격이 가해진 1990년 이후 29년 만에 가장 낮은 성장률이었다. 2021년부터 시작되는 제4차 5개년계획(2021~2025)에서는 2035년까지 '전 국민이 함께 잘사는 나라 건설'을 의미하는 공동부유共同富裕 사회가 제시되었다. 경제성장률은 연평균 5~6%의 중속성장이 이어질 전망이며, 공식 문건에 '공평'이 강조된 것은 이번이 처음이다.

인구대국의 인구 보너스

중국은 전 세계 인구의 18%를 차지하는 인구대국이다.* 1981년 10억 명이었던 인구는 40여 년간 4억 명이 더 늘어 2020년

---

* 중국의 인구는 2019년 14억 명, 2020년 14억 4,000만 명이며, 세계 인구는 2020년 78억 7,500만 명이다.

현재 14억 4,000만 명에 이른다. 중국의 이러힌 인구 생산력은 개혁개방의 물결을 타고 늘어가는 수많은 제조·생산 기지에 농촌의 잉여 노동력을 활용하여 저임금 노동을 공급할 수 있었다. 중국인들은 이를 인구 보너스라고 한다. 인구 보너스는 노동 인구가 많고 고령 인구가 낮은 인구구조로 경제성장률이 증가하는 현상이다. 인구 배당 효과라고도 한다. 중국의 고속성장 비결 가운데 하나라고 할 수 있다.

경제와 함께 성장한 중국의 도시들

개혁개방 이후 농촌에는 농업 생산성 제고로 노동력이 남아도는 반면, 도시는 산업 기반 구축으로 노동 수요가 급증했다. 농촌의 젊은이들은 일자리를 찾아 나섰고 도시는 일할 사람이 필요했다. 도시화의 진전이 시작되었다. 도시화율은 1980년대 20%대에서 1990년대 중반부터 빠르게 증가하여 2010년에는 50.0%, 2019년에는 60.6%에 도달했다.

도시화로 도시의 수가 많아졌다. 개혁개방 당시 도시의 수는 193개였으나 2019년에는 679개였다. 이 중 인구가 300만 명 이상인 도시는 30개, 500만 명이 넘는 대형 도시는 15개다. 4개의 직할시(베이징, 상하이, 충칭, 톈진)와 광저우, 선전은 1,000만 명이 넘는 초대형 도시다. 도시 면적도 넓어졌다. 개혁개방 1번지이자 중국의 실리콘밸리로 불리는 선전은 최초 경제특구로 지정될 당시의 면적이 395㎢였으나 지금은 5배 늘어난 1,953㎢다. 서울 면적(605㎢)의 3배가 넘는 규모다. 선전시는 30년 전 인구 3만 명에 불과했던 자그마한 어촌에서 이제 1,400만 명의 메가시티가 되었고 1인당 GDP도 3만 달러가 넘어 중국에서 최고 부자 도시가 되었다. 그야말로 상전벽해가 아닐 수 없다. 중국의 1인당 국민소득은 1만 달러 수준이지만 도시별로 볼 때 2만 달러를 돌파한 도시는 15개(베이징, 상하이, 광저우, 쑤저우, 난징, 정저우, 항저우 등)다. 전체 인구 14억 명 중 이 15개 도시의 1억 5,000만 명(10%)은 이미 선진국 수준의 생활을 하고 있다.

정치 수도 베이징의 인구수는 2,154만 명, 경제 수도 상하이의 인구수는 2,428만 명, 서남부 정치·경제·문화 중심지인 충칭의 인구는 2,567만 명, 상하이에 이어 중국의 제2 무역항인 톈진의 인구는 1,562만 명이다. 인구수만큼이나 경제 규모도 크다. 베이징과 상하이의 GDP 수준이 5,000억 달러를 넘으니 유럽의 웬만한 국가보다 경제 규모가 크다. 이들 4대 직할시와 더불어 1급 행정구역인 22개 성의 성도 중에서는 광둥성 광저우시의 인구가 가장 많다.

광저우, 선전, 주하이의 주장강 삼각주 지역을 품고 홍콩 및 마카오와 인접한 광둥성, 춘추전국시대에 노나라였던 산둥성, 유비의 고향인 탁현이 있는 허베이성, 소설 《삼국지》의 주요 무대인 후베이성 등 우리나라보다 인구가 많은 성급 행정구역은 10개다. GDP 규모가 1조 달러를 넘어선 지역은 광둥성, 산둥성, 장쑤성이다. 광둥성은 GDP가 우리나라(1조 5,868억 달러)와 캐나다(1조 6,003억 달러)보다 많고, 중국 GDP의 11%를 담당하며 중국 경제의 견인차 역할을 한다. 이렇듯 중국의 고속성장에는

〈그림 6-3〉 중국의 인구 추이 (상주인구 기준, 단위: 민 명)

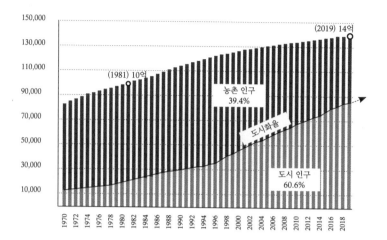

자료: 중국 국가통계국, 2020

인구 보너스와 더불어 부족한 자본과 시장을 적극적으로 개척한 개방 보너스가 있었다.

한편, 수백 개에 이르는 다양한 규모의 도시들은 인구 규모와 GDP 수준뿐 아니라 생활 여건, 투자 인프라, 소비력 등에 따라 1선에서 4선(혹은 5선) 도시로 구분하여 마케팅이나 부동산시장 분석에 활용된다. 부동산시장에 대해서는 공식적으로 중국 국가통계국이 2005년부터 경제발전 정도, 주택가격, 주택거래, 도시 규모, 지역 영향력 등을 고려하여 70개 도시를 선정하고 이를 1선, 2선, 3선 도시로 구분하고 있다. 최근에는 발전속도가 빠른 2선 도시 중 청두, 항저우, 창사, 정저우 등이 신1선 도시로 편성되었다.

〈그림 6-4〉 중국의 행정구역: 주요 성(省)과 도시(市)

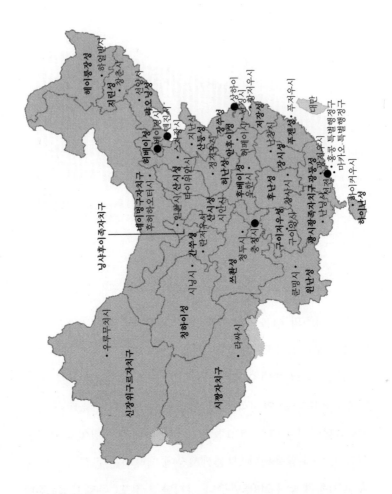

중국의 국토 면적은 한반도의 44배나 되지만 지형적 특성으로 전 국토의 20% 정도에만 사람이 거주하고 경작하기에 적합하다. 서부 지역은 티베트고원 등 건조한 고원지대와 산악지대가 많아서 인구의 75%가 동부와 동남부에 거주한다. 북부의 네이멍구자치구는 소수 인종(몽골족, 티베트족 등)이 주로 거주하고 있으며, 서북부의 신장위구르자치구는 주로 이슬람계인 위구르족과 후이족이 거주한다.

〈표 6-1〉 중국의 도시 등급 분류 (2020년)

등급	수	주요 도시
1선 도시	4개	베이징, 상하이, 광저우, 선전
신1선 도시	15개	청두, 항저우, 충칭, 우한, 시안, 톈진, 쑤저우, 난징, 창사, 정저우, 둥관, 칭다오, 선양, 닝보, 쿤밍
2선 도시	30개	다롄, 샤먼, 허페이, 하얼빈 등
3선 도시	70개	주하이, 전장, 하이커우, 지린, 싼야, 하이커우 등
4선 도시	90개	타이위안, 카이펑, 리수이, 다퉁 등
5선 도시	129개	예안, 차오양, 주취안 등

*중국 부동산 정보업체 베이커자오팡(贝壳找房)이 〈2020년 신1선 도시 거주 보고서(2020新一线城市居住报告)〉에서 제시한 신1선 도시에는 닝보와 쿤밍 대신 허페이와 포산이 포함된다.
자료: 코트라, 2020

중국에서 도시 규모는 굵직한 정부 사업이나 각종 인프라 사업 심사의 평가 지표인만큼 지역마다 인구 유치는 매우 중요하고 경쟁적이다. 일례로 국무원이 규정하는 도심 지하철 건설 조건은 도시 상주인구 300만 명 이상, 지역 GDP 3,000억 위안 이상, 공공재정 예산 300억 위안 이상인 지역이다. 이에 2선 도시들은 인구 유치가 지역 경제성장과도 연계되므로 다양한 인센티브로 인구 유인책을 강구하며 산업 유치와 우수 인재 영입에 열중하고 있다.

반쪽 도시화: 도시민과 농민을 분리하는 후커우제도

도시화는 경제성장과 개발 과정에서 필수적이지만 중국은 독특한 궤적으로 현재 수준에 도달했다. 양적 성장의 이면에는 도시로 유입된 농촌 이주민에 대한 차별과 배제가 있다. 그 원인은 사회주의 시기부터 내려오는 후커우户口제도에 기인한다. 신분과 거주지를 증명하는 중국의 후커우제도는 우리나라의 본적 및 주민등록제도와 유사하지만 전입·전출과 같은 이동이 거의 불가능하다. 농촌 이주민이 도시 생활을 맘껏 즐길 수도 없으며 도시민이 귀농이나 귀촌도 할 수 없다. 전 국민에게 출생 지역에 따라 도시 후커우와 농촌 후커우를 부여하고 아주 예외적인 경우를 제외하고는 후커우를 바꿀 수 없다. 후커우는 모계를 통해 계승되는데, 부친이 도시 후커우 소지자라 하더라도 모친이 농촌 후커우 소지자면 그 자녀는 농촌 후커우를 갖게 되며 이러한 신분은 후대까지 세습된다.

이렇게 도시민과 농민을 양분하고 거주 이전의 자유를 극도로 제한한 것은 마오쩌둥이 1958년 '후커우 등록 조례'를 만들면서 생겼다. 마오쩌둥의 도시 모델은 도시화 없는 산업화였다. 후커우제도는 계획경제체제하에서 식량과 생필품, 복지 배급의 기초제도였지만 농민은 농촌에서 식량 생산을 하도록 묶어두고, 도시민은 공업화 전략에 따라 직장 단위로 평생 고용과 복지를 보장받도록 분리시켰다. 농민이 도시로 이주한다면 정부의 복지 부담이 더 늘어나게 되므로 거시적 차원에서 인구 이동을 억제하고 관리했던 것이다. 그러나 1978년 개혁개방 이후 농민들이 농촌을 떠나 도시로 쏟아져 들어오기 시작했고, 1990년대 국유기업 개혁으로 경영 효율성이 중요해진 국유기업들이 저렴한 노동력인 농촌 이주민 수요를 흡수했다(Naughton, 2020).

농촌 거주자는 도시로 이주해도 농촌 후커우 신분에 맞는 대우를 받게 된다. 도시에 살지만 도시 후커우가 아니므로 기본적인 교육, 주거 및 사회 서비스에 접근할 수 없다. 농촌 이주민의 자녀는 도시의 중학교에 갈 수 없으며, 대학 입시도 농촌 후커우 소재지에서 치러야 한다. 미국 도시에서 일하고 있는 불법 멕시코계 이민자들과 처지가 비슷하다. 농촌 이주민들은 유동인구(후커우 소재지가 아닌 다른 곳에서 6개월 이상 거주하는 사람)로 분류되며, 2019년 2억 8,000만 명에 달한다. 도시화율은 상주인구 기준으로는 60.6%이지만 후커우 기준으로는 44.4%에 불과하다. 도시에 살 권리가 주어지지 못한 반쪽 도시화다.

이러한 후커우제도를 통한 신분제적 질서는 농촌 이주민과 도시민 간 불평등의 뿌리였으며 중국 사회의 계층 이동성을 저해했다. 경제적 파이를 우선 늘려야 한다는 성장 지상주의로 인해 농촌 이주자들은 개발 과정에 저임금 노동으로 적극 동원되었지만 성과와 분배에서는 배제된 것이다.

신형 도시화는 이러한 문제를 개선하기 위해 2000년대 초반부터 제시되었다. 일부 2선 및 3선 도시는 양분된 후커우를 '통합 주민 후커우'로 통일하는 등 근로 기간, 학력, 소득, 세금 납부 등을 고려한 점수제로 농촌 이주민의 합법적 도시 거주를 인정해주고 있다. 2014년 제시된 신형 도시화 계획(新型城鎮化規劃, 2014~2020)은 도농 분리 문제뿐 아니라 그동안 양적 성장과 급속한 도시화의 그늘 속에 심각하게 누적되어온 삼농(농업,

<그림 6-5> 거주 지역과 호적이 일치하지 않는 인구수 (단위: 억 명)

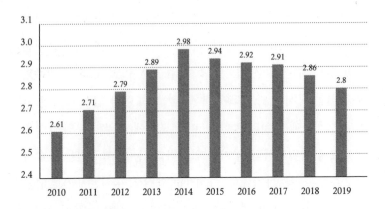

자료: 중국 국가통계국, 2020

<그림 6-6> 호적 및 상주인구 기준 도시화율 비교 (단위: %)

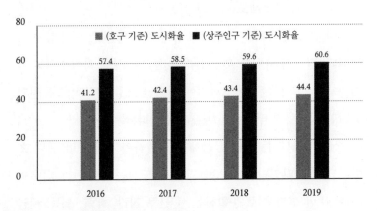

자료: 중국 국가통계국, 2020

농촌, 농민) 문제와 민생 문제에 초점을 두고 있다. 기존의 도시화
가 투자와 개발 중심이었다면 새로운 도시화는 '사람을 근본으

238

로 삼는다以人爲本'를 강조하는 '사람의 도시화人的城鎭化'다. 여기에는 최근 중국 경제가 인구 보너스도 점차 소멸되면서, 저비용 확장 시대를 마감하고 소비와 내수 확대가 중요해진 이유도 있다. 농촌 이주민의 도시 거주 여건을 개선하고 소득도 늘려 도시민과의 임금 격차를 줄이는 것에는 소비층 확대와 그로 인한 공공 서비스, 도시 인프라, 주택 건설 등 투자 수요를 늘려서 지속 가능한 도시화로 이끌 것이라는 기대감이 자리 잡고 있다.

중국에서 부동산이란?

경제성장의 지주 산업

중국에서 부동산 부문은 매우 중요하다. 경제에서 차지하는 비중이 크고 성장 기여도가 높다. 부동산·건설 부문이 GDP에서 차지하는 비중은 1993년 이후 줄곧 10%를 넘어섰고 2018년에는 최고 15%였다. 주택 투자만 보더라도 최근 10년간 GDP 대비 9~10% 수준을 계속 이어가고 있다. 부동산 건설과 투자가 경제성장을 견인하는 모델investment-driven growth model은 동아시아의 개발주의체제와 유사한 경로다.

개혁개방이 본격화된 1998년 정부의 주택개혁 문건 23호에 "주택산업을 새로운 경제성장의 포인트로 장려하라"고 적시되었듯이(辜胜阻·李正友, 1998), 지난 20여 년간 주택 투자를 비롯한 부동산 부문은 중국 경제성장을 이끈 주요 엔진이었으며(Cai,

2017; Li, 2016; Liu & Xiong, 2020), 글로벌 금융위기 시에는 GDP 성장의 절반가량을 떠받치며 중국 경제의 하방을 지탱해준 버팀목이기도 했다(Eftimoski & McLoughlin, 2019).

부동산산업은 전후방 연관 산업 효과와 일자리 창출 효과가 크다. 부동산 개발이 늘면 전기, 통신, 교통뿐 아니라 목재, 철강, 시멘트, 유리 등 건자재산업, 가전사업 등 48개 연관 산업도 같이 발전하며, 국유기업 근로자의 20%가 부동산 개발 직종이라는 점에서 일자리와도 관련이 깊다(Liu & Liu, 2019; Rogoff & Yang, 2020). 도시화 추진과 대형, 초대형 도시의 탄생은 부동산 투자와 개발로 이루어졌다고 해도 과언이 아니다.

그러나 부동산산업에 대한 과다한 의존성은 경제를 왜곡시키는 부작용이 있다. 금융 시스템도 부동산 대출 중심이다. 2016년의 경우 은행권의 부동산 관련 대출(개인, 기업)은 총 대출금의 55%를 차지했으며, 그 규모는 전체 은행권 자산의 25%였다(Liu & Xiong, 2020). 2018년에도 은행권 신규 대출의 40%가 부동산 관련 대출이었다. 이러한 현상은 부동산 부침 현상이 계속되면서 부동산이 많은 개인이나 기업이 담보력도 크고 신용도 좋고 상환 불능 리스크도 거의 없으니 은행권이 선호한 결과다. 토지를 많이 비축하고 있는 개발업자는 돈을 더 많이 쉽게 빌려 돈 벌기가 더 쉬워졌다. 부동산과 무관한 업종조차 역량과 자원을 부동산업으로 전환하고자 했다. 무역, 제조, 기술 혁신 등 여타 산업 부문은 뒷전으로 밀려났다. 구매력평가지수 기준으로 미국과 중국은 거의 유사한 경제 규모이나, 주택 재고의 시장가

<그림 6-7> 부동산(건설 포함) 및 주택 투자 추이 (단위: %)

자료: 중국 국가통계국, 2020

치는 중국이 미국보다 2배 이상 높고 유럽보다는 3배 이상 높다
(Rogoff & Yang, 2020). 이는 1990년대 초 일본의 주택 버블 붕괴를
연상시킨다. 지금은 일본의 부동산 시장가치가 미국의 3분의 1
수준이지만, 버블 붕괴 당시 일본의 부동산 시장가치는 미국의
2배 이상이었다.

이렇듯 부동산 개발 중심적 성장 모델은 중국의 경제 황금
기(2004~2014)인 고속성장기에 그 역할을 톡톡히 했지만 한편으
로는 이 시기 과도한 부동산시장 과열화의 주범이기도 하다(Liu
& Xiong, 2020). 앞으로 중속성장기로 진입하면서 부동산 부문은
새로운 국면 전환이 필요한 상황이다.

가계자산의 80%가 실물자산

중국인들에게 중국몽은 자동차, 아파트, 가족이라고 한다. 가족의 가치와 삶의 방식이 다소 바뀌었다 해도 가부장적 중국 사회에서 대부분의 남성들은 열심히 일해 재산을 모으고 가정을 꾸리는 것을 가장 중요한 가치로 여긴다(Clark 외, 2019). 이 중 내 집 마련은 남초 사회의 결혼 문화에서 특별히 중요하다. 아들을 둔 가정에서는 자식을 출가시키는 예물로 집을 마련하기 위해 전 가족이 동원된다. 신랑의 가족이 신혼부부에게 집을 마련해주어야 한다는 이러한 통념은 다소 논란이 있을 수 있지만, 집을 사기 위해 가족 모두가 저축에 몰두한다(Zhang & Zhang, 2019). 세계에서 저축 성향이 가장 높은 중국인들은 집을 사려고 저축한다고 해도 과언이 아니다. 주택개혁의 궁극적인 목표도 자가 소유 촉진이다. 중국 도시 가구의 자가 소유율이 세계 최고 수준인 96%라는 점은 강한 남아 선호 사상에서 비롯된 편애적 자가 선호와 주택개혁의 합작품이라 할 수 있다.

이러한 특성 때문에 중국 가계의 자산 중 집이 압도적이다. 전체 가계자산 중 실물자산은 79.6%이며, 이 중 주택이 74.2%(전체 자산 중 59.1%)다. 미국 가계의 자산 중 금융자산이 70.9%인 것과는 아주 상반된다. 중국 가계의 과도한 부동산자산 쏠림 현상은 저축률이 높은 반면 이를 투자할 대체 시장이 부동산시장만 못하다는 데 있다. 자본시장(주식, 채권)이 1990년대 들어서야 형성되기도 했지만 변동성이 큰 주식시장에 비해 집값은 계속 오르기만 하니 주택은 제일 안전한 투자처이자 고

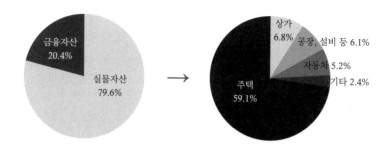

자료: 中金公司研究部, 2020

수익 투자재였다.

집에 대한 강한 애착은 한자녀정책独生子女制 탓도 있다. 1979년부터 시행된 1가구 1자녀 산아제한은 무려 30년 동안이나 강제되었다. 이 시기에 외동으로 태어난 바링허우(八零后, 1980년대생)는 샤오황디(小皇帝, 작은 황제)로도 불리며 '쓰얼야오 四二一 증후군'이라는 신조어를 만들어냈다. 즉 친조부, 친조모, 외조부, 외조모(4)와 부모(2)가 하나(1)뿐인 손주와 자식을 위해 모든 것을 바친다는 뜻이다. 그러나 이는 역으로 보면 조부모와 부모 세대의 부양 공백을 의미하기도 한다.

중국 정부는 인위적인 산아제한정책이 많은 부작용을 초래하고 중국 사회의 기형화를 초래했다는 점에서 2014년 부부가 모두 독자일 경우 두 자녀를 허용單獨兩孩했지만, 그럼에도 불구하고 늘지 않는 출산율과 향후 고령화 및 노동인구 감소에 대한 우려로 2016년에 한자녀정책을 전면 폐지했다.

중국인들의 높은 저축률은 사회주의 시기부터의 검소한 소비 습관 혹은 소비 억제에서 비롯된 것이기도 하지만, 개혁개방의 경제 성과에도 불구하고 여전히 미흡한 사회보장체계에 대한 셀프 복지, 자가 소유 기반 복지의 일환이라고 할 수 있다. 중국인들은 앞으로 교육, 의료, 고령, 돌봄 비용이 오를 것이라고 생각하고 있으며, 위안화 평가절하를 우려해 저축에 더 매진하고 있다(Liu & Liu, 2019). 중국 가계의 총 저축금은 GDP의 90%를 차지할 만큼 막대하다. 그러나 이는 부동산시장을 언제든 자극할 수 있는 유동성 자금이기도 하다.

지방정부의 토지재정

중국은 개혁개방 이후 사회주의 토지공유제의 근간은 유지하면서 토지를 소유권과 사용권으로 분리함으로써 다른 나라에는 없는 중국 특유의 '토지재정land financialization'이란 제도적 산물이 만들어졌다. 지방정부가 토지 사용권을 개발업자에게 매각해서 받는 토지 사용권 양도금이 지방재정의 주된 세원이라는 데서 비롯한 토지재정은 토지 금융land financing과 토지 비축land banking을 포괄하는 용어다.

토지가 금융의 수단으로 활용된 사례는 많다. 19세기 중반에 파리가 '빛의 도시'로 변신한 것도 오스만 남작이 파리 중심부의 빈민가를 수용하여 방사선 대로와 상하수도를 설치하고 비싼 값으로 개발업자에게 매각한 자금으로 시청, 공원, 역사

등 각종 도시 인프라를 신축할 수 있었기 때문이다. 오늘날에도 재원이 없고 금융이 발달하지 못한 개발도상국에서는 토지가 도시 개발의 주요 금융수단이다. 그러나 중국처럼 이렇게 규모가 크고 오랜 기간 토지가 그런 역할을 해온 나라는 없다.

토지가 지방정부의 금융이자 재정 역할을 해온 것은 개혁개방 이후 토지개혁과 조세개혁을 통해 정치적 집권화와 경제적 분권화를 추진하면서 시작되었다. 경제적 분권화는 지방정부의 적극성을 유발시켜 경제성장이라는 최우선 과업을 실현하는 방안이었다. 상급 정부와 공산당이 임명하는 지방 관원들에게는 경제성장, 재정 확충, 투자 유치를 위한 공격적인 목표가 부여되었고 이들은 임기(5년) 내에 이를 달성해야 정치적 신임을 얻고 더 높은 지위를 보장받을 수 있었다. 토지의 사용권 매각을 통한 수입은 조세개혁으로 줄어든 지방 세수를 보충하면서도 도시 확장에 따른 공공 서비스와 인프라 확충 등의 재원으로 쓰였다. 지방정부는 조세 자치권이 없고 은행으로부터 직접 차입도 할 수 없는 상황에서, 토지는 재정 수입원을 넘어 금융수단이자 황금알을 품은 투자수단이 되었다.

지방정부는 여러 형태의 지역개발공사나 특수목적법인SPC과 같은 기관을 만들어 이들에게 토지 사용권을 매각하고, 이들 기관은 지자체를 대신하여 토지 사용권을 담보로 은행에서 돈을 빌렸다. 토지 사용권의 가격이 비쌀수록 더 많은 융자가 가능했기에 지방정부는 토지비축센터를 통해 토지 사용권을 비축해두었다가 값이 오르면 내놓았다. 의도적으로 값을 올리려

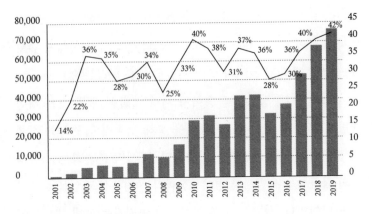

〈그림 6-9〉 지방재정에서 토지 사용권 양도금이 차지하는 비중 (단위: 억 위안)

자료: 易居房地产研究院, 2020

고 판매 시점을 늦추거나 승인 과정을 더디게 진행하기까지 했다. 지방정부의 토지 사용권 양도금은 2000년대 초반만 해도 1조 위안이 안 되었지만 2019년 7조 6,000억 위안에 이르러 지방재정의 40%를 차지하고 있다. 일부 도시에선 80~100%에 이르고 있다. 중국의 도시화를 '토지 추동식 도시화land-driven urbanization', 지방재정을 토지재정이라 부를 만하다.

그러나 지방정부의 과도한 지대 추구적 행위는 지방재정을 토지 의존적 구조로 만들었을 뿐 아니라 집값 상승, 투기화, 농촌 토지의 수용 과정에서 낮은 보상과 강제 철거로 인한 농민들의 불만과 불안뿐 아니라 유령도시를 양산했다. 지역개발공사나 특수목적법인들이 비은행권으로부터 조달한 자금은 이제 거대한 그림자 금융으로 자라나 지방정부의 부채로 되돌아왔다.

디니 맥마흔Dinney McMahon(2018)의 지적처럼 중국의 경제성장과 도시화는 '빚의 만리장성'으로 가능했던 것일까?

너무나 비싼 아파트

중국의 대도시 집값은 매우 비싸다. 호당 평균 면적이 100~110 ㎡인 점을 감안하면 우리 돈으로 ㎡당 약 1,000만 원이다. 지난 10년간 주요 대도시의 집값 상승률은 100%가 넘었다. 선전의 집값은 10년 전에 비해 197% 올랐고, 샤먼은 188%, 상하이는 126%, 광저우는 103%, 베이징은 92.5%가 올랐다. 매년 10% 이상 오르는 바람에 집값은 2~3배 뛰었다. 베이징과 선전의 호당 평균 집값은 10억 원대이며, 상하이는 9억 원대, 샤먼은 8억 원대. 평균이 이 정도이니 20억 원을 호가하는 집도 상당히 많다. 2020년 코로나19 상황에서도 중국의 집값은 평균 8.7%가 올랐다(新浪网, 2021.2.26.). 2017년 이후 더 강화된 대출 규제, 가격 규제, 구입 호수 제한 조치가 이루어지고 있는 상황인데도 집값은 규제 무풍지대인 듯이 계속 오르고 있다.

아파트 값도 가히 세계적인 수준이다. 넘베오Numbeo가 전 세계 502개 주요 도시의 아파트(90㎡)를 대상으로 연소득(가처분소득) 대비 아파트 값을 조사·비교한 결과를 보면, 선전과 베이징의 아파트 값은 연소득의 40배가 넘고 상하이는 35배, 광저우는 30배에 이른다. 502개 도시 중 50위권 내에 중국 도시들이 대거 포함되어 있다. 월급을 한 푼도 안 쓰고 30~40년 모아도 구입할 수 없는 수준이다. 중국 대도시가 경제력이 있다고는

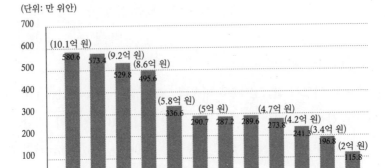

〈그림 6-10〉 중국 주요 도시의 집값 수준 (100㎡, 2021년 2월 말 기준)

자료: 중국 부동산업체 안쥐커(安居客)

하나 집값 부담 수준이 경제 체급을 압도하는 상황이다. 중국의 집값은 왜 이리 비싼 것일까? 개혁개방정책으로 주택과 토지 제도에 어떤 변화가 있었던 것일까?

주택과 토지의 개혁: 상품화, 시장화, 분권화

단웨이 체계를 이어가며 실험적 접근: 1978~1991년
개혁개방 당시 중국의 경제 사정과 주거 여건은 매우 열악했다. 마오쩌둥 시기에 자본과 기술 없이 노동력 집중만으로 경제 부흥을 이루려 했던 대약진운동(1958~1960)으로 국민경제는 무너졌고 연이은 문화대혁명(1966~1976)으로 사회 분위기는 더할 나

<표 6-2> 중국 주요 도시의 집값 상승률 (2012년 1월~2021년 2월 기준, 단위: %)

구분	베이징	선전	상하이	샤먼	광저우	난징	싼야	항저우	닝보	푸저우	톈진	충칭
상승률	92.5	197.1	126.1	188.4	103.3	97.1	57.9	54.7	78.5	105.3	53.9	76.7

자료: 중국 부동산업체 안쥐커

위 없이 경직되어 있었다. 주택은 국가가 책임지는 무상분배제였지만 중화학공업에 대한 우선 투자로 개선의 여지가 없었다. 게다가 도시화로 농민들이 대거 도시로 유입되면서 주택문제가 더욱 악화되었다. 주택개혁은 주택 부족난부터 해결하는 것이 급선무였다.

사회주의 시기의 주택 무상분배제(복지주택)는 국가가 계획하고 단웨이(單位, 직장)*가 분배하는 방식이었다. 단웨이는 시장이란 개념이 없던 사회주의 시기에 시장을 대신하여 주거, 의료, 교육, 육아, 취업 등 생활에 필요한 거의 모든 재화와 서비스를 직원들에게 제공했다. 다만, 소속 직원들만 이러한 생애복지가 보장될 뿐 외부인은 접근할 수 없었다. 따라서 단웨이가 없는 도시 빈곤 가정의 주거와 생계는 지방정부가 맡도록 되어 있었다.

---

*   단웨이에는 일반적으로 국가기관 단위, 사업 단위, 기업 단위가 있다. 국가기관은 공산당, 행정부, 군대, 사법기관, 인민대표회의 등 중앙 및 지방정부의 각급 권력기관을 말한다. 사업 단위는 국가가 설립한 각종 협회, 연구소, 학교, 단체 등이며, 기업 단위로는 국유기업과 사영기업이 있다.

1970년대 말 단웨이가 제공한 복지주택(이를 福利分配住房, 혹은 welfare housing이라고 한다)은 전체 주택의 65~70% 정도였으며, 도시 근로자의 90% 이상이 이 복지주택에 거주했다(Wu, 2012; Yang & Chen, 2014). 주택은 직급이나 직위, 연공서열, 사회 기여도 등에 따라 배분되었으며, 주택의 수준은 단웨이의 조직 규모에 따라 편차가 컸다. 직급이나 연공서열이 높고 단웨이 규모가 크면 넓고 좋은 집을 배정받았지만, 영세한 단웨이 소속의 일반 노동자들은 좁고 형편없는 집에 살았다. 임대료를 내는 경우도 있었지만 소득의 1%도 안 되었기 때문에 거의 무상이나 마찬가지였다(Logan 외, 2010).

문제는 무상 거주나 마찬가지인 여건에서 건물 유지·관리도 어려운데 단웨이가 새 집을 공급하기 위해 비용을 부담하는 것이 거의 불가능했다는 것이다. 주택 공급을 늘릴 만한 유인책도 없었다. 따라서 주택 공급 확대를 위해 단웨이 체계를 대신할 대안이 필요했지만, 개혁 초기에 이를 대체할 조직이 없었고, 단웨이 체계를 지탱하는 핵심 고리가 다름 아닌 생활과 노동 재생산이 결합된 주택이었기 때문에, 사회 안정 차원에서 이러한 체계를 유지하며 다른 모색을 해야 했다.

덩샤오핑이 제시한 주택난 해법은 다음의 지시문에서 엿볼 수 있다.

도시에 거주하는 주민은 개인 용도로 주택을 구입할 수 있을 뿐만 아니라 건축할 수도 있다. 낡은 주택을 포함한 신축 국가 소유 주택은 판매할 수 있으며 대금을 일시불로 지불할 수도 있고 할부로 10년, 15년에 거쳐 지불할 수도 있다. 그리고 임대료가 너무 적으면 많은 사람들이 주택을 구매하려 하지 않기 때문에 적당히 상향 조정해야 한다. 따라서 저소득층 직장인에게는 일정한 주택 임대료 보조금을 지급하는 것이 바람직하다. 주택 보장정책을 제정하는 데서 이런 요소들을 모두 충분히 고려해야 한다. 향후 주택 건설은 공사합영 또는 민건공조* 방법으로 해결하는 것을 지지해주고 개인이 자체로도 해결할 수 있도록 해야 한다. (1980년 4월, 당 중앙위원회. 贾康·刘军民, 2007; 박종근·왕배우, 2017)

이에 따라 국무원은 1980년 6월, 주택의 구입과 거래를 허용하는 '상품화' 방안을 발표하고, 이어 1983년 12월에는 도시 지역에서 개인 소유 주택을 무단으로 점유하거나 침해할 수 없다는 '사적 소유권'의 보장 방안을 마련했다. 주택개혁은 주택을 복지재에서 상품재로 전환하고 사적 거래의 자율화를 허용하면서 출발했는데, 구체적으로는 집을 새로 짓고, 기존 복지주택은 임대료를 올리고 직원들에게 불하하는 방식으로 추진되었다.

* 공사합영(公私合營)은 국가와 개인이 합작하여 주택을 건설하는 것이고, 민건공조(民建公助)는 개인이 주가 되어 주택을 건설하고 국가가 도와주는 것을 말한다.

추진 방식은 단기간에 전면 시행하기보다는 일부 지역에 먼저 시범 사업을 진행하면서 점차 확대해나가는 것이었다. 주택의 신규 건설은 4개 시범 지역(류저우, 시안, 위저우, 난징)을 우선 대상으로 했다. 중앙정부가 건설비의 일부를 보조하고 단웨이와 지방정부가 새 집을 지어 소속 직원들과 일반인에게 건설 원가로 분양했다. 그러나 원가 분양이라 하더라도 당시의 낮은 임금 수준으로는 구입하기에 너무 비쌌고 저렴한 임대료 방식이 계속 유지되는 상황에서 굳이 분양받을 동기가 없었다. 그 대안으로 분양 촉진을 위해 적용한 삼삼제三三制는 분양가격을 지방정부, 단웨이, 개인이 3분의 1씩 나눠 내고 나중에 개인이 남은 비용(3분의 2)을 10년간 갚아나가는 방식이었다. 이 역시 3분의 1의 비용을 감당하지 못한 단웨이와 지방정부의 한계로 제대로 시행되지 못했고, 대다수 사람들은 분양받는 것보다는 여전히 싼 임대료의 복지주택에 계속 사는 것이 더 낫다고 생각했다. 결국 시범 사업은 실패했다.

임대료 인상은 임금 인상 조치와 더불어 임대료 10배 인상을 목표로 1985년부터 1990년까지 추진되었다. 몇 군데 시범지역을 시작으로 점차 확대해나갔으며, 임대료 인상에 대한 저항을 감안하여 임차료 보조와 병행해 추진했다. 중앙정부는 단웨이(혹은 지방정부)에 임차료 보조금을 주었고, 단웨이(혹은 지방정부)는 이를 직원(혹은 주민)들에게 지급했다. 결과적으로 단웨이(혹은 지방정부)는 중앙정부로부터 받은 보조금보다 임대료 10배 인상으로 얻은 수입이 더 많았다. 일부 지역에서 큰 성공을 이루며 개혁이 성공하는 듯했다.

그런데 예기치 못한 사태가 발생했다. 개혁개방으로 시민 의식이 싹트고 민주화 요구가 커진 상황에서 치솟는 물가에 대한 시민 불만이 천안문광장의 민주화운동(1989년 6월 4일)으로 표출되었다. 민주화를 요구하는 학생과 시민들을 중국 정부가 무력으로 진압하면서 유혈 사태라는 참극이 나자 서방 국가들은 이를 신랄하게 비판하고 교류 정지, 수출 금지 등 강력한 제재 조치를 취했다. 내부적으로도 개혁개방정책은 베이징 보수파로부터 지지를 받지 못했고 덩샤오핑은 천안문사태를 계기로 정치 일선에서 물러났다. 개혁개방이 다시 활력을 되찾은 것은 덩샤오핑이 실각 이후 88세의 노구를 이끌고 1992년 1월 선전과 주하이 경제특구를 순시하며 "개혁개방을 수행할 때 우리가 우려해야 하는 것은 다급함이 아니라 주저함이다. 국가는 이 정책이 필요하고 인민은 이를 좋아한다. 누구든 개혁개방정책에 반대하는 자는 바로 물러나야 한다"라고 말한 것이 계기가 되었다. 이 담화가 바로 제2의 개혁개방을 재점화한 남순강화南巡講話다. 덩샤오핑은 보수파와 개혁파 사이에서 교착 상태에 놓인 개혁개방정책에 대해 남방을 순회하며 중단 없는 개혁개방 촉구와 사회주의 시장경제론을 천명했던 것이다.

천안문사태 이후에도 극심한 인플레이션이 계속되자 임금 인상과 맞물린 임대료 인상은 유예되었다. 대신 단웨이 복지주택의 매각(불하)이 물가 압력을 낮추고 국가 부담을 더는 새로운 방안으로 제시되며 1994년부터 본격화되었다. 복지주택

의 가격은 입지, 규모, 건축 연한 등을 고려한 표준 건설비를 토
대로 책정되었고, 단웨이 특성과 지역에 따라 차이는 있지만
30~50%로 대폭 할인*된 가격으로 기존 거주자에게 불하되었
다. 불하 시 할인율은 애초의 무상분배 기준과 마찬가지로 직급
이나 직위, 연공서열에 따라 달랐으며 당 간부 등 고위직의 경
우 80~90%라는 파격적인 할인 혜택을 받았다(Logan 외, 2010).

주택개혁의 윤활유: 1994년 경제적 실용주택과 주택공적금

10여 년간의 주택개혁 추진에도 불구하고 도시 주택난은 크게
개선되지 못했다. 이에 국무원은 주택 곤란 가정을 우선 지원한
다는 원칙하에 중국 최초의 어포더블 하우징affordable housing이
라 할 수 있는 안거공정(安居工程, 중앙 및 지방정부가 공적 자금을 지원
하는 주거 보장 프로그램)을 1994년에 도입했다. 안거공정은 중앙정
부가 건설비의 40%를 지원하고 나머지 60%는 지방정부와 단
웨이가 부담하여 신규 주택을 건설하고 이를 중저소득층에 분
양하는 것이었다(Cai, 2017). 뒤이어 정부는 안거공정의 구체적
프로그램으로 싱가포르 HDB의 공공주택과 흡사한 경제실용
주택经济适用房을 도입했다. 경제실용주택은 적정한 품질의 주택
을 부담 가능한 가격에 공급하는 '실용성'에 초점을 둔 것으로,
'원가는 보장하고 이익은 조금만 추구한다保本微利'는 원칙에서

---

* 기존 무상분배주택의 할인율은 전국 평균 38%였으며, 지역별로는 베이징
  52%, 충칭 48%, 광저우 35%, 상하이 25%, 하얼빈 35%, 시안 52%, 톈진
  31%였다(Logan 외, 2010).

〈그림 6-11〉 주택개혁의 추진 과정

주택개혁

이전 (1949~1977)
〈국가 보장〉 무상분배(현물 제공), 저임대료(단웨이 공급체계), 직급·지위에 따른 분배

이후 (1978년 이후)
〈주택개혁의 목표: 상품화. 시장화, 분권화〉 시장 효율성 도입, 소비 진작, 공급 확대, 거래 촉진, 주거 여건 개선

(1단계) 1978~1991	(2단계) 1992~1997	(3단계) 1998년 이후 개혁 본격화
〈개혁 선언〉 주택의 성격: 복지재 → 상품주택 시장화(housing marketization)	**〈이원화된 공급체계〉** 단웨이 체계 + 상품주택 공급 병존, 복지주택 불하	**〈개혁 가속, 본격화〉** 단웨이 체계의 복지주택 폐지, 소득 계층별 주택 공급체계 추진
• 주택의 구입과 거래 허용 • 사적 소유권 보장 • 시범 사업 추진: 신규 주택의 공급, 임대료 인상 → 구입 능력 부족, 금융 부재 → 단웨이 체계의 저임대료 방식 유지, 주택 구입 동기 저조	• 임대료 인상 시범 사업 중단(임금 인상 등 인플레이션 압력 가중) • 기존 복지주택 불하: 표준 건설비의 30~50%로 대폭 할인 • 소득 계층별 차별화 방안 제시 　(1)중저소득: 경제실용주택(공공 분양) 　(2)고소득: 상품주택 • 단웨이 공급체계 → 주택공적금 흡수(단웨이 체계 유지하의 주택 금융 연계)	• **단웨이 공급체계(복지주택) 종식 선언** • 자가 구입 촉진 • (소득 계층별 주택 공급 방안) 　(15%)저소득: 정부 지원 임대주택. 　(70%)중소득: 경제실용주택(공공 분양). 　(15%)고소득: 상품주택. **→ 자가 소유 기반형 도시 주택 시스템**

분양가를 원가에 수익률 3%를 더한 수준으로 책정했다(Li, 2016; Cai & Wu, 2019). 임대가 아닌 분양형으로 공급하여 소비 촉진과 더불어 자가 소유를 지원하는 것이 목적이었다.

그러나 경제실용주택의 공급에 박차를 가한다 하더라도 구입할 자금을 마련할 수 없다면 개혁은 더딜 수밖에 없었다. 주택공적금住宅公積金은 이러한 문제의 돌파구가 되었다. 주택공적금제도는 중앙정부가 싱가포르의 중앙적립기금CPF을 벤치마킹하여 도입한 것이지만, 1991년 상하이에서 신규 분양주택의 자금 마련을 위한 창구로 실험적으로 추진했던 방식을 차용, 확대한 것이다. 당시 상하이 시장인 주룽지(朱镕基, 개혁 3인방 중 1인)는 상하이 주민들에게 주택개혁 참여를 독려하며 개최한 여러 차례의 토론 과정에서, 주민들이 의무적으로 가입하는 적금제도를 만들고 이 적금으로 집도 사고 개보수도 하고 임대료가 오르면 꺼내 쓸 수 있다는 아이디어를 얻었다. 이에 주룽지는 개혁으로 추가되는 부담은 지출이 아니라 저축임을 부각시켰고, 단웨이와 소속 직원들이 함께 조성하여 주택적금제도를 만들고 그 소유권을 직원들에게 준다면 고용 안정성도 유지하면서 개혁의 참여도를 높일 것이라고 생각했다. 1991년 6월 상하이에서 주택적금제도에 참여한 단웨이와 직원 수는 각각 2만 3,000여 개와 402만 명이었다. 이는 당시 상하이 전체 단웨이 및 직원 수의 각각 90.3%와 93.5%에 해당하는 것이었다(김도경, 2016). 이로써 단웨이 복지주택의 임대료 인상은 순조롭게 이뤄졌고 신규 주택을 분양받고자 하는 사람도 늘었다.

상하이의 이런 경험을 토대로 중앙정부는 1994년 주택공적금제도를 도입했다. 주택공적금은 의무가입제도로 단웨이와 직원이 각각 임금의 5%씩을 갹출해 적립한 기금으로 직원들의 주택 구입이나 개보수 등 주택 관련 비용을 조달하는 융자 채널이 되었다. 금융이 없었던 시기에 주택공적금은 개혁 과정의 주택 상품화를 보다 원활하게 하는 윤활유 역할을 했으며, 무엇보다 저임금-저임대료라는 연결 고리를 끊는 데 중요한 기여를 했다. 임금 인상이 물가 인상으로 이어질 우려가 큰 상황에서 인상된 임금을 적금 계좌가 흡수했던 것이다(Chen & Deng, 2014). 그러나 이 역시 단웨이 소속 직원들에게만 해당되는 것이었다. 1999년 이후 의무 가입 대상이 민간기업과 집체기업集体企业으로 확대되었으나(Xu, 2017), 도입 이후 2019년까지 주택공적금 가입자 비율은 전체 가구의 32%밖에 되지 않는다(Liu & Liu, 2019). 이것이 주택공적금제도가 기존 단웨이 체계를 보호하고 오히려 더 강화시켰다는 비판에서 자유로울 수 없는 이유이기도 하며 오늘날 중국 사회의 불평등에 내재한 기득권 문제이기도 하다.

이 시기에도 여전히 단웨이 복지주택과 상품주택의 이원적 주택 공급체계는 계속되었고, 단웨이 복지주택이 직원들에게 대폭 할인된 가격으로 불하되었지만 1995년까지 단 35%만이 불하되었을 뿐이다(Yang & Chen, 2014).

주택개혁의 본격화: 1998년 단웨이 체계의 종식

그동안 점진적으로 추진되던 주택개혁은 1998년 급진전된다. 국무원이 1998년 말까지 단웨이 복지주택을 폐지하겠다고 선언한 것이다. 당시 개혁 본격화를 주창한 구성쭈·리정유(辜胜阻·李正友, 1998)는 단웨이 체계가 유지되는 한 단웨이가 직원을 위해 주택 투자를 늘리는 대신에 임금 수준도 계속 낮출 수 있는 빌미를 제공하기 때문에 유효 수요가 창출되지 않으며, 복지주택과 상품주택 간의 엄청난 주거비 차이로 상품주택의 구입 욕구가 억제되는 것이 개혁의 장애 요인이라고 주장했다. 또한 이들은 당시 시장의 상품주택은 7,000만㎡밖에 되지 않는데 기존 복지주택은 40억㎡라는 점에서 상품주택은 확대하고增量改革 기존 복지주택은 매각으로 줄여存量改革 균형을 잡아나가는 것이 개혁의 비용을 줄이는 방안이라고 제시했다.

단웨이 체계의 종식은 주택의 본격적인 상업화와 시장화 시대의 개막이자 자가 구입이 그 출구 전략임을 공언한 것이나 마찬가지였다. 근로자들은 이제 시장에서 집을 사든지 이전 복지주택을 불하받든지, 둘 중 하나를 선택해야 했다. 때마침 1997년부터 국영은행(4개)이 주택담보대출을 개시하면서 1년 반 만에 기존 복지주택은 60%가 불하되었고, 2002년까지 80%가 불하되었다(Yang & Chen, 2014).

자가 소유 촉진이라는 개혁 본격화 전략의 모토는 '새로운 사람은 새 제도(주택)로, 옛 사람은 옛 제도(주택)로新人新制度, 老人老办法'였다(吳开泽, 2017). 즉 옛 사람들에게는 옛 주택을 대폭 할

인해주고 새 사람에게는 새 주택을 공급하는 것이다. 국무원은 소득 계층별로 새로운 주택 공급 방안을 제시했는데, 저소득층은 정부가 지원하는 임대주택, 중소득층은 경제실용주택, 고소득층은 상품주택을 공급하는 것이었다.

그러나 저소득층에게 새로 공급하는 영구임대주택(廉租房, 염가임대주택이라는 뜻인데 우리가 이해하기 쉬운 표현은 영구임대주택이다) 은 거의 공급되지 않았으며, 당시 전체 가구의 70%를 대상으로 공급하기로 한 경제실용주택 역시 중저소득층에게 결코 실용적이지 못했고 정부의 투자도 미흡했다. 주택의 시장화는 자연스레 새로운 상품주택이 시장의 주역이 되면서 중국 주택시장의 지형을 완전히 바꿔놓았다. 표면적으로는 단웨이 체계의 종식이었지만, 현실적으로는 1998년 아시아 금융위기로 수출이 부진한 데 따른 경기 진작을 위해 건설업 활성화가 절실했기 때문이다.

토지의 개혁: 토지 사용권의 양도를 통한 '시장화'

주택개혁의 시장화에 발맞춰 토지제도에도 자본주의의 색채가 가미되었다. 토지공유제의 원칙은 유지하되 토지 권리를 소유권과 사용권으로 분리하고 사용권의 유상 양도(매매, 거래, 증여 포함)를 통해 토지를 시장화했다. 이로써 중국의 부동산시장은 1급 시장(토지 사용권 양도 시장), 2급 시장(신규 분양 시장), 3급 시장(기존 재고 주택 시장)으로 완성되었다.

중국의 토지 소유권은 도시 토지의 경우 국가소유(혹은 전민

소유)*, 농촌 토지의 경우 마을 자치조직이 소유권을 갖는 집체소유集体所有다. 도시 토지가 국가소유인 것과 달리 농촌 토지가 집체소유인 것은 마오쩌둥 시기의 공동 생산, 공동 분배가 농민 의욕 저하와 농업 생산량 감소를 초래했다는 점에서 농촌에 자영업 개념 도입 및 향진기업乡镇企业 육성을 통해 농가 소득을 증대시키기 위해 농촌 주민들이 토지를 공동으로 소유할 수 있도록 한 것이다. 집체소유 토지의 소유권은 농민 개개인이 아니라 촌민위원회 등 농촌 자치협의체가 소유하며, 농민들 간 거래는 가능하지만 농민 이외인 자에게 매각이나 임대, 담보로 제공하는 것은 금지된다. 집체소유 토지를 도시 개발 목적으로 사용하고자 할 경우에는 국가를 대신해 지방정부가 집체소유 토지를 수용하여 사용권을 확보하고 유상 양도 과정을 거쳐 시장화하게 된다.

토지 시장화를 위한 제도 개혁은 1998년 헌법을 개정하여 토지에 대한 권리를 소유권과 사용권으로 나눠 양대 권리의 기본 틀을 갖추면서 시작되었고, 2007년 물권법財产权法을 제정하여 주택용지 사용권(70년)은 사용 기간이 끝나더라도 자동 연장할 수 있도록 했다. 이러한 조치는 제도상 토지임대부주택이라 하더라도 사실상 개인의 토지 소유를 인정한 것이나 다름없다고 볼 수 있다.

---

* 국가소유는 전민소유(全民所有), 즉 전 인민의 소유로서 국가가 전 인민을 대표하여 소유하는 것이다.

그런 토지 사용권의 시장화 이후, 양도하는 과정에서 많은 문제점이 불거졌다. 무상 양도나 협의매수(수의계약) 과정에서 지방 관원들과 개발업자들 간의 물밑 협상, 음성 거래, 뇌물 수수 등 비리와 부패 문제가 불거졌고 지방정부마다 경쟁적인 기업 유치로 산업용지를 지나치게 저가로 공급하는 행태가 만연했다. 이에 중앙정부는 사용권 양도 과정의 절차적 투명성을 높이는 일환으로 2004년 8월부터 모든 사용권 양도 토지는 입찰, 경매, 공시 방법으로 공급하도록 했다. 2006년에는 늘어나는 도시화 수요로 경작 가능한 농지가 잠식될 수 있다는 우려에서 국토자원부가 도시 개발용 토지 공급 할당제를 도입했다. 중국 전체의 경작 가능한 토지 1억 2,000만 헥타르(18억 畝)*를 식량 안보의 레드 라인으로 정하고, 지방정부들이 이 기준선을 침해하여 도시용으로 개발할 경우에는 다른 곳에다 경작 가능한 농지를 확보하도록 했다(Rithmire, 2017).

2000년대 중반, 집값이 급등한 원인이 토지 공급에 있다고 본 중앙정부는 신속한 택지 공급을 위해 2007년에 지방정부가 토지비축센터를 설립하도록 했다. 또한 주택의 대량 상품화에 따라 택지가 얼마나 필요할 것인지에 대한 계획도 없었다는 점에서 2010년에야 지방정부에 도시 택지 공급에 대한 중장기 계획을 수립하도록 의무화시켰다.

---

* 畝(무 혹은 묘)는 중국에서 토지 면적을 나타내는 단위로, 1畝는 200평, 즉 666.7㎡에 해당한다.

그러나 2004년 입찰·경매 방식의 토지 사용권 양도와 2007년 토지비축센터의 설치는 지방정부의 토지 독점력과 지대 추구적 행태를 더 강화시키는 결과를 낳았다. 입지가 양호한 토지에는 과당경쟁으로 '프리미엄'이라는 추가적인 이익을 얻게 되었고, 저가 토지 공급이 여전히 기업과 산업 유치 경쟁에 결정적 유인책이 되면서 상대적으로 상업용과 주거용 토지는 과도하게 비싼 가격으로 공급했다(《그림 6-12》). 토지비축센터는 토지를 비축한다는 명분으로 토지 사용권 양도가격을 높이는 데 일조했고 지방정부가 직접 조달할 수 없는 다른 재원들을 끌어오는 창구 역할도 했다. 중국의 높은 집값에는 지방정부의 이러한 토지재정 전략 혹은 토지 정치도 반영되어 있다고 볼 수 있다. 조세개혁으로 토지에 대한 재량권을 얻어낼 수 있었던 지방정부에게 토지는 도시화를 가속화하고 지역 경제의 성장을 담보하는 든든한 밑천이었지만 그에 대한 비용은 새 주택을 구입하는 새 사람에게 전가한 것이나 다름없었다.

조세제도의 개혁은 중앙집권을 강화하고 경제 분권화를 통해 개혁개방을 완수하는 데 중요한 역할을 했다. 개혁개방 이전까지 중국의 조세제도는 국세와 지방세가 명확히 구분되어 있지 않은 통합 재정구조였다. 중앙과 지방 간의 세입과 세출을 하나로 통제统收统支하는 이러한 재정 통합제는 한 부엌에서 한 솥밥을 먹는一灶吃饭 구조였다. 지방정부가 세금을 모두 징수하여 중앙정부에 이전(혹은 상납)하면, 중앙정부는 자체 판단에 따라 지방정부에 필요한 재원을 다시 이전했다. 그러나 이와 같은

<그림 6-12> 도시의 토지 사용권의 용도별 가격 추이 (단위: 위안/㎡)

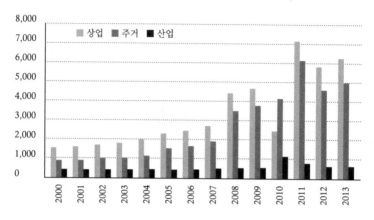

자료: Zang & Xu, 2016: 16

구조하에서 지방정부가 징수액의 일부만 중앙정부에 상납하고 나머지를 더 많이 확보하려는 유인이 생김에 따라 지방재정은 급성장한 반면 중앙재정은 지속적으로 감소했다(전상경, 2014). 이에 1994년 조세개혁은 중앙과 지방의 재정을 분리하여 각자의 부엌에서 밥을 먹는 관계로 바꾸고, 중앙의 재정 역량을 키우는 것이었다. 중앙정부는 부가가치세와 소비세 등 비교적 징세가 쉽고 규모가 큰 세금을 직접 징수하게 되었고, 지방정부는 징세가 어렵고 작은 세금들의 징수를 맡았다.

재정 분리제 이후 지방정부의 줄어든 세수를 보충한 것이 바로 토지 사용권 양도금이다. 중앙정부는 유리한 징세권을 차지한 대신에 지방정부에게 토지 사용권 양도금을 양보한 셈이다. 토지 사용권 양도금은 조세개혁 이전에는 중앙이 40%, 지방이 60%의 몫을 가져갔으나, 개혁 이후에는 지방정부에게 100% 귀속되는 예산 외 재정 수입이었다. 지방정부는 이러한 예산 외 수입으로 중앙정부의 통제 없이 자유롭게 도시화에 필요한 공공시설 등 각종 인프라 확충, 기업 유치, 지역 성장을 위한 정치자금으로 활용할 수 있었다. 그러나 2011년부터는 규칙을 바꾸어서 토지 사용권 양도금은 지방재정에 흡수되어 중국 특유의 '토지재정'을 만들었고, 그 사용 용도도 구체화되면서 재정 규율이 강화되었다. 이는 지방정부의 개발이익을 지역 내 발전에 재투자하는 명분이기도 하지만 점차 늘어나는 복지 수요에 대한 비용을 지방정부에 떠넘기는 중앙정부의 책임 회피 문제도 있다.

개혁 추진도 중국식: 점진적인 준민영화

중국의 주택개혁과 토지개혁 방법은 동유럽 국가나 러시아와는 상당히 다른 접근이었다. 이들 국가가 빨리 시장경제로 이동하기 위해 충격요법으로 체제 전환 시 부담해야 할 비용을 되도록 초기에 집중시키려 한 반면, 중국은 점진적이고 실험적인 방법으로 개혁을 확대해나가는 증량식增量式 전략을 취했다. 가능한 한 기존 제도를 해치지 않으면서 점차 새로운 요소들을 늘리는 방식으로 진행하여 개혁에 대한 저항을 최소화하고자 했다. 이는 단번에 개혁할 수 없다면 쉬운 것부터 개혁하라는 덩샤오핑의 '실용주의적 개혁 전략'이기도 했다. 체제 유지가 가장 중요한 사회 안정이었기 때문에 사회주의 운용 규칙을 바꾼다고 해도 정부의 전반적인 경제 관리 능력과 지도력을 위협하지 않는 전략이 중요했다.

체제 전환 국가들의 급진적 민영화와 대별하여 중국의 이러한 개혁 특징은 '준민영화quasi-privatization'로 정의된다(Hsing, 2010). 기존 공영주택의 단기간 내 대량 매각(혹은 불하)이 아닌 기존 체계(단웨이)를 유지하면서 새로운 주택을 공급하는 '상품화' 전략이기 때문이다. 상품주택의 공급만으로 미진한 부분은 토지개혁과 조세개혁으로 시장화에 박차를 가했고 이러한 개혁 삼박자가 '새로운 도시 주택 모델'을 탄생시켰다(Hsing, 2010; Theurillat 외, 2016).

기존 체계를 유지하면서 상품화 전략을 병행한 특성으로 인해 중국의 주택 점유 형태는 다소 복잡하다. 자가, 민간임대, 공공임대와 같은 통상적인 분류가 아니다. 주택을 어떻게 취득했는지에 따라 자가는 상품주택 분양, 개인 신축(주로 농촌), 복지주택 불하, 경제실용주택의 4가지 유형으로 구분되며, 임대는 3가지 유형(민간임대, 공공임대, 그 외)으로 분류된다. 2010년의 경우 전체 주택 중 자가 주택 비중은 84.4%다(《표 6-3》).

자가 소유 가구는 1993년에는 전체 가구 중 30%도 안 되었지만, 기존 복지주택의 불하와 상품주택의 공급 확대로 2000년대 초반에 80%대를 넘어섰다. 상대적으로 복지주택에서 임대로 거주하는 가구는 5% 이하로 줄었으며 민간임대 부문은 이 틈에서 자라날 여지가 없었고 지금도 그러하다. 다른 체제 전환 국가들에서는 기존 주택의 불하 비율이 의미 있지만 중국에서는 시장화 비율(전체 주택 중 시장에서 매매, 거래되는 주택 비율)이 중요하다. 주택과 토지개혁이 얼마나 성공했는지를 가늠하는 척도이기도 하다. 도시 주택의 시장화 비율은 2015년 50% 정도였으며, 2019년에는 60%에 이른다. 시장화에 따라 도시 가구의 주거 여건도 크게 개선되어갔다. 개혁개방 당시인 1978년에는 도시 가구의 1인당 주거면적이 3.6㎡였지만, 2000년 22.4㎡, 2015년 33.3㎡에서 2019년에는 39.8㎡로 40년간 10배 이상 늘었다(중국 국가통계국, 2020).

기존 복지주택의 불하는 지금도 계속 진행 중이다. 정저우시의 경우, 복지주택이 중저소득층의 내 집 마련에 상당히 기여했다고 평가하며, 2018년에는 주변 집값(재고 주택의 평균가)보다 15% 낮은 할인가로 불하했다. 이러한 혜택은 2019년 10% 할인을 마지막으로 2020년 이후부터는 적용하지 않는다. 구입을 서둘러달라는 주문이다. 기존 거주자가 복지주택을 이미 불하받았더라도 남은 대금(집값의 일부, 융자금 및 이자 등)을 완납하지 않으면 해당 주택은 매매 거래, 담보, 상속이 불가능하다. 따라서 이런 이유 등으로 주택시장에는 상품주택들이 넘쳐나지만 시장화되지 못한 집들이 아직 상당수 남아 있다.

⟨표 6-3⟩ 주택 재고 구성 (2010년 센서스 기준)

구 분	상품주택		(정부 보조금 지원) 공적 지원 주택					
			자가 주택			임대주택		
취득 경로	자가 분양	민간 임대	개인 신축	복지 주택 불하	경제 실용 주택	공공 임대	기타 임대	
전체 주택 재고 (100%)	31.7%	6.5%	20.5%	28.8%	3.4%	5.8%	3.3%	
	38.2%		61.8%					

* ▨ 자가 주택은 84.4%.
자료: Man, 2011

⟨그림 6-13⟩ 도시 가구의 주택 점유형태 추이 (1993~2009, 단위: %)

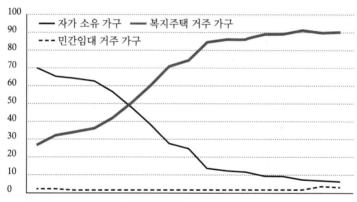

자료: Chen, 2016

거대한 '슈퍼' 마켓의 탄생과 성장

상품주택이 주도하는 주택시장

개혁의 과정이 서서히 진행된 것에 비해 시장이 형성되는 속도
는 매우 빨랐다. 상품주택商品房, commodity housing은 개혁 과정에
서 불하받은 주택房改房과 구별되는 의미의 주거 유형으로, 시
장을 통해 공급되는 주택을 말한다. 우리의 민영주택과 비슷하
다고 보면 된다. 상품주택은 이전 복지주택과는 비교할 수 없을
만큼 세련된 디자인과 상품성을 과시하며, 오늘날 중국 도시의
보편적 주거 유형으로 자리 잡고 있다.

주택시장은 2000년대 초반까지만 해도 거래가 활발하지 않
은 작은 시장이었지만 상품주택의 대량 공급으로 시장화가 빨
라졌고 그 규모도 몰라보게 커졌다. 한 해에 준공되는 상품주택
의 면적은 지난 10년간(2010~2019) 연평균 9억 6,000만㎡다. 10
년간 총 9,600㎢에 이르는 상품주택들이 겹겹이 쌓여 올라간
것이다(〈그림 6-15〉). 한 해에 공급되는 상품주택의 규모는 서울
면적(605㎢)의 1.6배 수준이며, 지난 10년간 서울의 16배나 되는
상품주택이 들어섰다. 한 해에 거래되는 주택 면적은 지난 10년
간(2010~2019) 연평균 11억 7,000만㎡(1,170㎢)이니, 매년 서울 면
적의 2배 정도에 해당하는 집들이 거래되고 있다. 상품주택의
공급(준공)은 2016년 이후 감소 추세인데, 이는 시장 성숙에 따
른 조정 국면, 공급 과잉, 2017년부터 강화된 규제(대출, 구입 제한
등) 영향 등 여러 복합적인 요인이 작용한 결과로 보인다.

〈그림 6-14〉 주댁의 시장회 비용 추이 (주택 기준, 단위: %)

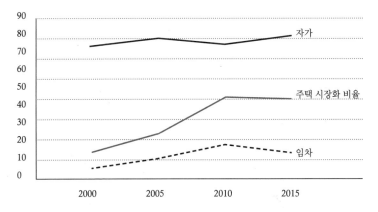

자료: Chen, 2016

중국의 주택 통계는 호 단위가 아니라 연면적 단위로 작성되어 있어서* 정확하게 한 해에 몇 호의 주택이 건설되는지 가늠하기 어려운 한계가 있다. 주택 거래 시(아파트 기준)의 호당 평균 면적(100~110㎡)을 적용하면, 한 해에 건설(준공)되는 신규 주택 건설 호수는 최근 10년간 900만 호에서 1,000만 호 정도일 것으로 추산할 수 있다. 상품주택 중 아파트는 호당 통계를 〈그림 6-16〉과 같이 공식 통계로 제시하고 있는데, 전체 상품주택 중 70% 정도가 아파트로 공급된다고 볼 수 있다. 아파트의 신규 공급(준공) 호수는 2011년 이후 연평균 750만 호 수준이다.

* 면적 단위의 주택 통계는 사적 소유권을 허용하지 않는 사회주의 공유제하에서 단웨이별 복지주택의 공급 규모를 총량 차원에서 파악할 뿐이다. 이를 어떻게 배분할 것인지는 단웨이가 정해왔기 때문에 호 단위의 주택 통계는 무의미했을 것으로 보이며, 이러한 통계체계가 지금도 그대로 적용되고 있는 것으로 보인다.

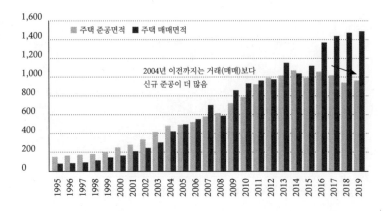

〈그림 6-15〉 상품주택의 준공 실적과 매매, 거래 추이 (단위: 백만㎡)

자료: 중국 국가통계국, 2020

　아파트에 대해서는 준공뿐 아니라 매매도 호 단위로 통계
가 제공되는데, 2019년 아파트 매매 건수는 1,321만 건이다. 이
는 우리나라의 한 해 주택 매매 건수의 14~15배이며, 미국의 주
택 매매 건수(500~600만 건)의 두 배를 넘는 수준이다. 아파트 매
매의 총 가격은 2019년 13조 9,000억 위안(약 2,400조 원)이다. 한
해에 아파트 매매로 교환되는 화폐 흐름이 우리나라 한 해 예산
(2020년 512조 원)의 4배나 되고, 중국 GDP의 14%나 되는 엄청난
규모다. 아파트 거래 과정에서만도 중개 및 이사 서비스, 가구
및 가전제품 교체 등 부동산 서비스 산업과 소비 진작 효과가
상당하리라고 짐작할 수 있다.

〈그림 6-16〉 신규 상품주택의 공급(준공) 추이 (단위: 만 호)

자료: 중국 국가통계국, 2020

시장부터 우선: 선시장 후제도

중국의 민영 아파트(상품주택)가 우리와 다른 점은 내부 인테리어를 일절 하지 않은 골조 상태로 분양된다는 점이다. 개인 취향에 따라 내부 인테리어를 직접 하는 형태다. 그래서 새 단지가 들어서는 주변에는 건축자재점과 가전 전문점들이 성업을 누린다. 아파트 단지의 지역 경제 효과가 만만치 않다.

그러나 이러한 성업 시장에도 불구하고 제도적 기반은 상당히 취약하다. 선분양을 악용한 건설업체의 수익 추구적 행태와 부실 문제가 여전히 만연하고 있다. 선분양은 건축 공정의 3분의 2가 진행된 시점(이후 총 공사비의 25% 집행 기준으로 변경)에서 가능하며, 주로 대규모 단지나 고층 아파트 건설 시 선분양하는 경우가 많다.* 건설업체는 자금 부담을 완화하고 준공 후 미분

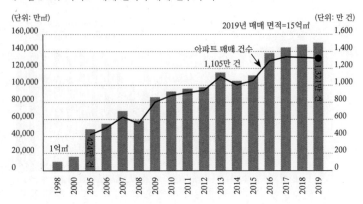

〈그림 6-17〉 아파트 매매 면적과 매매 건수 추이

자료: 중국 국가통계국, 2020

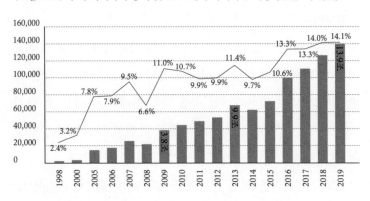

〈그림 6-18〉 주택 매매가격 총액 및 GDP에서 차지하는 비중 (단위: 억 위안)

자료: 중국 국가통계국, 2020

양 리스크를 줄이기 위해 선분양을 하지만, 주변 집값 수준을

＊ 2000년대 신규 아파트의 선분양 비율은 평균적으로 50% 정도이며, 일부 대도시에서는 90%였다(Leung & Ma, 2013).

272

보아가며 수시로 분양가를 변경하는가 하면, 지하철이 들어선다거나 개발 호재가 있다는 등의 허위 정보, 분양 사기, 시공 불량 문제가 많다. 선분양을 자금 조달수단으로 악용하기도 한다. 은행권 융자를 덜 받는 대신 선분양 대금에 더 의존했는데, 융자에 대한 이자 부담이 주니 선분양이 후분양에 비해 10배나 수익률이 높았다(Leung & Ma, 2013).

더구나 토지 사용권 구입대금(취득가액, 등록세, 인지세)은 1년 내에 완납해야 하지만 건설업체들은 지방 관료들과의 관시关系 비즈니스로 이를 선분양 대금을 받을 때까지 미루고, 토지 구입대금 완납 승인 이후에야 가능한 은행 융자도 승인 이전에 신청하는 등 편법·불법이 성행하며 부동산 개발과 관련한 각종 비리와 부패 문제를 일으켰다. 선분양 대금은 공사비로 사용되는 것이 아니라 토지 사용권을 경쟁적으로 구입하는 데 쓰이기 일쑤였다. 좋은 땅을 최고 입찰가로 따내기 위해서는 자금이 필요했기 때문이다.

이러한 혼탁하고 편법·불법적인 시장 관행에 대하여 인민은행은 총 투자비 중 건설업체의 자체 자금 부담 비율을 최소 30%로 규정하고(2003년), 부동산 개발의 해외 투자자금을 규제(2006~2007년)했으나 2008년 글로벌 금융위기로 이러한 규제는 완화되었다. 주택도시농촌부는 2011년 5월, 선분양가 공시제를 도입하여 'One House, One Price Policy'를 제도화했지만, 건설업체는 처음에는 분양가를 높게 책정하여 공시하고 나중에 소비자를 현혹하여 할인해주는 형태로 제도를 회피했다. 현재

〈그림 6-19〉 주택 착공면적과 준공면적 추이 (단위: 만㎡)

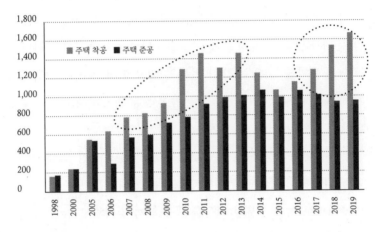

자료: 중국 국가통계국, 2020

　도 중국에서는 선분양제로 인한 계약 분쟁, 품질 불량, 불법 판매는 물론이고 건설업체가 돈만 받고 도망가는 등의 문제가 만연하다. 하이난성 등 일부 성은 2020년 1~2월에 선분양제를 전격 폐지하겠다고 발표하기도 했다. 시장은 커졌는데, 시장 원리와 질서가 제대로 작동할 수 있는 규제 틀과 모니터링 체계는 아직 사각지대로 남겨진 것 같다.

　중국의 주택 착공면적과 준공면적 간의 갭은 상당히 큰데, 이러한 큰 차이는 택지 시공면적과 택지 준공면적 간에도 나타나고 있다. 중국 학자들은 이를 투기적 행태로 해석한다. 집값이나 땅값(토지 사용권)이 더 오를 때까지 기다리거나 의도적으로 공급량을 조절하여 가격을 높이는 등의 행태다. 일정 기한 내 준공 원칙이나 책임 시공이라는 제도가 있지만 아쉬운 질서 의

식으로 인해 아직 시장다운 역할을 다하지는 못하는 것 같다.

집값은 연중무휴

통설은 아니지만 세계 집값 흐름은 대체로 10년 주기로 변동해왔다. 글로벌 금융위기 이후와 최근 코로나19 사태의 여파로 나라별, 도시별로 국지적 특수성은 있지만 거시적 맥락에서는 경제 사이클과 무관하지 않게 흘러왔다. 이러한 경향성에 비해 중국 도시 주택의 집값은 20여 년이라는 짧은 기간에 여러 번의 잦은 변동이 있었다. 혹자는 정부의 인위적인 시장 개입이 변동성을 키웠다고 하고, 또 혹자는 과도한 집값 상승이 투기와 사재기로 부풀려지니 이를 규제하여 집값을 안정화시키는 것은 당연하다고 주장한다.

중국의 집값 상승은 1994년 이후 기존 복지주택의 불하와 시장화가 되면서 일부 지역에서 나타났지만 전국적인 양상은 아니었다(Koss & Shi, 2018). 그러나 1998년 시장화가 본격화되면서 2003년부터 전국적으로 집값이 오르기 시작했다. 시장도 매우 혼탁했다. '차오팡퇀'(炒房團, 부동산투기단)이 전국적으로 몰려다니며 부동산을 구매하고 값을 부풀리는 등 불법, 사기, 허위거래가 난무했다. 정부가 주택시장에 처음 개입한 것은 2005년이다. 두 번의 대책(3.36, 5.12)을 통하여 주택담보대출 금리를 인상하고 주택 구입 시 선납금의 납부 비율을 올렸다. 주택거래세를 도입하여 구입 후 2년 내 매각 시 집값의 5.5%를 부과했고 분양권 전매를 금지시켰다. 선납금首付, downpayment을 집값의 일정 비율로 납부하는 요건은 주택담보대출LTV 규제와 같은 성격이다. 집값에서 구입자 자부담(선납금) 비율을 높이면 상대적으로 대출 비율이 줄어들게 된다. 선납금 납부 요건은 2005년에 20%에서 30%로 인상되었고, 이후 계속되는 집값 상승으로 생애 최초 구입, 주택 소유 여부나 보유 호수, 대출 이력에 따라 차등 적용되면서 60~70%까지 높아졌다.

2006년에는 중국 내에 1년 동안 소재지가 없거나 연고가 없는 외국인은 주택을 구입할 수 없도록 했고 양도소득세를 도입하여 양도 차액의 20%를 부과했다. 집값 안정을 위해 주택 규모도 제한했다. 일명 90-70 원칙은 신규 아파트 건설 시 최소 70%는 90㎡ 이하로 건설하도록 하는 것이다. 우리나라의 소형 주택 의무 건설 비율을 벤치마킹했다고 한다(Yang & Chen, 2014). 중국 정부는 규모가 작은 집을 더 많이 공급하면 신규 분양가가 낮아질 것이라고 판단했다. 그러나 시작 단계부터 거의 실패였다. 신규 아파트 건설 시 90㎡ 이하 비율은 2007년 22%에 불과했고 그 이후에도 35%를 넘지 않았다(Li, 2016). 건설업체는 소규모 아파트 2채 사이에 칸막이벽을 만들어 승인받고, 분양 시에는 두 집을 한 쌍으로 공급했다. 위층과 아래층을 연결할 수 있게 만들어 한 쌍으로 분양하기도 했다. 중국 특유의 골조만 분양하는 방식이 이러한 편법을 더욱 부추기고 있다는 것은 비밀 아닌 비밀이다.

이러한 규제에도 불구하고 2007년에는 집값이 거의 20% 올랐다. 물권법 제정(2007년)으로 주택용지 사용권(70년)이 만기

후 자동 갱신되면서 온전한 주택 사유화에 대한 기대로 집값이 크게 올랐다. 정부는 선납금 비율을 높이고 외국인 투자자의 해외 자금 차입을 금지하는 등 규제 수위를 높였다. 그러나 이듬해 글로벌 금융위기로 규제를 완화했고 경기 진작 차원에서 공공주택 공급 확대와 판자촌의 대대적인 재개발을 추진했다.

글로벌 금융위기는 중국 경제에 큰 영향을 미치지 않았다. 해외 자금을 엄격히 규제해왔고 금융 부문이 제대로 발달하지 못했기에 서브프라임 모기지라는 것이 거의 없었다. 그러나 경기 진작을 위한 4조 위안(5,800억 달러) 규모의 경기 부양책에 그동안 시행된 규제들이 완화되면서 2009년 하반기부터 집값이 크게 반등했다. 2010년부터 글로벌 금융위기로 유예되었던 주택거래세와 양도소득세가 다시 시행되었고, 국무원은 집값 안정을 위해 4.17대책을 발표했다. 그간의 대책 중 가장 강력한 규제로 일컬어지는 '주택 구입 제한령住房限购令'이 이때 도입되었다. 2010년 5월부터 베이징에서 먼저 시행되었고 이후 49개 도시로 확대되었다. 주택 구입 제한령은 지역 후커우 소지자들만 주택 구입을 허용하고 구입 호수를 2채까지로 한정하는 조치다. 해당 지역 후커우가 없는 가구들은 무주택자에 5년간 지방세 납부자에게만 1채 구입이 허용되었지만 베이징과 같은 경우 아예 허용하지 않는 등 도시마다 구입 제한 요건이 달리 정해졌다. 중앙정부는 주택 구입 제한령을 지방정부가 직접 시행하고 규제하도록 주문했다. 다주택 보유자에 대해서는 대출 규제를 강화하여, 두 번째 주택 구입 시 선납금 비율이 지역에 따

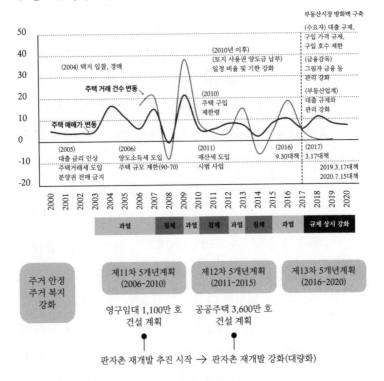

〈그림 6-20〉 중국 도시 주택시장의 가격 및 거래 변동 추이와 주요 정책 (단위: %)

라 50~60%로 인상되었고 세 번째 주택 구입 시에는 아예 주택 담보대출을 금지했다.

중앙정부는 2010~2011년 국영기업의 부동산 부문 구조조정도 단행했다. 토지 사용권 입찰과 경매 과정에서 공격적인 가격 응찰 등 과당경쟁이 택지가격만 올리면서 경쟁 구조를 약화시켰기 때문이다. 본업이 주택 개발인 16개 국영기업 외에 당시 78개의 거대 국영기업이 부동산 부문에서 철수했다.

주택 재산세 부과를 위한 시범 사업이 2011~2014년 상하이와 충칭에서 추진되었다. 그러나 시범 사업에 그쳤을 뿐, 10년이 지난 지금도 여전히 중국에는 주택 재산세와 상속세가 없다. 방대한 집값 자료를 수집·집계하여 공시가격을 산정하기도 어렵지만 무엇보다 토지재정에 비해 과세 실익이 크지 않을 것이라는 점에서 지방정부가 적극적이지 않았다. 지방정부는 여전히 팔 땅이 많았다. 개별 주택에 대해 재산세를 부과한 경험도 없지만 통계 인프라도 없는 상황이다(Li, 2016).

2012년에는 규제를 다시 완화했다. 일부 3-4선 도시의 주택 시장은 고전을 면치 못하고 있었다. 중앙정부는 규제 강화로 이들 도시가 장기 침체로 이어질 것을 우려하여 '집값이 합리적인 수준으로 돌아오도록 촉진'한다는 명분으로 규제를 완화했다. 1-2선 도시에서는 이런 규제 완화가 집값을 다시 자극했다. 그래서 2013년부터 부동산정책이 지역 차등 규제로 전환되고 개입의 정도를 지역마다 달리했다. 이 시기에 일부 3-4선 도시는 공가가 누적적으로 늘고 도시 전체가 텅 비는 유령도시 문제가 불거진 반면, 1-2선 도시는 집값이 가파르게 오르면서 선납금 비율을 두 번째 주택 구입 시에 70%까지 인상했다. 과열 도시에 대해서는 거래세 인상, 대출 규제 강화, 주택 구입 제한, 가격 제한 등 전방위적인 종합 규제정책을 시행했고, 1~2년 내 단기 전매에 대해서는 규제를 강화했다.

집값 안정화를 위한 가격 제한은 두 가지 방식이다. 첫 번째는 지방정부마다 매년 집값 상승률의 목표치를 (도시의 GDP 혹은 1인당 가처분소득의 증가율을 넘지 않도록) 설정하고 주택 건설 승인 시 신규 분양주택의 분양가가 전년도 분양가보다 높더라도 목표치보다는 낮도록 규제하는 방식이다. 두 번째는 토지 입찰 과정을 통해 이루어질 수 있는데 ①주택 분양가는 미리 확정하고 택지는 최고가 낙찰, ②택지가격은 미리 확정하고 주택 분양가는 최저가 낙찰, ③택지는 최고가 입찰이면서 주택 분양가는 최저가 입찰인 경우 최종 낙찰을 받는 방식이다. 소형주택(90㎡ 이하) 건설 시에는 ③과 같이 택지는 최고가, 분양가는 최저가 형태로 공급한다(Asia Insight, 2019).

중국 정부의 시장 개입은 12년간(2005~2016) 시장 과열기(5회)에는 규제를 강화하고 침체기(3회)에는 이를 완화하는 과정의 연속이었다. 많은 규제들이 1~2년의 시차를 두고 강화와 완화를 되풀이했다. 집값은 계속 올랐다. 도시별로 볼 때 1선 도시와 신1선 도시의 경우 변동 폭만 달라졌지 집값이 마이너스가 된 적은 거의 없다(《그림 6-21》). 정부가 규제를 강화하는 시점에만 집값이 잠시 주춤했을 뿐 곧 다시 반등세로 돌아섰다. 이러한 현상을 중국 언론은 '보복 투자vengeful bump back'로 표현한다. 규제 강화로 억눌렸던 소비가 규제 완화 시에 보상 심리로 한꺼번에 분출되어 집값 폭발로 이어진다는 것이다. 정부가 규제를 강화하는 시점에 주택 소유자들은 집값이 떨어질 것이라 생각하니 집을 팔려고 하지 않는다. 시장에 매물이 안 나오니 가격이 다시 뛰는 현상이 되풀이되었다(Koss & Shi, 2018). 너무 잦은 대책으로 규제 면역성만 키웠다는 평가도 있다. 사람들은 새로운 규제가 시행되어도 주택시장은 늘 강세 시장bull market이라고

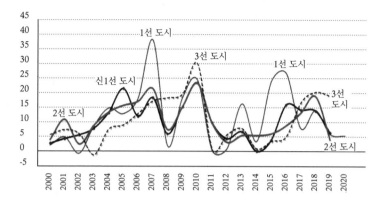

자료: CEIC data

믿었다. 그리고 이러한 믿음에는 부동산 의존도가 높은 중국 경제 여건을 감안할 때 정부가 의도적으로 집값을 떨어뜨리지는 않을 것이라는 부동산 필승론이 자리 잡고 있었다.

IMF는 이렇게 진단한다. 중국 부동산시장은 서구에 비해 단기간에 형성되자마자 엄청난 규모의 시장으로 성장했다. 그런데 막대한 시장 규모에 비해 정부의 정책은 수요 억제 중심의 단기적인 대책이었다. 주택 구입 제한령이 가장 실효성 있다고 볼 수 있지만 이 역시 매매·거래와 집값을 일시적으로 억눌렀을 뿐 근본적인 시장의 체질을 개선하지는 못했고 과열 도시의 주택 투기 열정을 식히지도 못했다는 것이다. 또한 금융시장의 취약성을 해결하지 않고서는 거대한 가계 저축금과 반복되는 규제 사이클이 집값만 부채질하고 자산 불평등을 심화시킬 것이라고 경고한다(Bayoumi & Zhao, 2020).

정부 부처 간의 불협화음도 집값 상승의 주요 원인 중 하나다. 주택도시농촌부는 주택시장 안정을 위해 규제를 강화하는 반면, 토지행정 관리 부처인 국토자원부는 오히려 토지 사용권을 경쟁 입찰시켜 토지가격만 올리는 엇박자를 연출했다. 무엇보다 지자체의 토지 독점하에서 토지 공급이 원활하지 못했고 토지 정치화로 주거용 택지가격이 비쌀 수밖에 없었다. 주택의 ㎡당 매매가는 2005년 이후 연평균 8.7%씩 오른 반면, 토지의 ㎡당 거래가격은 연평균 15.0%씩 올랐다. 집값에서 차지하는 토지가격은 2000년대 중반 30%에서 2010년대 중반에는 60~70%에 이른다. 2012년 이후 택지 조성면적에 비해 택지 준공면적은 감소하고 있으며, 2015년부터는 그 차이가 더 커지고 있다(《그림 6-23》). 토지 사용권 매각 이후 해당 토지는 곧바로 개발에 착수하여 준공되어야 하지만 시차를 감안하더라도 토지 준공 비율은 낮다. 집값 상승의 뿌리에는 원활하지 못한 택지 공급과 더불어 토지 비축과 투기 문제가 상존하고 있는 것이다.

중국의 도시 주택시장은 매우 짧은 기간에 너무나 많은 규제들이 여러 번의 대책을 통해 복합·중층적으로 에워쌌다. 어떤 규제가 얼마나 효과가 있었는지를 실증적으로 분석·평가해보기에도 짧은 기간이다. 시장 경험이 없었기에 규제란 단기적 리스크 관리라는 인식도 없지 않았을 것이다. 그러나 시간이 갈수록 중앙과 지방 간의 규제 거버넌스가 짜였고 시장 원리만으로는 해결할 수 없는 문제가 많다는 깨달음도 얻었다. 제12차 5개년계획(2011~2015) 기간에 추진된 '공공주택(임대, 분양) 3,600만

〈그림 6-22〉중국의 토지 및 주택 거래가격 추이 (단위: 위안/㎡)

〈㎡당 증가율〉

구분		주택 평균 매매가	토지 평균 거래가
2005~2019년	총 증가율	216.2%	566.6%
	연평균 증가율	8.7%	15.0%
2015~2019년	총 증가율	43.5%	70.5%
	연평균 증가율	9.4%	14.2%

자료: 중국 국가통계국, 2020

〈그림 6-23〉택지 조성면적과 택지 준공면적 추이 (단위: 만㎡)

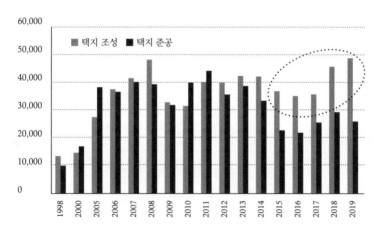

자료: 중국 국가통계국, 2020

호 건설계획'은 중국 건국 이후 가장 큰 민생 복지 프로젝트였다. 2017년 이후부터는 서민 주거 보장을 강화하며 규제 틀을 체계화하고 보다 중장기적인 관점에서 접근하기 시작했다.

새로운 국면 전환: 부동산시장 방어벽 구축

2016년 중앙경제공작회의에서 시진핑 주석의 "집은 거주하는 곳이지 투기하는 곳이 아니다房子是用来住的, 不是用来炒的"라는 기본 입장이 천명되면서 중국 부동산시장은 새로운 조정 국면으로 접어들었다. 집값 문제가 사회 갈등 요인이자 성장의 걸림돌로 인식되면서 2017년부터 '방어벽 구축' 체계로 들어갔다.

집값은 2016년에 전국 평균 11.3% 올랐고 1선 도시는 27%나 올랐다. 정부는 2017년 3.17대책을 통해 대출 규제 강화, 주택 구입 제한령 확대 등을 시행했다. 주택담보대출 이력이 있는 경우 유주택으로 간주하고 도시에 따라 선납금 비율을 70~80%까지 인상했다. 주택 구입 제한령은 동 대책 이후 정저우, 주하이, 하이난, 싼야, 광저우 등에서 추가로 시행했고, 최초 도입 후 지금까지 100여 개 이상의 도시에서 시행하고 있거나 일부 완화, 폐지, 재개 등을 이어가고 있다.

인성정책因城施策은 도시마다 문제의 원인에 맞게 부동산 해법도 차별적으로 시행하자는 것이다. 집값이 계속 오르는 1-2선 도시는 계속 규제 강도를 높이지만 미분양 주택의 재고가 쌓이고 가격이 침체된 3-4선 도시는 인구 유치와 지역 경쟁력 차원에서 다른 접근이 필요하다는 인식이다. 이에 3-4선 도시는 재고 소진 차원에서 농촌 후커우 소지자들의 도시 거주를 적극 장려하는 정책을 펼치기 시작했다. 안후이성, 쓰촨성, 허난성 등은 농민들이 도시에 이주해서 집을 구입할 수 있도록 권장하는 시범 사업을 추진했고, 산둥성은 농민들이 도시 주택을 구입할 경우 보조금, 대출금 이자 감면에 관련 보조금을 지원하는 등의 시책을 추진했다.

집값 상승을 단호히 억제한다는 방침하에 정부 관계 부처가 합동으로 선언한 '3대 안정 대책三穩'(집값 안정, 지가 안정, 기대 안정)이 각 지방정부에 시달되면서 시장 관리와 행정 조치가 강화되었다. 주택도시농촌부, 관계 부처, 지방정부는 합동 대책반을 꾸려 투기성 부동산, 불법 영업(개발, 중개)과 거래, 허위 및 과대 광고, 법규 위반 등을 조사하여 관련 조치를 취하고 부동산 블랙리스트를 공개하기도 했다(新浪网, 2018.9.14.). 이후 이러한 업무를 지방정부의 감독관리국(특별 검증 실무단 등 명칭은 다양하다)이 담당하면서 베이징, 상하이, 광저우, 선전 등 1-2선 도시들은 불법 대출, 온라인 플랫폼의 허위 매물과 가격 제한 규정 위반, 부동산중개업, 투기 사례 등을 집중 단속했다(新浪网, 2021.2.26.).

2019년 4월 중앙정치국 회의에서 제시된 1성1책一城一策 도시시책은 '하나의 도시에 하나의 정책'을 수립하는 것이다. 지방정부가 주체가 되어 지역에 맞게 시장 관리와 주거 보장 시스템을 갖추고 그에 따라 책임 있게 실현하라는 주문이다. 이는 부동산정책의 수립과 집행 시 지방정부의 자율성과 권한을 확대하면서 그에 따른 책임도 묻겠다는 의미다.

〈표 6-4〉 2017~2020년 정책 기조와 관련 정책

주택 투기 금지 (房住不炒)

2016년 12월	2017년 3월	2018년 7월	2019년 4월	2020년 7월	2020년 9월
"집은 거주용이지 투기용이 아니다 (房子是用来住的, 不是用来炒的)."	대출 규제 강화 • 대출 이력자는 유주택 간주 • 선납금 인상 등	인성정책 (因城施策) 삼안(三稳) 기조 (집값 안정, 지가 안정, 기대 안정)	1성1책 도시시책 (落实好 一城一策)	삼도홍선 (三道红线) 부동산업 부채 관리, 대출 규제	은행권 부동산 대출 총량제

부동산업계의 경영 부실과 금융 리스크에 대한 시장 방어벽은 삼도홍선三道红线 규제와 은행권 부동산 대출 총량제로 세워졌다. 삼도홍선은 부동산 개발업체에 대한 부채 관리형 대출 규제다. 부동산 개발업체는 세 가지 기준(부채 비율 70% 초과, 순부채율 100% 초과, 단기 채무>현금 보유) 중 해당 여부에 따라 연간 부채 증가율이 제한된다. 삼도홍선은 이 세 가지 기준 모두에 해당하는 '레드 라인'을 의미하는데, 부채 증가를 동결한다는 의미이다. 두 가지 기준에 해당하는 오렌지 라인의 부채 증가율은 5%를 넘을 수 없으며, 한 가지 기준에 해당하는 옐로우 라인의 부채 증가율은 10%를 넘어설 수 없다. 하나도 해당되지 않는 그린 라인도 15%가 상한이다. 삼도홍선 규제는 2020년 하반기, 12개 주택 건설업체에 우선 시범적으로 적용했으며 2021년 이후 전체 업체로 확대해 나갈 예정이다.

은행권의 부동산 대출 총량 규제는 2020년 12월 31일 발

표되었다. 은행권의 총 대출 잔액에서 부동산 대출 잔액 비중은 1급 은행의 경우 40%, 2급 은행의 경우 27.5%를 넘을 수 없다. 또한 총 대출 잔액에서 개인 주택담보대출 잔액 비중은 1급 은행의 경우 32.5%, 2급 은행의 경우 20.0%를 초과할 수 없다. 2021년부터 시행할 대출 총량 상한 기준(〈표 6-5〉)에서 현재 대출 상황이 2% 범위 내면 2년 내에 이 요건을 충족해야 하며, 2%를 초과한 경우에는 4년 내에 이 요건을 충족해야 한다.

은행권의 부동산 대출 잔액 총액은 2020년 9월 현재 48조 8,000억 위안이며, 총 대출 중 부동산 대출 잔액 비중은 2016년 3분기 22.8%, 2020년 9월 28.8%다. 부동산 개발업체의 평균 부채 비율은 2008년 72.3%에서 점차 늘어 2019년 80.4%에 달했다. 가계 부채는 지속적으로 늘어나, GDP 대비 가계 부채 비율이 2008년에 17.9%였지만 2019년에는 55.8%, 2020년에는 59.7%에 달했다. 가계 대출의 절반 이상은 주택담보대출(2020년 56%)이다. 주택담보대출은 GDP 대비 2015년 20%에서 2020년 38.0%이며, EU-28개국 평균 45.7%(2018년), 미국 53.1%(2018년)에 비해 낮은 수준이지만 증가 속도는 매우 빠르다(European Mortgage Federation, 2019).

이제 부동산정책의 규제 틀은 '부동산시장 방어벽 구축'하에 보다 중장기적인 관점에서 재편되었다. 기존의 투기 규제는 지역 특성에 맞게 지방정부가 그 대응책을 마련하여 시행하는 구조로 바뀌었으며, 중앙정부는 금융 감독·관리와 부동산산업의 경영 건전성을 제고하는 데 초점을 두고 있다. 부동산 부

〈표 6-5〉 은행권의 부동산 대출 총량제 (2021년부터 시행)

구 분	부동산 대출 상한 (부동산 대출 잔액/ 총 대출 잔액)	개인 주택담보대출 상한 (주택담보대출 잔액/ 총 대출 잔액)
1급: 대형 은행	40.0%	32.5%
2급: 중형 은행	27.5%	20.0%
3급: 소규모 은행 일부 현 단위 은행	22.5%	17.5%
4급: 현 단위 은행	17.5%	12.5%
5급: 촌 단위 은행	12.5%	7.5%

*1급 대형 은행: 공상은행, 건설은행, 농업은행, 중국은행, 국가개발은행, 교통은행, 우정저축은행.
자료: 同策研究院

문뿐 아니라 2018년부터는 발전개혁위원회, 은행감독관리위원회, 중앙은행, 증권감독위원회가 금융 건전성 제고를 위해 적극적으로 관여하고 있다. 사모사채 발행은 부채 상환 시에만 가능하며, 외채 발행은 1년 내 만기 도래하는 해외 부채를 상환할 경우에 한하여 허용하고, 동일인이나 관계자가 신탁 순자산의 30% 이상을 투자할 수 없게 하는 등 대출 및 자금 조달에 대한 금융 감독을 강화하고 있다(首创证券, 2020).

부동산시장 방어벽 구축은 부동산 투자 중심 성장 모델이 낳은 버블에 대한 우려와 함께 가파른 부채 증가가 중국 경제를 위협할 회색 코뿔소(예상할 수 있지만 쉽게 간과되는 위기)로 인식됨에 따라 정책 기조를 규제 중심에서 부채 감축으로 선회하며 제

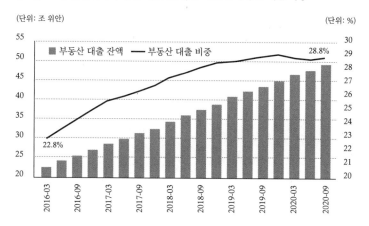

〈그림 6-24〉 은행권의 부동산 대출 잔액, 총 대출 중 부동산 대출 비중

(단위: 조 위안)   (단위: %)

〈그림 6-25〉 부동산 개발업체의 부채 추이 (단위: %)

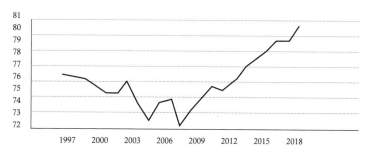

〈그림 6-26〉 GDP 대비 가계 부채 추이 (단위: %)

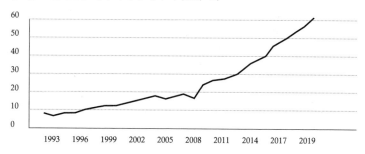

6장 중국: 대혼전―인구대국, 도시대국

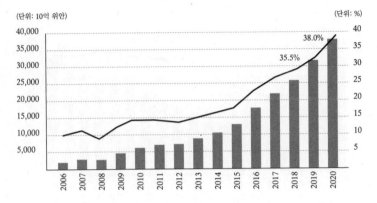

〈그림 6-27〉 GDP 대비 주택담보대출 추이

(단위: 10억 위안)　　　　　　　　　　　　　　　　　　　　　　(단위: %)

자료: 平安证券, 2020

시한 전략 방향이다. 1998년 주택 시장화 선언 이후 '두 번째 개혁'으로 일컬어지고 있다. 중국 정부는 2020년 7월 30일, 부동산을 단기적인 경기 부양수단으로 삼지 않겠다고 선언했다.

　이러한 2017년 이후의 정책 기조와 방향은 시장에도 어느 정도 반영되었다. 중국 국가통계국이 발표한 70대 도시의 평균 집값 상승률을 보면, 2019년부터 진폭이 줄어들면서 집값이 안정화 국면으로 접어들고 있다고 볼 수 있다. 택지 공급 방식도 2020년 2월부터는 연간 3회에 걸쳐 공급하는 '택지 공급 집중제集中供地'가 도입되어, 공급 시점과 물량 예측이 가능하게 되었다. 국토자원부는 정저우, 칭다오, 톈진 등 22개 시범 도시(1선 도시 4개, 2선 도시 18개)를 선정해 우선 시행한 후 전국적으로 확대해나갈 방침이다. 택지 공급만 원활해도 집값 안정에는 어느 정도 기여할 수 있을 것이다.

1단계	**투기 규제**	지역 특성에 맞춰 지방정부가 대응 정책을 마련하고 시행 — 선납금 납부 비중, 대출 규제, 거래 제한, 가격 제한, 주택 구입 제한령 등
2단계	**금융 감독 관리 강화**	은행 등 금융권 대출 관리 강화, 그림자 금융 등 금융 감독·관리 강화, 은행권 부동산 대출 총량 규제
3단계	**부채 규제**	삼도홍선: 부동산 개발업체의 경영 건전성 제고를 위해 연간 부채 증가율 제한

도시 주택의 명과 암

수급 불균형: 공급 과잉인가? 구입 능력 한계인가?

일반적으로 집값 상승의 원인을 진단할 때는 먼저 '공급은 충분한가'부터 살펴보기 마련이다. 그런데 중국은 주택 재고가 몇 채나 되는지 알 수 없다. 공식 통계가 없다. 주거실태조사는 1984년 이후 시행된 바가 없고, 10년 단위의 센서스도 통일된 기준으로 조사·집계되지 않고 있다.* 주택 관련 통계 기반이 매우 취약하다.

중지연구원이 추계한 도시 주택의 재고는 2002년 124억㎡, 2019년 349억㎡다(中指研究院, 2021). 이에 근거하여 도시 인구수, 평균 가구원수, 1인당 주거면적을 적용해 주택 재고수를 추산하면 2002년에는 1억 8,065만 호, 2019년에는 3억 660만 호

---

* 중국의 인구 센서스는 1953년 최초 시행했고, 제7차 인구 센서스(人口普査)는 2020년 11월 조사를 시작했다.

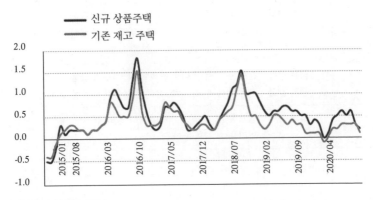

〈그림 6-28〉 중국 70개 도시의 상품주택 가격 변동률 추이 (단위: %)

자료: 平安证券, 2020

다. 우리 식의 주택 보급률은 2002년 112.3%, 2019년 103.4%
다. 인구 천 명당 주택 재고수는 2002년에는 215호, 2019년에
는 361호다. 주택 보급률은 2002년에 비해 2019년 오히려 줄었
는데, 이는 가구원수가 준 반면 1인당 주거면적은 크게 증가했
기 때문이다. 도시 인구 천 명당 주택 재고수(361호)는 선진국의
420~450호 수준에 비해 낮고 OECD 회원국의 500호에 비하면
매우 낮은 수준이다.

지난 18년간(2002~2019) 도시의 가구수는 1억 3,468만 가
구가 늘었지만 주택 재고수는 1억 2,595만 호밖에 늘지 않았
다. 양질의 현대식 주택도 많지 않다. 도시의 주택 재고수(2015
년 기준) 중 지은 지 10년 된 주택은 14.3%, 10~20년 된 주택은
37.7%다. 반면 20~40년 된 주택은 42.1%, 40년이 넘은 주택은
5.9%다(〈그림 6-31〉). 즉 기존 복지주택의 잔재가 아직 도시 주택

〈그림 6-29〉 중국의 대표적인 주택 유형

단웨이 복지주택

기존 복지주택(정저우시)

일반 아파트(상하이시)

성중촌(광저우시)

도시 내 판자촌

공공임대주택(베이징시)

자료: Wang, 2014; 大河网, 2018.9.6.; *The Straits Times*, 2021.1.23.; http://gz.house.163.com/special/gz_xcqf/; http://www.chinajingji. co.kr/2017/01/19/; *The Conversation*, 2013.12.9.

의 48% 정도 남아 있다는 것이다. 그동안 신규 상품주택의 대량 공급에도 불구하고 주택 재고가 크게 늘지 않은 것은 판자촌 재개발 등 멸실 주택이 많았기 때문이다. 판자촌 재개발로 인한 멸실 호수는 2010~2019년 4,500만여 호로, 이는 2019년 주택 재고수의 15%에 해당한다.

한편, 미분양 주택도 많다. 상품주택 중 아직 팔리지 않고 미분양된 채 남아 있는 누적 물량은 2020년 3분기 말 25.4억㎡다. 호수로는 약 2,500만여 호이며, 이는 한 해에 새로 건설하는 상품주택의 2배가 넘는 물량이다. 미분양 물량이 소진되는 데 걸리는 시간은 1년 8개월 정도다(《그림 6-32》).

공가도 점차 늘고 있다. 공가 호수는 2011년 4,200만 호에서 2017년 6,500만 호로 늘었고, 도시의 공가율은 2017년 21.4%다. 도시별로 보면 2000년대에는 대부분 한 자리 수였지만 2010년대에는 두 자리 수다. 1선 도시는 17~18% 수준이고, 2-3선 도시는 22% 수준이다(《표 6-8》). OECD 회원국의 평균 공가율이 10%인 것에 비해 매우 높다.

주목할 점은 이러한 공가가 다주택자로부터 발생되고 있다는 점이다. 도시 가구의 다주택 보유율은 2019년 41.5%다(《그림 6-35》). 집을 소유한 가구의 절반 정도는 2채 이상 가지고 있다. 이들은 실거주하거나 세를 줄 목적이 아니라 구입 후 인테리어도 하지 않은 채 집값이 오를 때까지 빈 채로 두고 있는 것이다. 전체 공가 중 다주택자가 사들여 공가가 된 비율은 2017년 18.0%다(《그림 6-34》). 전체 공가율(100.0%) 중 84%를 차지한

〈그림 6-30〉도시 주택의 재고량 추이 (2002~2025년, 단위: 억㎡)

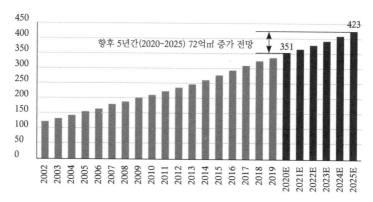

자료: 中指硏究院, 2020

〈그림 6-31〉도시 주택의 건설 연한 (2015년 기준)

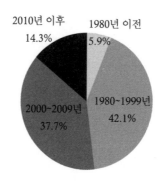

자료: 平安证券, 2020

〈표 6-7〉 도시의 주택 보급률

구분	2002년	2019년
도시 인구수(억 명)*	5.0212	8.4843
평균 가구원수(인)*	3.12	2.86
도시 가구수(억 가구)	1.6197	2.9665
1인당 주거면적(㎡) *	22.0	39.8
도시 가구당 주거면적(㎡)	68.6	113.8
도시 주택의 재고면적(억㎡)	124	349
주택 재고수(억 호)	1.8065	3.0660
주택 보급률(추정치)	112.3%	103.4%
도시 인구 천 명당 주택 재고수	215호	361호

1. *는 공식 발표(국가통계국, 주택도시농촌부 도농건설통계연감).
2. 주택 보급률 추계 과정
   (1단계) 가구당 주거면적(A)=평균 가구원수×1인당 주거면적.
   (2단계) 주택 재고수(B)=주택 재고면적/가구당 주거면적(A).
   (3단계) 주택 보급률=주택 재고수(B)/가구수.

다. 집을 3채 이상 보유한 가구의 절반 정도(48.2%)가 집을 빈 채로 두고 있다(〈표 6-9〉). 또한 이러한 공가에 미분양 주택은 포함되어 있지 않다. 미분양 물량(〈그림 6-32〉)까지 반영하면, 중국의 빈집은 그야말로 최소 9,000만 호에 달한다.

중국 도시 가구의 자가 소유율은 96%(2019년)이고, 자가 점유율은 80.8%(2017년)다. 도시 가구 중 15% 정도는 소유와 거주가 불일치하는데, 이는 후커우 소재지와 일하는 소재지의 불일

<그림 6-32> 주택 미분양 물량과 소진 주기

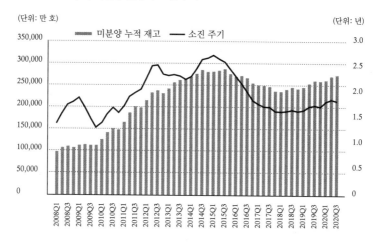

(단위: 만 호) (단위: 년)

미분양 누적 재고 ── 소진 주기

자료: 华安證券, 2020

치가 주된 이유일 것으로 보이나, 여러 정황상 실거주가 아닌 투자(투기) 목적의 구입이 상당하다는 점도 알 수 있다. 중지연 구원은 향후 5년간(2021~2025) 주택 수요가 총 72억㎡(총 약 5,778 만 호, 연간 약 1,156만 호)에 달할 것으로 추계했다(中指硏究院, 2021). 신형 도시화 계획에 따라 도시화율이 매년 1%p씩 증가하여 2025년 66.6%에 이를 전망이므로 도시화로 인한 신규 수요는 36.2억㎡이고, 교체 수요는 35.7억㎡라고 한다. 내 집이 있더라 도 거주하는 주택의 품질이 그리 좋지 않아서 새 집으로 갈아타 는 수요는 많을 것이다. 그러나 지난 5년간보다 앞으로 5년간 더 많이 공급될 주택은 누구를 위한 집일까?

가정금융조사연구소의 추정에 따르면, 도시화율이 10%p

〈표 6-8〉 도시별 공가율 (단위: %)

구 분	2002년	2004년	2006년	2009년	2011년	2013년	2015년	2017년
1선 도시	7.0	8.0	11.0	7.0	17.9	17.9	17.4	16.8
2선 도시	4.0	5.0	6.1	8.0	17.8	19.6	20.3	22.2
3선 도시	3.5	6.5	7.0	11.0	19.0	19.7	21.3	21.8

자료: Glaeser 외, 2017; 中国家庭金融调查与研究中心, 2019

〈표 6-9〉 주택 보유 호수별 공가율 (단위: %)

구분	2011년	2013년	2015년	2017년
1채 보유	6.5	6.1	6.4	7.2
2채 보유	38.3	39.4	38.9	39.4
3채 이상 보유	37.0	41.6	45.7	48.2

자료: 中国家庭金融调查与研究中心, 2019

높아지면 빈집 비율이 약 0.70%p 늘고, 지방정부의 토지 사용권 양도 수입 의존율이 10%p 높아지면 빈집 비율이 0.38%p 증가하고, 집값 10%p 상승 시 빈집 비율이 0.26%p 늘어난다고 한다(中国家庭金融调查与研究中心, 2019). 도시화로 인한 부동산 개발은 단기적으로는 지역 경제에 기여하겠지만, 중장기적으로는 빈집 공동화 현상을 피해가기 어려울 것이다. 도시로 온 농촌 이주민들이 과연 가처분소득의 몇 십 배나 되는 상품주택을 구입할 수 있을 것인가? 앞으로 새로 지어질 많은 집들은 또다시

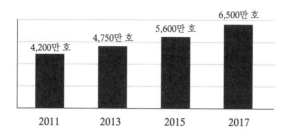

〈그림 6-33〉 중국 도시의 공가 호수

6,500만 호

5,600만 호

4,750만 호

4,200만 호

2011   2013   2015   2017

〈그림 6-34〉 중국 도시의 공가율 추이

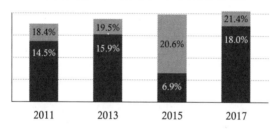

■ 전국 공가율   ■ 다주택자로부터 발생한 공가율

18.4%   19.5%   21.4%

14.5%   15.9%   20.6%   18.0%

6.9%

2011   2013   2015   2017

자료: 中国家庭金融调查与研究中心, 2019

다주택자에게로 흡수될 가능성이 높을 것이며, 그래서 빈집은 더 늘어날 수밖에 없을 것이다. 유령도시도 그래서 탄생한 것이 아닌가?

신도시의 텅 빈 자화상: 유령도시

중국의 부동산 개발 붐은 세계에서 유례없는 속도와 규모를 자랑하며 중국 경제를 견인해왔지만 수많은 빈집과 유령도시는 "중국 부동산 광풍의 그림자", "차이나 쇼크", "버블 붕괴의 실

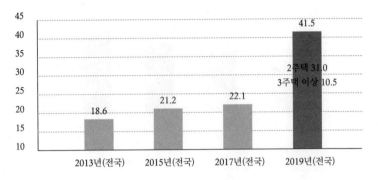

〈그림 6-35〉 중국의 다주택자 보유 현황 (단위: %)

자료: 中国家庭金融调查与研究中心, 2019; 中金公司研究部, 2020

체"와 같은 표현으로 세계 언론에 대서특필되기도 했다. 지역 산업이 붕괴하고 일자리가 없어지면서 순식간에 사람들이 떠난 빈 도시는 세계 도처에 더러 있다. 러시아에 수천 개나 있다는 '죽은 도시'는 소련이 종식을 고하면서 군대가 떠나거나 국가 산업이 중단되어 텅 빈 곳이다. 그러나 중국의 유령도시는 성격 이 좀 다르다. 지방정부의 무분별한 개발병이 만든 자화상이다.

중국 유령도시를 말하는 구이청(鬼城, 귀신 나오는 도시)과 공청 (空城, 빈 도시)은 무리한 도시 개발 사업으로 인한 주택의 과잉 공 급으로 집이 텅텅 비는 현상을 말한다(标准排名城市研究院, 홈페이 지). 수요를 무시한 마구잡이 개발의 결과다. 표준순위도시연구 원标准排名城市研究院은 1만㎡ 면적에 인구 5,000명의 거주 요건을 적용(유령도시지수 0.5 이하)하여 50대 유령도시 리스트를 제시한 바 있다. 상위 20개 유령도시의 대부분은 소도시나 군 지역에 있는 신도시들이다. 지방정부는 지역 경제 발전을 위해 경쟁적

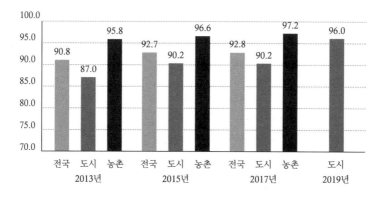

〈그림 6-36〉 중국의 자가 수유율 추이 (단위: %)

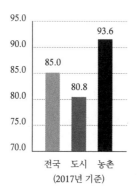

〈그림 6-37〉 자가 점유율 (단위: %)

자료: 中国家庭金融调查与研究中心, 2019; 中金公司研究部, 2020

으로 신도시와 신구新區를 개발했지만 건물은 팔리지 않았고 사람은 오지 않았다.

　중국 정부는 글로벌 금융위기 이후 투자-수출 중심의 발전 전략이 위기를 맞이하면서 대안적으로 맞춤형 도시 발전 전략을 채택했다. 창장강 삼각주, 주장강 삼각주, 징진지(베이징, 톈진,

허베이성) 지역, 서부 대개발이 그것이다. 시진핑 주석이 2013년 제시한 일대일로—帶—路 전략은 중국 주도의 '신실크로드 전략 구상'이다. 중국을 기점으로 육로와 해로를 통해 유럽까지 연결되는 현대판 실크로드 경제 벨트를 만드는 대규모 프로젝트다. 일대일로의 내륙 거점 도시로 신장위구르자치구 우루무치, 닝샤후이족자치구 인촨, 칭하이성 시닝, 간쑤성 란저우, 시짱자치구 라싸 등이 지정되었다. 원래 인구가 적은 지역들이다. 해상 실크로드의 거점 도시로는 톈진, 랴오닝성 다롄, 상하이, 저장성 닝보, 푸젠성 푸저우와 샤먼, 광둥성 광저우와 선전, 광시좡족자치구 난닝, 하이난성 하이커우, 윈난성 쿤밍이 선정되었다. 그러나 너무나 많은 신도시와 신구, 거점 도시들은 이제 유령도시라는 숙명을 받아들여야 하는 상황에 처해 있다.

중국 내륙 네이멍구자치구의 고원 지대에 위치한 어얼둬스시(캉바시 신구)는 석탄 등 풍부한 광물자원으로 최고의 성장률을 기록하기도 했지만 호황만 믿고 개발을 확장한 결과 아파트의 입주율이 20%도 안 되었다.* 중국의 맨해튼을 꿈꿨던 톈진의 경제특구 빈하이 신구는 중국에서 재정 건전성이 가장 나쁜 도시가 되었다. 저개발 내륙 지역 육성과 일대일로의 최대 수혜지로 꼽히던 란저우 신도시도 이제 채무의 덫에 걸린 유령도시가 되었다. 이외에도 동북 지역 랴오닝성의 톄링시, 정저우시의

---

* 캉바시 신구는 2021년 4월 우수 고교가 이전해 오면서 최근 인구가 유입되고 있다((Nikkei Asia, 2021.4.19.).

정둥 신구, 장쑤성의 창저우시 신도시, 윈난성의 쿤밍 등이 대표적인 유령도시들이다(https://www.tanling.com/archives/1341.html). 과도한 부동산 의존 증후군이 만들어낸 도시의 실체다.

중국판 스카이 캐슬: 학군주택의 맹모들

중국에서 '꿈의 학군'은 명문 대학의 입학 관문이다. 대학 수가 전문대를 포함해 2,400개가 넘고 대학 진학률도 75%로 높지만 명문 대학의 입학 경쟁률은 매우 치열하다. 어릴 때부터의 입시 위주 교육, 막대한 사교육비, 영어 열풍 등은 우리와 비슷하지만 더 치열한 교육 경쟁이 벌어지는 곳이 중국이다. 자식의 성공을 위해서는 집과 전 재산을 팔 정도로 교육열이 뜨겁다.

이를 더욱 달군 것은 중국의 학군 배정 방법이다. 부모가 해당 지역의 후커우 자격 요건을 갖추고 아이가 초등학교에 입학하기 전에 아파트를 소유하고 직장에 다니며 몇 년간 세금을 납부해야 해당 지역의 학군 배정을 받을 수 있다. 임차인의 경우에는 아예 자격이 없다. 그래서 "자녀를 이곳에 입학만 시키면 명문 대학과 출세의 관문으로 통한다"고 입소문이 난 학군은 중국 맹모들의 집 구입 경쟁으로 뜨겁다. 부르는 것이 값이다. 아무리 비싸도 아이들이 초등학교를 졸업하고 나서 집을 팔게 되면 더 비싸게 팔 수 있다. 이러한 특이 현상은 '학군 내몰림 education-led gentrification'으로 불린다(Huang 외, 2020).

명문 대학이 소재한 도시는 집값이 더 비싸다. 대학수능시험(가오카오)은 수험생의 후커우가 등록된 지역에서 응시하며,

지역별로 정원을 정해놓고 선발하지만 명문 대학 소재의 후커우를 가진 수험생들이 정원 할당을 더 많이 받으므로 타 지역보다 입학에 유리하다. 베이징에 위치한 명문 대학들은 베이징에 후커우가 있는 수험생이 타 지역에 비해 낮은 점수를 받고도 상대적으로 수월하게 입학한다. 이렇다 보니 교육제도가 집값 지도를 그리게 된다. 소득 대비 집값이 30배, 40배가 될 법하다.

쉐취팡學區房이라고 불리는 학군주택은 '학군이 좋은 곳에 있는 집'이란 뜻에서 생긴 조어다. 중국의 지나친 교육열과 교육 불평등이 만들어낸 파생 상품이다. '출발선에서 승리하기'라는 부동산 게임에 중국 맹모들은 지금도 열중하고 있다. 부동산 개혁보다 교육개혁이 필요하지 않을까?*

불법이지만 합법화된 듯한 '작은재산권주택'

도농 분리제도가 만든 도시의 중간 지대가 성중촌城中村이다. 성중촌은 도시 내 촌락urban villages으로 불리며, 농민들이 집체소유 토지에 집을 짓고 거주하는 곳이다. 농촌의 집체소유 토지는 소유권이 농촌 자치협의체 등 단체에 있지만 직접 개발권이 없으며, 수용 절차 없이는 도시용으로 개발될 수 없다. 그러나 그동안 도시화 과정에서 농민들은 수용을 통한 저가 보상에 비해 지방정부의 토지 사용권 매각 수익이 몇 배나 차이난다는 점을

---

* 학군주택은 2021년부터 수요에 변화가 생기고 있다. 학생 수에 비례하여 인원을 배정한다거나 추첨제 등을 도입해서 상하이 등 일부 지역의 학군주택 가격이 급락하고 있다고 한다(아주경제, 2021.5.11.).

〈그림 6-38〉 중국 쉐취팡(學區房) 풍속도

자료: 新浪财经, 2020.5.6.

경험하면서 개발에 따른 기대 이익을 누리고 싶어 했다. 점차 농촌 집체소유 토지에는 새로 지은 집들이 늘어났다. 지역 후커우가 없거나 시장에서 상품주택을 구입할 여력이 없는 사람들이 이러한 집의 구매자들이다.

이러한 주택은 농촌 집체(자치협의체 혹은 향진·촌 위원회 명의)와 구매자 간의 매매·거래일 뿐 정식으로 지방정부에서 발급하는 재산권 증서가 없다. 엄연한 불법이지만 성행하는 이 주택은 '작은재산권주택'(小产权房, 시아오챤취엔팡. 영어로는 SPR: Small Property Rights housing)으로 불린다. 재산권 증서(부동산 권리증)가 합법적으로 발급되는 상품주택을 '큰재산권주택'(大产权房, 따챤취엔팡)이라 부르는 것에 상응해서 붙여진 명칭이다.

작은재산권주택은 상품주택에 비해 40~60% 저렴하다. 부동산 개발업자의 토지 사용권 대금이나 주택 건설 시 소요되는 제반 행정비용 등이 없기 때문이다. 지역 후커우가 없는 농촌 이주민뿐 아니라 저소득층에게 정부와 시장이 공급하지 않는 '부담 가능한 주택'의 공급 루트가 되어주는 것이 작은재산권주택인 셈이다. 도시 주택에 점유의 다양성을 주는 소셜 믹스에도 기여한다고 평가받고 있다(Wu, 2012).

정부는 대안적 주거 옵션이 되고 있는 작은재산권주택에 대해 중단과 철거를 명한다. 정부가 우려하는 것은 작은재산권주택이 주택시장에 미치는 영향이다. 지방정부의 토지재정에 영향을 줄 수 있고 우후죽순으로 이뤄지는 난개발도 문제다. 작은재산권주택의 증가로 상품주택의 수요가 약화되고 집값이 떨어질 것이라고 생각한다. 집값 안정에는 부담 가능한 주택의 공급 확대가 중요한 역할을 함에도 이러한 정부의 이중적 태도는 무엇이란 말인가?

작은재산권주택은 2018년 중국 전역에 약 7,000만여 호로 추산된다. 이는 도시 주택의 약 25%에 해당한다(Liu & Liu, 2019). 불법이지만 합법화된 듯한 작은재산권주택은 앞으로 더 늘어날 전망이라고 한다. 농촌 집체에 토지 개발권을 주게 되면 어떤 일이 생기는 것일까?

판자촌과 쪽방촌

중국은 인류 역사상 가장 큰 규모의 농촌 이주민을 도시에 수용해야 했는데도 다른 개발도상국과 달리 빈민가와 판자촌棚户

☒ 문제에 시달리지 않았다(멕마흔, 2018). UN 해비타트는 중국을 대규모 슬럼이나 비공식 부문 없이 도시화한 유일한 대국이라고 했다(Chen, 2016). 사실 중국에서는 도시 토지를 엄격하게 관리하고 있어서 비공식적인 불법 점유informal squatting가 불가능하다. 작은재산권주택과 같이 비공식적인 주택시장은 형성되어 있어도 불법 무단 점유나 무허가 빈민촌은 찾아보기 어렵다.

중국 내에서 일컫는 판자촌은 개발도상국의 불법 무허가 판자촌 개념이 아니라 관리 방치 상태인 개혁 이전의 복지주택이나 도시 외곽의 노후 불량주택 밀집지역을 말한다. 이러한 주택을 대대적으로 개발하게 된 계기는 글로벌 금융위기다. 경기 부양책의 일환으로 부동산 개발을 활성화하는 것이 목적이었다. 처음 추진했던 2008~2013년 동안의 재개발 물량은 그리 많지 않았다. 지방정부의 재정적 한계로 현금 보상보다는 주로 현물 보상이 이루어졌기 때문이다. 인민은행이 2014년에 장기(25년) 저리 융자를 지방정부에 지원하기 시작하면서 추진 속도가 빨라졌다. 국무원은 판자촌 재개발 3개년계획(2015~2017)을 발표하고 판자촌 1,800만 채를 헐고 새 집 건설을 추진했다. 현금 보상이 크게 늘면서 추진 일정이 빨라졌다. 판자촌 재개발은 원거주민의 거주 환경 및 빈곤 개선과 더불어 멸실에 따른 주택 수요 창출과 소비 진작 등 지역 경제의 기폭제로 중요한 역할을 했다(Liu & Xiong, 2020).

그러나 현금 보상 수준이 처음 시작할 때보다 3~4배 오르고, 이렇게 풀린 자금이 집값을 자극하면서 2018년 중국개발은행은 융자 지원을 유예한다고 밝혔다. 이러한 조치로 한때(2018년 6월 22일부터 29일간) 주식시장의 부동산 관련 주가가 5.5% 떨어지기도 했다. 판자촌 재개발 물량이 엄청난 만큼 융자 중단 조치는 부동산 개발업체에 상당히 충격적이었으며, 주가 하락은 부동산산업이 그만큼 다른 금융 채널과의 관련성이 밀접하다는 것을 의미한다(Liu & Xiong, 2020). 국무원은 융자 지원 중단과 함께 현물 보상을 늘리고 원주민 재정착용 주택 공급을 의무화했다.

판자촌 재개발은 지난 10년간(2010~2019) 총 4,500만 채가 추진되었으며(《그림 6-39》), 제14차 5개년계획(2021~2025) 기간에는 3,500만 채를 추진할 계획이다. 그러나 그동안 상당량의 판자촌 재개발로 어느 정도 사업성 있는 물량은 마감되었고, 남아 있는 판자촌들은 집값 수준이 높지 않은 3-4선 도시에 많이 분포되어 있는데, 이들 지역은 사업성이 좋지 않아 추진이 쉽지 않다는 전망이다. 지방정부의 부채가 날로 증가하는 상황에서 추가적인 재정 부담이 가능할 것인가 하는 우려도 있다. 그동안 판자촌 재개발 추진을 위한 소요비용은 중앙정부 지원은 거의 없이 지방정부의 특채 발행, 그리고 80% 이상이 2개 은행(중국건설은행, 농업은행)의 융자로 지원되었다. 부채 의존 방식이 계속 유효할 것인지 의문이다.

통상 민간 재개발은 그 메커니즘상 많은 갈등과 사회문제를 일으키기 마련인데, 중국에서는 판자촌 재개발과 관련한 주민 고충이나 애환, 강제 철거 문제에 대한 자료를 거의 찾아보

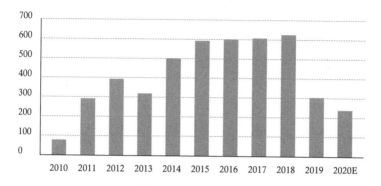

〈그림 6-39〉 판자촌 재개발 추진 실적 (단위: 만 호)

자료: Eftimoski & McLoughlin, 2019; 中指研究院, 2021

기 어렵다. 이는 2000년대 초 도시 재개발 과정에서 낮은 보상과 강제 철거 문제에 대해 중국 정부가 2003년부터 강제 철거를 금지하고, 현금 보상 수준을 높이고 재정착 주택도 의무적으로 공급함으로써 판자촌 재개발 추진 시에는 문제될 만한 점이 크게 개선된 이유도 있을 것이다. 판자촌 재개발이 오히려 재정착한 원주민의 삶의 질을 높였다는 보고도 있다(Wu, 2012). 이전에는 공동 화장실에 기초 생활 설비도 없는 너무나 열악한 여건에서 거주하다가 보상금으로 더 나은 주거를 찾았다는 점에서 원주민들의 개발 후 주거 만족도는 매우 높았다고 한다. 더구나 재정착 과정은 주민들을 능동적인 소비자로 변모시켜 자신들의 권리와 이익이 무엇인지를 깨닫게 한 계기가 되었다고 평가한다. 문제는 판자촌에서 임차로 거주하던 저소득층과 농촌 이주민들이다. 이들에게 유일한 대안이라 한다면 또 다른 판자촌으로 이사하는 방도밖에 없었다.

3~4평 남짓한 쪽방은 주로 도시에 온 농촌 이주민의 보금자리다. 취거촌聚居村으로 불리는 쪽방촌은 판자촌의 형상이다. 농촌 이주민들은 저임금과 장시간 노동을 감내하며 도시 외곽의 허름한 쪽방촌에서 생활한다. 도시 내에서는 이런 형태가 거의 없고 차를 타고 외곽으로 한 시간가량 나가면 이러한 쪽방촌이 마을을 형성하고 있다. 여관·여인숙과 같은 작은 방들만 빼곡한 채 거주자들 대부분이 공동 화장실을 쓴다. 우리나라의 쪽방과 같은 형태다.

대학생과 취업 준비생 등 젊은이들의 쪽방촌도 있다. 대표적으로 베이징의 탕자링唐家嶺·샤오웨허小月河가 그러한 곳이다. 우리나라의 88만원 세대처럼 이들은 '개미족蟻族'이라 불린다. 베이징대학교 리엔쓰廉思 교수가 2년간 베이징의 하이뎬구, 창핑구의 동북왕, 서북왕, 얼리좡샤오웨허, 사허진, 샤오자허 등 7곳의 쪽방촌을 조사·연구하여, 2009년 9월《개미족: 대학 졸업생 집단거주촌 실록蟻族: 大学毕业生聚居村实录》을 출간하면서 각종 언론매체의 주목을 받았다. 리엔쓰 교수는 이들 쪽방촌에서 22~29세의 대학생, 취업 준비생, 대졸 청년들이 주로 보험 판매, 아르바이트 등 임시직으로 일하며 저소득, 열악한 생활 여건, 미흡한 사회보장, 정서 불안을 겪고 있지만 개미와 같이 뭉치면 힘이 크기 때문에 개미족으로 명명했다고 한다. 개미족은 3대 취약계층(농민, 농민공, 실직 근로자)에 이은 4대 취약계층으로 인식되고 있다. 현재 탕자링 등 많은 쪽방촌들은 재개발되어 아파트 단지로 바뀌었다.

보장성 주택: 무엇을 보장하는가?

주거 보장의 세 가지 방식: 분양형, 임대형, 혼합형
보장성 주택의 원조는 1994년 안거공정이다. 우리 식으로는 공공주택이고, 서구식으로는 어포더블 하우징affordable housing이다. 보장성 주택은 분양형(매매형)과 임대형으로 구성되며(도시 주거보장 조례, 2014.3.), 세부 유형은 영구임대주택, 경제실용주택, 90-70 원칙에서 도입된 소형 분양가 규제 주택, 판자촌 재정착 주택, 인재주택, 지분공유주택을 포함한다. 기본 구조는 〈그림 6-40〉과 같이 소득수준에 따른 다층적 주거 사다리이며, 다주체 공급, 다중 채널, 분양·임대 혼합 시스템을 지향한다. 1998년 개혁 본격화 시점에서 제시한 소득 계층별 주택 공급 모델은 최저소득층(15%)은 영구임대주택, 중산층(70%)은 경제실용주택, 고소득층(15%)은 상품주택이며, 2018년 도입된 혼합형 지분공유주택은 집값 부담을 낮추기 위해 분양가의 30%만 지불하고 나머지 70%는 점차 갚아나가는 방식이다.

경제실용주택은 안거공정을 흡수하여 1994년 도입되었고, 영구임대주택은 1998년에 도입되었지만, 실제 저소득층을 위한 영구임대주택은 2006년까지 제대로 공급되지 않았다. 자가 구입 촉진이 우선시되었기 때문이다. 그러나 집값 상승으로 저

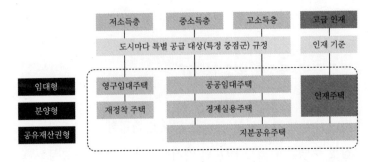

소득층의 주거난이 심각해지자 국무원은 2007년 영구임대주택의 공급 대상을 최저소득층에서 저소득층까지로 확대하고, 입주 자격으로 소득과 자산 기준을 도입했다. 재원 마련을 위해서는 지방정부가 토지 사용권 양도금 중 10%를 투자하도록 했다 (Chen 외, 2014; Bath 외, 2015). 2008년에는 글로벌 금융위기에 대응하기 위해 4조 위안의 경기 부양책 중 보장성 주택 공급을 위한 '9,000억 위안 플랜'을 제시하고 판자촌 재개발과 연계하여 추진했다. 공급에 박차를 가하기 위해 국무원은 2009년부터 모든 지방정부에 보장성 주택의 건설을 의무화했고, 2011년부터는 이러한 실적을 지방정부의 성과 평가 지표에 반영했다(Chen, 2014). 그러나 중앙정부의 공급 확대정책에도 불구하고 지방정부는 제대로 이행하지 않았다. 지방정부는 토지를 무상으로 제공하는 경제실용주택을 공급할 실익이 없었고 재원을 전적으로 부담해야 하는 상황에서 적극적이지 않았다. 경제실용주택 등 보장성 주택의 공급은 민간 개발업자에게 토지 사용권을 매각

할 때 조건부 협상 카드일 뿐이었다(Li, 2016).

경제실용주택은 2000년대 초반까지만 해도 전체 주택 공급 면적에서 23% 정도를 차지했지만 점차 감소하여 2010년에는 3%로 줄어들었다. 경제실용주택의 총 공급면적은 2003년 이후 감소하다가 2007~2008년 다소 증가했으나 상품주택이 워낙 많이 공급되었기 때문에 전체적인 공급 비중은 크게 떨어졌다(《그림 6-42》).

중앙정부는 경제실용주택의 제반 문제점이 부각되면서 2003년에 중단을 선언했다. 경제실용주택은 상품주택에 비해 분양가가 50~60% 수준이었다. 반값아파트인 셈이었다(《그림 6-43》). 그런데 이런 혜택을 받는 입주 계층에 대한 명확한 기준 없이 지방정부의 자의적 판단에 따라 정해지다 보니 형평성 시비가 끊이질 않았다. 또한 구입 후 5년간 전매가 금지되고 5년 내 매각 시 전매 차익에 대해 지방정부가 일정 비율을 환수했다. 일종의 이익 공유형 주택이다. 시장에서는 상품주택이 많이 공급되고 집값은 계속 오르는데 굳이 매매 차익의 일부를 환수하는 경제실용주택을 분양받을 이유가 없었다. 규모도 60㎡ 이하로 공급되었고 주로 도시 외곽에 위치해서 소비자들이 선호하지 않았다. 경제실용주택의 공가(2017년)는 전체 공가(6,500만 호)의 3.6%(228만 호)에 이르고 있다. 공급자 입장에서는 분양가의 3%로 수익률을 제한받고, 지방정부 입장에서는 토지 사용권 양도금도 받을 수 없으니 지속할 수 없는 모델이었다. 경제실용주택은 크게 성과를 거두지 못한 채 2008년 이후 정부의 공식 문

〈그림 6-41〉 보장성 주택의 추진 연혁

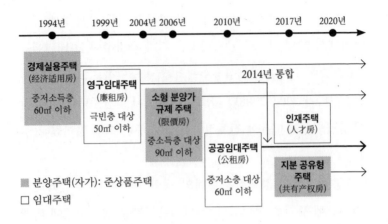

건에서 사라졌다. 현재 경제실용주택은 베이징, 상하이, 선전 등 집값이 매우 비싼 일부 대도시에서만 명맥을 유지하고 있다.

소형 분양가 규제 주택限價房은 2006년 5월 부동산대책에서 제시된 '90-70 원칙'(90㎡ 이하 주택을 전체 주택의 70% 건설)에 따라 도입되었다. 택지 입찰 과정에서 분양가를 사전에 확정하고 택지 입찰을 진행하는 방식의 중국식 분양가 상한제라고 할 수 있다. 중국에서는 두 가지를 제한(가격 제한, 면적 제한)한다고 하여 양한주택双限房이라고 하지만, 엄밀하게는 3가지가 제한(가격, 면적, 택지가)되는 형태다. 중산층의 집값 부담 완화를 위해 도입되었고 베이징, 상하이 등 대도시에서 주로 공급하고 있다. 중국 내 대다수 학자들은 이러한 가격 규제로 실제 주변 집값이 떨어진다고 기대하기보다는 지나치게 비싼 분양가를 일시적으로 제어하는 한시적 장치라고 생각한다.

<그림 6-42> 경제실용주택의 분양면적 추이

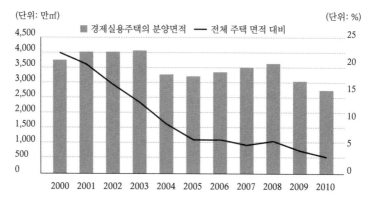

자료: 중국 국가통계국, 2020

<그림 6-43> 상품주택과 경제실용주택의 가격 비교 (단위: 위안/㎡)

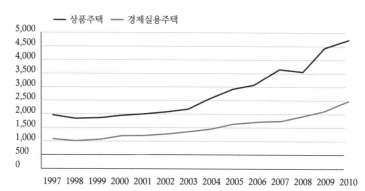

자료: Cao & Keivani, 2014

애초 도입의 발단은 2003년 닝보시가 중저소득층의 주택 구입 수요를 보장하기 위한 일환으로 '한도가 분양 관리법'을 제정하고 '분양가 상한'이라는 개념을 제시하면서였다. 분양가는 주변 시세보다 15~20% 정도 낮게 책정되었다. 베이징시는 2008년 3월 '한정가 상품주택 관리법'을 제정하면서 도입했다. 분양가 상한제는 중저가 구입 수요를 충족시키면서 동시에 집값의 과속 성장을 억제하는 역할을 할 것으로 기대된다. 베이징의 소형 분양가 규제 주택의 분양가는 주변 집값에 비해 15~22% 정도 저렴하다. 경제실용주택과 마찬가지로 5년간 전매가 제한되며 전매 차익에 대해 일부 환수(지역에 따라 다르지만 통상 35%)한다. 그러나 중국에는 아직 개인소득 과세 기반이 없어 소득이나 자산 요건이 있어도 이를 제대로 포착하지 못한다. 경제실용주택과 마찬가지로 지원의 형평성 문제가 있다. 그럼에도 불구하고 이러한 유형의 주택이 존립하는 근거는 중국 정부가 지향하는 다층적 주택 공급체계 속에서 다양한 채널과 다양한 옵션이 중요하다는 데 있다.

지분공유주택共有产权房은 '투기 없는 집'을 표방하며 중앙 정부의 강력한 투기 억제 조치와 집값 상승에 따른 구입 부담을 낮추기 위해 2014년 도입되었다. 처음 분양자는 집값(최초 분양가)의 30~40%(저소득층은 30%, 일반 40%)로 분양받고 5년 후 나머지 집값(5년 후 시세)을 납부하는 방식이다. 상하이, 선전, 청두 등 6개 지역에서 먼저 시범 사업을 추진했고 베이징, 시안 등 대도시에서는 2018년 이후 추진 중이다. 지분공유주택은 주변 시세보다 저렴하게 분양하는 주택(경제실용주택, 소형 분양가 규제 주택)과 공공임대주택 사이에 위치한 중간 성격으로 보고 혼합형 보장 방식으로 규정하고 있다.

영구임대주택廉租房은 서구식 소셜 하우징의 전형으로 사회 안전망 차원에서 공급하는 유형이다. 공급 대상은 저소득층이지만 실제로는 기초생활수급자 등 극빈층이며 과밀 가구(1인당 평균 면적이 해당 지역의 평균보다 작은 가구)여야 한다. 그러나 이마저도 현금 지원(임차료 보조)으로 대체할 경우 공급하지 않아도 된다. 지방정부는 임차료 보조를 더 선호한다. 영구임대주택은 2005년까지 54만 7,000호가 공급되었는데 이는 도시 저소득 가구의 5~6%밖에 안 되는 수준이다(Cao & Keivani, 2014). 지방정부는 중앙정부가 지원하는 영구임대주택 재정을 경제실용주택으로 돌려 공급하는 등 극빈층에게 가장 절실하고 보장성이 큰 영구임대주택은 제대로 공급하지 않았다. 중앙정부는 영구임대주택을 2014년 공공임대주택과 통합해 노후 주택이나 판잣집 등 기존 건물을 개조하여 공급할 수 있도록 했다(Li, 2016).

주거 보장의 새로운 가치: 공공임대주택

공공임대주택公租房은 보편적 복지 차원에서 설계되었다. 두 차례의 경제위기(1998, 2008)로 도시 가구의 주택문제가 더 힘들어졌다. 2010년 말 도시의 최저주거기준 미달 가구는 2,000만 가구에 달했고, 높은 집값 때문에 중국의 하우스푸어인 '집 노예'(房奴, 팡누) 문제와 샌드위치계층夹心层의 주거난이 부각되었다. 샌드위치계층은 보장성 주택을 분양받기에는 소득이 높지만 그렇다고 상품주택을 구입하기는 어려운 시장 소외계층을 대변한다. 청년 세대도 부모 세대만큼 내 집 마련 사다리에 올라탈 수 없었다.

제12차 5개년계획(2011~2015)에서는 민생 건설이 정부의 핵심 현안이 되면서 공공주택 3,600만 호 건설계획이 제시되었다. 전체 주택 중 보장성 주택을 20% 확보하는 것이 목표였다. 공공임대주택은 이러한 배경하에 도입되었다. 그동안 영구임대주택의 실질적 주거 보장 기능이 상당히 미흡했기 때문에 공공임대주택의 사회경제적 역할은 확대되었다.

임대 위주 보장성 주택의 강화는 다층적 주택 공급체계의 일환이었지만 변화된 주거 여건에 맞춰 주거 보장의 지향 가치에도 변화가 있었다. '살고 있는 집을 소유'하는 것에서 '살 곳이 있는 집'으로, 주택의 '경제적 기능'이 '사회적 기능'으로, '재산권' 강조에서 '주거권' 강조로 정책 기조가 전환되었다(张璐 외, 2019). 따라서 새로 공급될 공공임대주택은 도시 근로자뿐 아니라 비도시 후커우 근로자들에게도 입주 기회를 주고, 청년 세대가 새로운 지원 대상에 포함되었다. 임대료 수준은 주변 시세의 50~60% 수준이며, 임대 기간은 최대 5년(대개 3~5년)이다. 기간 만료 후 연장이 가능하지만 분양 전환이 원칙이다. 다만 분양 전환 시에는 사용권만 확보(상속, 담보 제공 가능)하고 임대, 양도 등 시장 거래는 할 수 없다. 이와 같은 보장 형태는 우리 식으로는 5년 임대주택에 해당하며, 순수 임대라기보다는 준상품적 성격에 가깝다고 볼 수 있다.

공공임대주택(영구임대 포함)은 전국 도시에 2009~2018년 6,689만 호가 공급되었다(왕징, 2018). 그러나 일부 지방정부가

〈표 6-10〉 보장성 주택의 특징 비교

유형		소유권	지원 대상*	규모	택지 공급	성격
분양형	경제실용 주택	제한된 사유재산권	중저소득층	60㎡ 이하 최대 80㎡	무상 제공	• 상품주택(처분권, 수익권 일부 제한) - 5년 전매 제한 - 매각 시 집값 상승분의 일부 환수(도시별로 다르나, 통상 상승분의 35% 환수)
	소형 분양가 규제 주택	사유재산권	중소득층	90㎡ 이하	경쟁 입찰	
혼합형	지분공유 주택	사유재산권	중소득층 (무주택 가구, 소득·자산 요건 없음)	90㎡ 이하	입찰 공고, 수의계약 등 다양	• 상품주택 - 최초 지분 30~40%로 구입 - 5년 후 잔여 지분 취득 - 매각 시 시세 차익은 지분 비율에 따라 배분
임대형	영구임대 주택	국유재산권	극빈층, 기초생활수급자 대상	50㎡ 이하	건설 시 총 세대수의 5~10% 할당	• 사회 안전망의 역할 - 영구적으로 임대 목적 - 분양 전환 없고, 입주권 전매 금지
	공공임대 주택	국유재산 /사용권	중저소득층, 근로자 등 지방정부 별도 기준	60㎡ 이하		• 선임대 후분양 성격의 준상품주택 - 3~5년 후 분양 전환 - 사용권만 확보(상속, 담보 제공 가능). 단, 임대, 양도, 증여 등 시장 거래는 불가

*지분공유주택을 제외한 보장성 주택의 지원 대상은 무주택자이면서 각 지방정부가 정한 일정 수준 이하의 소득 및 자산 요건을 충족해야 함.

성과 달성을 위해 재정착용주택, 작은재산권주택 등을 포함하는가 하면 총 공급 호수를 연간 공급 호수로 보고하는 등 통계상 중복이나 허수가 존재한다고 볼 수 있다(Zhou & Ronald, 2017a). 2018년 말 전체 주택 재고 기준으로 광의의 보장성 주택(경제실용주택, 판자촌 재개발, 소형 분양가 규제 주택, 공공 및 영구임대주택)은 25.4%, 협의의 보장성 주택(영구임대, 공공임대)은 10%로 추산되며(张璐 외, 2019), 공공임대주택(영구임대 포함)에는 3,700만 가구가 거주하고 있다(严荣, 2019).

제13차 5개년계획(2016~2020)에서는 '도시 새터민城镇新居民'이 지원 대상으로 포함되었다. 이들은 농촌 이주민(비도시 후커우)을 말한다. 그동안의 불합리하고 불평등한 진입 제한을 완화하고 이들을 도시 주거정책의 대상으로 흡수하는 방안이다. 이에 따라 많은 도시에서 도시 새터민에게 공공임대주택의 문호를 개방하긴 했지만, 단서 조항이 많다. 직업 유형, 소득수준, 학력 등에 따라 입주 자격을 여전히 차별하고 있다. 옌롱에 따르면, 농촌 이주민 중 보장성 주택에 입주한 가구는 2018년 말 2.9%(분양형 보장주택 1.6%, 임대형 보장주택 1.3%)에 불과하다(严荣, 2019).

중국 상위 10개 도시의 공공임대주택 공급 현황을 보면(〈그림 6-45〉), 충칭시가 인구 100만 명당 2만 5,000호가 넘어 다른 도시들에 비해 월등히 높다. 이는 이른바 '충칭 모델'이라 불리는 '1+3 혁신'의 성과라고 할 수 있다. 대부분의 지방정부가 공공임대주택을 기피한 반면 당시 충칭시의 당서기인 보시라이(薄熙来, 2007~2012)는 공공임대주택 공급 확대를 통해 충칭의 경제를 획기적으로 성장시켰다.

보시라이는 2011~2013년 공공임대주택 4,000만㎡(약 67만 호, 전체 주택의 10%) 공급이라는 야심찬 계획을 제시하고 이를 실현하기 위해 여러 가지 새로운 시도를 했다. '1+3 혁신'에서 '1'은 정부 지출(중앙, 지방)이며 '3'은 ①상업용 토지 중 10%를 공공

320

임대주택용으로 확보, ②임대와 분양의 병행, 즉 공공임대주택을 공급 후 5년 후 매각, ③제3의 기관을 통한 자금 조달이다(张仲, 2020). 이 방법들은 모두 재원(2,000억 위안으로 추산) 마련과 관련된 것들이다.

보시라이는 우선 충칭시를 대신할 '제3의 팔'로 2개 기관(도시건설투자공사, 부동산공사)을 설립하고 이들에게 토지 사용권을 매각했다. 이들 두 기관은 토지를 담보로 은행에서 돈을 빌리고, 토지 개발 시 상업용 토지의 10%를 공공임대주택으로 건설했다. 소요 재원은 상업용 개발의 수익금과 공공임대주택을 5년 후 매각한 대금으로 충당하도록 했다. 충칭은 중국 도시 중 면적(8만㎢)이 가장 큰 반면 미개발지가 많았다. 때마침 2008년 중앙정부가 충칭과 청두를 대상으로 '도농 토지 통합시장'을 구축하려는 일환으로 '개발권地票 거래'에 대한 시범 사업을 추진했기에 충칭시는 수용 대신 농민들로부터 개발권을 구입해서 도시용으로 개발할 수 있었다. 보시라이는 농민들의 개발권 매각을 독려하기 위해 후커우 개혁으로 도시 거주권을 주는 유인책을 강구했다. 농민들이 매각한 개발권은 2015년까지 100㎢에 달했다. 보시라이는 공공임대주택 공급의 40%를 개발권을 매각한 농민들에게 공급하기로 약속했다. 이에 참여한 농민은 2011~2013년 300만 명이었고, 2021년까지 1,000만 명의 농민 참여 시 농촌 토지 340㎢가 도시 개발로 확보될 전망이었다. 개발권은 2개 기관이 구입하여 200㎢를 확보했다. 충칭시는 토지 비축과 개발로 향후 수익을 보장받은 셈이며, 농사지을 땅이 없

〈그림 6-44〉 도시 공공임대주택 공급 호수 (단위: 만 호)

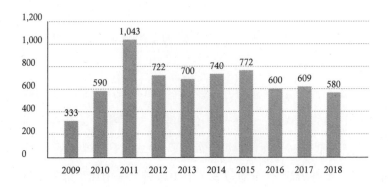

자료: 왕징, 2018: 105

어진 농민들을 건설 노동에 저렴한 인력으로 동원할 수 있었다. 충칭의 토지 사용권 양도금 수입은 2002년에 단 9억 위안이었으나 2012년 900억 위안이 되었다(Zhou & Ronald, 2017b).

충칭은 서부 내륙의 변방 도시에서 일약 최대 경제 성과를 보인 모범 사례가 되었고, 보시라이는 중앙당으로부터 대단한 정치적 신임을 얻었다. 그러나 이 과정에서 보시라이의 뇌물 수수, 비리 등 부정한 축재가 알려지면서 그는 2013년 종신형을 선고받았다. 보시라이의 몰락 이후 무분별한 개발로 충칭시는 대규모 부채에 시달렸고, 많은 공공임대주택단지들이 착공만 한 채 언제 준공될지 모르는 상황에 처했다. 일부 입주한 단지들도 주변에 편의시설이 전혀 공급되지 않은 채 입주율이 저조했고, 임대료 수준은 저소득층이 부담하기에는 너무 높았다. 결국 충칭시는 공공임대주택의 입주 자격을 모든 소득 대상으로

〈그림 6-45〉중국 GDP 상위 10개 도시의 인구 100만 명당 공공임대주택 재고수 (2017년 기준, 단위: 호)

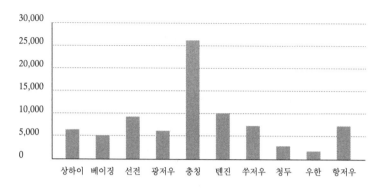

*한국은 인구 100만 명당 장기 공공임대주택 재고수가 약 3만 1,000호다(2019년).
자료: 胡吉亚, 2020

확대하는 보편 모델을 선택했다.

충칭은 한때 비약적인 경제발전으로 '충칭 모델'로 각광받았지만, 보시라이 실각 이후 현재 중국에서는 더 이상 거론되지 않는다. 그러나 지방정부의 기업가적 면모와 적극적인 행정이 공공임대주택의 성과에 얼마나 중요한지를 확인시켰고, 이를 계기로 이후 많은 지방정부가 공공임대주택을 새로운 관점으로 확장하는 전환점이 되었다.

중국 도시의 공공임대주택 모델은 그래서 매우 다양한 형태가 되었다. 저소득층만을 대상으로 하는 도시가 있는가 하면 모든 소득 계층에게 개방한 도시도 있고 비도시 후커우 소지자들에 대한 개방 정도도 다양하다(马秀莲·范翻, 2020). 최근에는 인구 유입과 인재 유치를 위한 대안 주거로 각광받고 있다. 1선 도시(베이징, 상하이, 선전) 및 신1선 도시(청두, 난징, 정저우) 등 대도시는 인재주택人才房, talents housing으로 공공임대주택과의 차별화를 시도하고 있다. 해외 석박사, 과학자 등 학력과 기술 등 능력에 따라 인재 등급(A, B, C 등)을 정하고 10년 무상 거주, 별도 현금 보조금 등을 제공하고 있다. 한때 베이징 통저우구가 노벨상 수상자에게 100㎡ 인재주택을 무상으로 제공할 것이라고 알려지면서 논란이 일기도 했다(中国基金报, 2019.5.22.). 실은 임대료가 15% 할인되고 현금 보조금이 월 2,144위안 지급될 예정이었지만, 공공임대주택이 필요한 계층보다 능력 있는 계층에게 돌아간다는 점은 중국 사회에서도 말이 많은 것 같다. 그러나 거주할 만한 대안적 민간임대주택이 거의 없고 기업 유치를 위해서는 사택 제공이 중요한 현실인 것은 사실이다.

베이징시의 경우, 지난 6년간(2014~2019) 공급한 주택의 유형별 현황은 〈그림 6-46〉과 같다. 전체 주택에서 상품주택 비중은 37.9%이며, 판자촌 재정착 주택은 35.5%를 차지한다. 소형 분양가 규제 주택 비중은 전체 주택 공급 중 12.7%를 차지하며, 경제실용주택은 4.1%를 차지한다. 지분공유주택은 2017년 9월 '공동 재산 관리 규정'을 신설하여 추진하고 있으며, 2018년에는 2만 호, 2019년에는 4,300여 호를 준공했다. 향후 2022년까지 25만 호 공급을 목표로 추진 중이다. 공공임대주택(영구임대 포함)은 전체 공급 중 6.3%다.

베이징시의 주택 점유 형태(2019년)를 보면, 자가 비율이 82.1%이며, 이 중 상품주택을 분양받아 자가로 거주하는 비율

〈그림 6-46〉 베이징의 주택 유형별 공급 실적(위, 단위: 만㎡)과 비중(아래) (2014~2019)

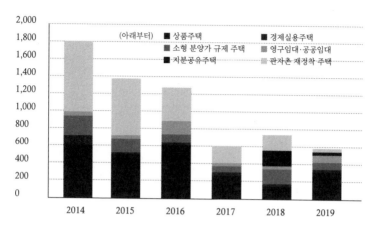

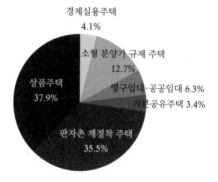

경제실용주택
4.1%

소형 분양가 규제 주택
12.7%

영구임대·공공임대 6.3%

지분공유주택 3.4%

상품주택
37.9%

판자촌 재정착 주택
35.5%

자료: 베이징시, 2020

이 28.7%로 가장 많다. 개혁 이전 주택을 불하받아 자가로 거주하고 있는 가구 비율은 17.7%다. 임차 거주 가구(17.2%) 중 민간 임대는 7.1%, 공공임대는 6.8%다(〈표 6-11〉).

주거 보장에 대한 정부 지출 수준은 매우 낮다. 전체 공공 지출 중 주거 보장 지출은 2.3%(중앙 1.6%, 지방 2.9%)에 불과하며,

<표 6-11> 베이징의 주택 점유 형태 (2019년, 단위: %)

구 분		전체	도시 지역	농촌 지역
자가	상품주택 분양	28.7	32.7	0.5
	자가 건설	19.3	9.5	89.1
	개혁 이전 주택 불하	17.7	20.2	0
	재정착 주택	11.4	12.4	4.4
	보장성 주택 분양	5.0	5.7	0
	자가 거주 비율(A)	82.1	80.5	94.0
임차	민간임대	7.1	7.5	3.9
	공공임대	6.8	7.8	0
	무상 거주 등	3.3	3.5	1.5
	임차 거주 비율(B)	17.2	18.8	5.4
전체(A+B)		100.0	100.0	100.0

자료: 베이징시, 2020

이마저도 지방정부가 90% 이상을 부담하고 있다. 중앙정부는
예산의 35%를 국방, 10%를 과학기술에 투자하고 있다. 보장성
주택이 제대로 된 보장을 하기 위해서는 무엇보다 중앙정부의
지출 확대가 필요하다.

그래도 다행인 것은 1선 도시들이 최근 투자를 적극 늘리고
있다는 것이다. 상하이시는 경제실용주택을 2008년 되살려 공
급을 확대하고 있으며, 2011~2015년 20만 호의 공공임대주택
을 공급했고 2025년까지 25만 호의 공공임대주택을 공급할 예

〈표 6-12〉 주거 보장 재정 지출 추이 (단위: 억 위안)

연도	총 지출	중앙정부	지방정부	지방정부 지출 비중
2010	2,376.9	386.5	1,990.4	83.7%
2011	3,820.7	328.8	3,491.9	91.4%
2012	4,479.6	410.9	4,068.7	90.8%
2013	4,480.6	404.7	4,075.8	91.0%
2014	5,043.7	405.4	4,638.3	92.0%
2015	5,797.0	401.2	5,395.8	93.1%
2016	6,776.2	437.4	6,338.8	93.5%
2017	6,552.5	420.7	6,131.8	93.6%
2018	6,806.4	503.5	6,299.9	92.6%
2019	6,401.2 (2.3%)	561.8 (1.6%)	5,839.4 (2.9%)	91.2%
정부 예산 지출	238,858.4 (100.0%)	35,115.2 (100.0%)	203,743.2 (100.0%)	85.3%

자료: 중국 국가통계국, 2020

정이다. 화웨이와 텐센트의 본사가 있는 선전시는 중국 도시 중 최연소 도시(평균 연령 32.5세)로 자가 소유율이 전국에서 가장 낮은 23.7%(2017년 기준)다. 선전시는 2035년까지 공급할 170만 호 중 60%(약 100만 호)를 공공임대주택으로 공급하고 비도시 후커우 소지자들에게도 개방한다고 한다. 선전시가 제시한 '2035년 주택 재고 구성'은 상품주택 40%, 인재주택 20%, 공공분양(경제실용주택, 소형 분양가 규제 주택, 지분형 주택) 20%, 공공임대 20%다

(*Asia Times*, 2019.11.4.).

중국몽의 미래: 사회주의 유산을 넘어

중국 도시 주택의 체제: 동아시아 모델과 어떻게 다른가?

중국식 사회주의는 이제 전면적 샤오캉 사회를 향해 나아가고
있다. 서구 사회가 150여 년 이상에 걸쳐 겪은 산업화와 도시화
가 중국에서는 개혁개방 이후 40여 년간 압축적으로 진행되었
다. 중국의 경제성장과 사회발전을 논할 때 필히 같이 언급되는
단어는 급속, 과속, 고속, 광속이다. 중국이 거둔 성공의 열쇠는
엄청난 규모와 속도였다. 인구대국의 거대한 도시화와 도시대
국의 따라잡기 경쟁이 이룬 성과라고 할 수 있다.

중국인들은 말한다. 아메리칸드림이 미국의 홈오너십이었
다고 한다면 중국몽(차이니즈드림)은 벌써 이루어진 셈이라고. 도
시 가구의 자가 소유율이 세계 최고 수준인 96%이기 때문이다.
그러나 이는 어찌 보면 경제는 성큼 세계적 반열에 올라섰지만
현실적인 국민 삶은 그렇지 못하다는 자조적인 읊조림이 아닐
까 한다.

자가 소유 촉진은 주택개혁의 모토였다. 소비를 늘려 경제
성장을 촉진하고 패자 없는 사회 통합을 이루는 개혁개방의 추
진 전략이었다. 기존 복지주택의 불하와 상품주택의 대량화는
이를 달성하는 수단이자 목표였다. 이는 국가 주도의 자원 배분

과 경제성장, 가족주의 복지, 강한 사회적 규율과 기강이라는 점(김수현, 2013)에서 동아시아의 주택자산 기반 복지체제와 유사하며, 동아시아의 발전주의 내지 생산주의 복지체제와 닮았다. 개혁개방 40여 년이 지난 지금에도 이러한 특징은 계속 이어지며 더 강화되는 추세다. 두 번의 경제위기로 주거 보장이 강화되고는 있으나 여전히 '낮은 복지-높은 가족 역할'이라는 구도 속에서 주택자산 의존성은 더 커졌다. 최근에는 이것이 중국 사회의 최대 불안 요인으로까지 대두되고 있다.

주택개혁과 토지개혁의 목표는 상품화, 시장화, 분권화였다. 이는 규제 완화, 민영화, 지방화라는 신자유주의가 추구하는 방향과 흡사하다. 물론 신자유주의는 통치 이념이지 주택체제는 아니지만, 중국 개혁의 성격을 논할 때 필히 언급되는 묘사는 신자유주의다. 미국, 영국, 호주 등과 같이 국가가 시장 개입을 최소화하고 뒤로 한 발짝 물러서 있는 양태다. 그러나 중국은 신자유주의적 개혁이었지만 불완전한 신자유주의였다. 시장과 국가 간의 관계가 재조정되면서 그 중간에 지방정부라는 중재자를 두고, 국가가 시장을 직접 통제했기 때문이다(Zhou & Ronald, 2017a). 그런 점에서 중국의 주택개혁체제는 신자유주의라기보다 '대량 시장화mass marketization'일 뿐 체제 전환 국가들과 별반 다를 것이 없다고 평가하기도 한다(Miao & Maclennan, 2017). 나아가 각양각색의 버전을 모아놓은 조립식의 하이브리디티(hybridity, 혼성복합) 체제로 규정한다(Zhou 외, 2019).

이는 중국의 체제 모델 자체가 복잡하기 때문이기도 하다.

학자들은 중국에 대해 국가자본주의state capitalism, 권위적 자본주의authoritarian capitalism, 시장사회주의market socialism, 국가신자유주의state neoliberalism라고 한다. 정치적으로는 전통적인 유교적 엘리트 정치confucian political meritocracy에 뿌리박혀 있고, 서구형의 자유민주주의로 나아가지 못한다고 보기도 하며, 관시자본주의guanxi capitalism나 일당독재국가 통제주의oligarchic corporate statism라고도 한다. 이처럼 중국 모델을 하나의 논리나 제도적 형태로 규정하기엔 매우 복잡하고 이질적인 요소들이 서로 모순적으로 얽혀 있는 형상이라고 할 수 있다. 이런 논의들은 자본주의를 가미한 사회주의, '중국 특색' 그 이상의 무언가로 규정지을 수 없는 대혼전이 아닐 수 없다(Peck & Zhang, 2015).

지식인과 유력 언론매체들의 연이은 신자유주의 담론에도 불구하고 중국공산당은 공식 언론에 신자유주의라는 용어를 금지시켰고 대학에서도 그렇게 교육한다고 한다. 지방정부의 과도한 토지 의존적 재정구조, 지대 추구적 행위, 주택의 금융화, 대량 멸실로 강탈한 축적들, 투기화, 부채 증가, 불평등 심화, 집값 상승 등은 신자유주의의 모습이지만, 중국공산당은 자신들을 이러한 프레임에 가두지 말 것을 당부한다. 도시의 상업화는 신자유주의가 아니라 지방정부의 역할이며, 자본의 도시화는 지방정부의 도시화라고 한다. 도시의 근대성urban modernity을 실현하기 위한 노력은 당연한 것이며, 사회 불평등은 중국에만 있는 것이 아니라고 반박한다. 나아가 서구 사회가 케인스주의에서 신자유주의로 이행했듯이, 중국은 계획경제에서 혼합경제로 전환했을 뿐이라는 것이다. 시장화에는 이런 두 가지 형태가 있는데, 중국의 길은 서구 사회가 걸어간 길이 아니다. 만약 그동안의 정책적 노력들이 오늘날의 사회 불안 요인이라고 한다면, 당-국가 체제하에서 이는 얼마든지 바꿀 수 있는 문제라는 것이다.

중국 사회주의의 주택체제는 단웨이 복지체제work-unit-based welfare였다. 단웨이 소속 직원에 한한 것이었지만 보편적 생애 주택 보장 시스템이었다. 이는 일종의 조합주의 주택체제다. 개혁개방 이후 도시 가구의 주택은 시장이 책임졌다. 세계화라는 조류 속에서 신자유주의에 이어 금융자본주의, 주거자본주의와 같은 금융 만능화는 중국 주택시장에도 영향을 미쳤다. 제도적 기반이나 규제 틀이 제대로 갖춰져 있지도 않은 채 시장이 커지니 집값만 계속 부풀었다. 가구의 선택은 집값이 더 오르기 전에 구입 시장에 뛰어드는 것이었다. 다만 서구 사회의 대출형mortgage-led 집값 상승보다 중국에서는 저축형saving-led 집값 상승이 더 크다. 특히 한자녀정책이 시행되고 노후소득 보장이 미흡한 상황에서 이는 더 강화되었다.

따라서 이러한 점들을 종합하면, 기존 논의선상의 주택체제론에서 중국을 흡수하기는 어렵다. 자산 기반 복지체제이지만 가족 동원주의적이고 저축 기반형 성격이 강한 주택체제라고 볼 수 있다. 중국은 케머니가 주창한 '자가 소유와 복지의 큰 맞교환The Really Big Trade-Off between and Home ownership and Welfare'(Kemeny, 2005)의 맨 끝단에 있는 모델이 아닐까 한다.

중국의 또 하나의 특징은 서구 사회에 비해 주택정책의 경로 의존성이 약하다는 점이다. 사회 안정을 최우선으로 하는 당-국가 체제는 불안 요인이 있다면 언제든 재단할 준비가 되어 있다. 탈경로는 부동산 방어벽 구축이라는 강력한 시장 개입 노선이 시사하고 있다. 국무원의 지령이 곧 당의 입장이고 국가 정책이다. 체제가 전복되지 않는 한 중국의 주택개혁은 '중국 특색 사회주의'라는 큰 방향 아래 앞으로도 계속 '진행'되는 과정의 연속이 아닐까 한다.

미래 전망과 기대

중국은 제14차 5개년계획(2021~2025) 시기에 접어들었다. 중장기 경제 운영 방향은 "쌍순환 상호 촉진"이다. 쌍순환(双循环, 이중순환) 전략은 세계 경제(국제 순환)와 긴밀한 연결을 유지하면서도 국내 경제(국내 대순환)를 최대한 발전시켜나가는 전략이다. 초점은 국내 대순환에 맞춰져 있다. 이는 미·중 갈등의 심화와 장기화에 대응하기 위해 중국의 거대한 내수 시장을 활용하여 기술을 강화하고 자립 경제를 실현해 자체적인 선순환 경제체제를 구축하겠다는 전략이다. 경제성장률 목표치는 구체적으로 제시하지 않았지만, 2035년까지 5~6%의 성장을 이어나갈 전망이다.

내수 활성화는 소득 분배 개선과 다층적 사회보장체계를 구축하여 새로운 수요 창출로 촉진될 예정이다. 소득 분배는 세금, 사회보장, 이전소득 등 재분배 조절 역량으로 강화해나가며, 다층적 사회보장체계는 도농 통합을 구축하여 사회보험, 공공 서비스 등을 확대 개편해나갈 방침이다. 이러한 방안은 민생, 복지, 균형, 공평을 강화하여 2035년까지 공동부유 사회를 이루기 위함이다.

부동산 부문에서는 '부동산을 단기 경기 부양책으로 쓰지 않겠다'는 기조하에 그동안 부동산 투자 중심 성장 모델을 지양하고 부채 의존적 구조에서 탈피하겠다는 점을 강하게 시사하고 있다. 주택 투기 금지와 3대 안정을 최우선시하며 주택 부문에는 보장성 주택의 공급 확대, 장기 공공임대주택의 육성, 주거권 보장 강화 방안이 제시되었다. 신형 도시화는 사람의 도시화가 목표이며, 이를 위해 후커우제도를 상주인구 100~300만 도시부터 전면 철폐하기 시작하면서 도시 규모에 따라 점진적 폐지 및 보완하는 방식으로 개선해나가겠다고 제시했다. 택지 공급은 토지 관리의 운영 방식과 절차 등이 개선될 예정이다.

부동산 의존형 투자 중심의 성장을 지양하겠다는 것은 GDP 성장에 대한 부동산 투자의 기여도가 한계를 드러내면서 부동산으로 경기를 끌어올리기 위해서는 예전보다 더 많은 대가를 치러야 하기 때문이다(〈그림 6-47〉 참조). 부동산 부문은 현재 중국 경제 심장부의 최대 약점이며 회색 코뿔소로 인식되고 있다. 2020년만 해도 경기 부양 목적으로 1조 위안 규모의 특채를 발행했지만 2021년에는 국채 발행을 하지 않는다. 지방정부와 부동산기업의 늘어가는 부채, 그림자 금융, 부동산 버블 우려는 중국의 미래 재정 안정성과 경제 안보에도 큰 위협을 주고 있다. 지방정부는 무분별한 개발과 맹목적인 인프라 투자로 2020 년 말 부채가 25조 6,600억 위안(약 4,484조 8,500억 원)에 달한다. 일부 기관들은 부채가 실제로는 이보다 더 많을 것으로 추산한 다. 중국의 그림자 금융은 2013년 부동산 열풍으로 규모가 커 지면서 이미 세계적인 논란이 된 적이 있다. 그 당시 전체 대출 의 34%, GDP 대비 44%에 달했다. 최근에는 절대 금액이 더 늘었다. 광의적 그림자 금융*은 2019년 84조 8,000억 위안(GDP 의 82%)이며, 리스크가 큰 협의적 그림자 금융은 33조 1,400억 위안(GDP의 33%)에 이른다. 이들 상당수는 프로젝트 파이낸싱 과 같은 형태의 과도한 부동산 투자로 인해 야기되었다(同策研究 院, 2021).

부동산 의존형 경제가 야기할 수 있는 또 하나의 위기는 버 블 붕괴다. 일본형 버블 붕괴가 중국에서 재연될 것인가? 하는 논의는 이미 10여 년 전부터 IMF(2011)를 비롯하여 많은 기관 들이 제시해왔다. 중국의 부동산 버블 붕괴는 중국발 세계 금융 위기로 이어질 것이라고 예측된다. 반면에 그렇지 않을 것이라 는 관측도 많다. 설사 버블이 붕괴된다 하더라도 저축률이 매우 높은 중국은 저축이 대내외적 완충 역할을 할 것이며, 은행 부 채는 대부분 예치금의 형태이기 때문에 금융위기로까지 확산

---

* 광의적 그림자 금융에는 위탁 대출, 자본투자신탁, 은행자산 관리상품, 증 권자산 관리상품, 온라인 P2P 대출, 소액 대출, 무허가 기관의 소비자 금융 등이 포함되며, 협의적 그림자 금융은 리스크가 더 큰 은행 간 자산관리상 품, 온라인 P2P 대출 등을 말한다.

<그림 6-47> GDP 성장에 대한 부동산 부문의 투자 기여율 (단위: %)

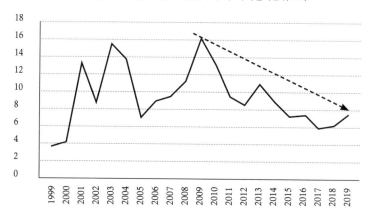

자료: 同策研究院, 2021

되지는 않을 것이라는 주장이다. 그러나 만약 가계 부채가 매우 빨리 증가한다면 문제는 또 다르다. 10년 전과 지금이 다른 점은 바로 가계 부채가 매우 빠르게 늘고, 가계 부채의 절반 이상이 주택담보대출이라는 점이다. 집값이 하락하게 된다면 이제 장담하지 못할 사태로 이어질 수도 있다. 중국 정부의 부동산 방어벽 구축 전략은 금융 감독·관리 시스템을 강화하여 이러한 부동산 위기론에 노출되지 않겠다는 강한 의지인 셈이다. 집값 안정은 지금 중국 정부의 최대 현안이다.

　인구 보너스가 기록적인 경제성장률을 이끌었지만 이제는 인구 위기를 걱정해야 하는 상황이 되었다. 한자녀정책을 폐지하고 2014년부터 두자녀정책을 펼치고 있지만 중국의 출생률은 좀처럼 반등할 기미가 보이지 않는다. 만혼과 결혼 기피 경향도 늘고 있다. 혼인 건수는 2003년 1,347만 건이었으나 2020년 813만 건으로 줄었다. 신생아 수는 2019년 1,465만 명에서 2030년 1,100만 명 수준으로 감소할 전망이라고 한다. 근로 연령 인구(15~64세)는 2010년을 정점으로 내리막길로 접어들었고 현재 12.6%인 고령화 비율도 속도가 문제다. 중국이 부자가 되기도 전에 늙어버릴지도 모른다고 걱정하는 이유다. 인구대국에 인구 보너스가 사라진다면 그 자리는 무엇이 대신해줄 수 있을 것인가?

금번 계획에서 공공임대주택의 공급 확대와 장기 임대주택 육성책을 제시했듯이 부담 가능한 주거는 하나의 해법이 될 수 있다. 부동산시장 방어벽만으로는 안정되고 부담 가능한 주거를 보장하기 어렵다. 부담 가능한 주택의 공급을 늘려 건전한 주거 소비 풍토를 조성하고 설 자리를 잃은 민간임대 부문의 역할을 찾아주어야 할 것이다.

높은 집값 때문에 집을 구입하고 싶어도 할 수 없는 가구가 늘면서 민간임대 수요가 증가하지만 임차로는 자녀를 공립학교에 보낼 수 없다. 임대차 계약의 80%는 임대차 기간이 1년 미만이거나 아예 기한 명시가 없다. 강제 퇴거에 대항할 수 있는 제도는 전무하다. 광저우시가 2017년 7월부터 임차 가구의 자녀에게 공립학교 입학을 허용하여 교육 평등권을 추진했듯이 다른 도시에서도 이러한 조치가 확산되기를 기대한다. 주택도시개발부는 '주택 임대 규정'을 발표(2020.9.7.)하고 2021년부터는 건설 기준 미달 주택, 비주거 공간(지하 창고, 칸막이 방 등 불법 용도 변경) 등의 불량·불법 주택 임대 시 벌금, 이익 몰수, 형사 조치를 하는 방안을 제시했는데, 이는 주택임대차보호법 제정의 전 단계로 볼 수 있다. 향후 임차인의 주거권이 보장될 수 있는 제도적 기반이 마련되기를 기대한다.

사람의 도시화는 후커우제도 개혁만으로 달성될 수 있는 것이 아니다. 사람답게 살 수 있는 공간이 있어야만 노동생산성도 높아지고 소비도 늘 것이다. 다주택자들이 방치해둔 빈집을 제도권 내로 흡수하여 민간임대로 활용할 수 있는 방안이 중국에서도 머지않은 시일 내에 추진될 것으로 기대한다.

사회 불평등 문제는 매우 심각하다(Fang 외, 2020; Fang & Iceland, 2019). 사회주의 시기의 유산인 쌍둥이제도(후커우, 도농 분리)는 개혁개방 40여 년간 더욱 확대 재생산되었다. 소득, 교육, 주택, 일자리 불평등은 이제 공간적 복합 불평등 문제가 되었고 그 대가는 청년 세대인 주링허우(九零后, 1990년대 출생)와 링링허우(零零后, 2000년대 출생)가 짊어지게 되었다. 이들이 개혁 세대가 누린 자가 소유와 집값 상승으로 인한 부의 효과를 누리기는 어려워졌다. 주택 소유 여부에 따라 운명의 사다리를 달리 타야 하며, 주택자산의 세대 간 대물림으로 부의 불평등은 더 심화될 전망이다. 과거 단웨이 체계에서는 직급이나 연공서열의 차이는 있었지만 모두가 같은 출발선상에서 차를 탈 수 있었다. 단지 누가 먼저 차에 올라타느냐가 문제였지만, 이제는 차를 탈수 있느냐의 문제가 되었다.

빈부 격차 시정과 소득 및 자산 불평등 완화를 위해서는 주택보유세 도입이 재분배 관점에서 전격적으로 검토될 필요가 있다. 중국 정부도 지난 2년간 재산세 도입을 준비해왔다. 그러나 금번 제14차 5개년계획에는 담겨 있지 않다. 기득권의 문제가 정치 문제인만큼 쉽지는 않아 보인다. 공가세 도입도 준비하고 있다. 약 1억 채나 되는 빈집의 방치는 자원의 낭비이고 지방정부에게는 빚이다. 주택보유세와 공가세는 지방정부의 토지 의존증을 약화시켜줄 것이며, 앞으로 줄어들 토지 사용권 양도금을 대신하는 새로운 세원이 될 수 있을 것이다. 일시에 목돈으로 받는 토지 사용권 양도금은 매년 징수하는 방안이 몇 년째 논의 중이다. 토지 사용권 양도금은 미래의 40~70년간 발생할 토지 수익을 한꺼번에 받는 방식인데, 한 기간에 많이 확보하면 다음 기간에는 감소될 수밖에 없다. 토지 양도 수익이 세대 간에 공유되지 못한다(Gao, 2010). 계속해서 공공 서비스와 복지를 부담해야 하는 지방정부는 장기적으로 수지 불균형을 겪을 수밖에 없다. 세대 간 형평 배분과 개발이익 환수 차원에서 토지 사용권 양도금의 납부 방식은 앞으로 개선될 여지가 있다.

중국은 비싼 집값, 살 곳 없는 셋집, 차별받는 이주민, 보장 없는 노후, 줄어드는 아이들로 중국몽을 이룰 수 있을까? 토지 황국Land King 중국이 잠시 슈퍼 도시, 슈퍼 부동산, 슈퍼 홈오너십을 좀 내려놓는다면 슈퍼 차이나에는 어떤 일이 생기는 것일까? 중국몽이 거창하고 화려하진 않겠지만 꿈에서 깨고 싶지 않을지도 모를 일이다. 중국은 건국 70여 년, 개혁개방 40여 년 동안 세계가 주목하고 놀랄 만한 많은 것을 이루었고 보여주었다. 그러나 성과만큼이나 문제도 많다. 앞으로 이러한 많은 문제들이 어떻게 개선되어나가는지에 따라 미래 중국은 세계 앞에 또 다른 모습으로 서 있게 될 것이다.

7장

동아시아를 넘어서

동아시아 현대사: 고난과 성취

우리가 살아가고 있는 동아시아는 서구에 비해 산업화가 훨씬 늦게 시작되었다. 그렇지만 동아시아의 중심이었던 중국은 인류 역사를 바꾸어놓은 종이, 화약, 나침반 등을 가장 먼저 발명했고, 오랜 기간 전 세계에서 가장 번성한 문명을 누리기도 했다. 잘 짜인 행정체계와 높은 문화 수준을 갖고 있던 중국과 동아시아 국가들이 왜 산업화에 뒤처졌을까? 서구는 자연, 인간, 사물을 보는 인식체계, 또 그 배경을 이루는 '밀농사' 방식의 사회체계, 개인주의, 성과주의 등의 차이로 과학기술이 발달했다고 한다. 반대로 동아시아는 '쌀농사' 방식의 사회체계, 관념적 사고, 중앙집권적 지배체제, 대중화주의 등이 산업화를 늦췄다고 한다.

이유가 어떻든 산업화에 뒤처졌던 동아시아 국가들의 근현대 운명은 가혹했다. 단순히 외국의 신무기 압력에만 굴복한 것이 아니라, 봉건질서하에서 주권 인식을 가진 시민들도 없었기 때문이다. 자본주의 산업화와 함께 시민혁명을 거쳤던 서구와는 기술력뿐 아니라 사회 통합력에서도 적수가 되지 못했다. 자국의 군주제가 외세에 의해 무력화되고 나서야 민족주의에도 눈뜨기 시작했다. 같은 동아시아 국가이지만 일찍 개국했던 일본과 서구 열강들은 동아시아에서 각축전을 벌였고, 그 속에서 국권을 잃은 식민지 국민들의 삶은 피폐해졌다.

제2차 세계대전 종전과 함께 식민지 운명에서 벗어난 동아시아 국가들은 본격적으로 이중의 국가 과제를 시작한다. 산업화와 민주국가의 건설이다. 하지만 이식된 민주주의는 말하자면 나중에 돈을 갚아야 할 후불 상품이었다. 그 값을 뒤늦게 치르느라 많은 나라들이 1980년대까지도 고난을 겪었던 것은 물론이다. 더구나 중국, 대만, 한국은 내전과 극심한 이념 갈등을 겪기도 했다. 반면 군사독재나 권위주의 정권하에서도 산업화는 놀라운 속도와 성과를 자랑한다.

국가 주도의 경제개발과 산업기술 투자, 저곡가를 통한 농촌 해체와 도시 노동력 확보, 저임금을 통한 수출 경쟁력 확보가 서로 합쳐지면서, 서구가 100~200년에 걸쳐 이룩한 경제 성과를 동아시아는 불과 30년 만에 달성했다. 일사불란한 사회 분위기, 내면화된 협업 시스템, 누구든 노력하면 성공할 수 있다는 경쟁의식을 바탕으로 온 국민이 기계처럼 일한 결과다. 더구나 복지에 자원을 배분할 필요도 없었다. 가족과 이웃이 국가 복지의 공백을 채워주었기 때문이다. 적어도 1997년 경제위기가 닥치기 전까지 동아시아 경제 모델은 성공 그 자체였다.

하지만 싱가포르, 홍콩, 한국, 대만 등의 국가 주도 개발경제는 경직된 관료주의, 정실주의, 높은 대외 의존도 등으로 그 취약성을 드러내고 말았다. 일본도 비슷한 사회 분위기 속에서 1991년 유례없는 부동산 버블 붕괴를 통해 토건자본주의의 한계를 여실히 보여주었다. 낮은 복지수준을 경쟁력이라고 생각했던 국가들이 이제는 취약한 사회 안전망의 후과를 입고 말았다. 경제력에 비해 현저히 높은 노인 빈곤율, 세계 최저 수준의 출산율, 장시간 노동, 낮은 삶의 질, 심지어 높은 자살률까지 떠안았다. 한때 경제적 성취로 자부심이 가득했지만 동시에 매우 척박한 사회라는 것이 증명되고 말았다. 민주주의의 값을 뒤늦게 치른 것과 마찬가지로, 지체된 복지를 위한 값도 이자를 톡톡히 붙여서 치르는 중이다. 주택문제도 그중 하나다.

동아시아의 주택 이념: 자산 증식 가족주의

동아시아는 태생적으로 주택문제가 심각할 수밖에 없었다. 급작스럽게 산업화와 도시화가 동시에 진행되면서, 농촌 인구가 급격히 도시로 모여들었기 때문이다. 중국은 다른 나라들보다 늦은 1980년대에 개혁개방과 함께 본격적으로 산업화에 나섰지만 심각성은 같았다. 이농 인구들은 고향에는 자기 집이 있었을지 몰라도 대도시에서는 무주택자였다. 도시민의 대다수가 남의 집에 세를 살 수밖에 없는 상황이었다. 1800년대 중반부터 약 100여 년간 유럽 대도시들이 겪었던 문제가 동아시아에서는 불과 20~30년 동안 폭발적으로 나타났다.

더구나 많은 국가들이 집 문제를 해결할 능력도, 또 해결하려는 의지도 부족했다. 산업 생산과 경제개발 혹은 국방에 집중할 뿐, 집을 위한 자원 배분은 부차적으로 보았기 때문이다. 한국과 대만, 또 중국은 이 문제를 사실상 가족에게 맡겼다. 대부분의 나라들이 판자촌이나 불량 주택이 만연한 시기를 거쳤다. 예외가 있다면 일본은 전쟁 전에 도시계획이 확립된 나라였기에 비교적 빨리 주택문제를 해결했다. 홍콩은 공공임대주택을 대량 공급하기는 했지만, 전체적으로는 열악한 주택 사정에 힘겨워했다. 싱가포르가 그래도 가장 이상적으로 해결했다. 국유지를 늘려가면서 공공주택을 대량으로 공급한 것이다.

소득 증가에 비해 주거수준이 낮고 집값마저 만성적으로 오르자, 부동산에 대한 집착은 더 강해졌다. 초기에는 싱가포르를 제외하면 주택 금융이 제대로 발달하지 못한 상태였기 때문에, 온 집안이 집 장만에 매달렸다. 한국은 특히 전세제도를 통해 가족 간 원조가 일상화되었다. 주택 금융만이 아니라 공공주택도 낯설었다. 싱가포르, 홍콩처럼 도시국가에다 국유지가 많은 나라를 제외하면, 공공주택은 거의 없거나 겨우 구색을 맞추는 수준이었다. 결국 가족이 중심이 되어 자구적으로 주택을 해결하는 것이 가장 현실적이면서도 현명한 길이었다.

다행히 고도성장기라 '주거 사다리'가 작동했다. 변두리의 작은 집에 세를 얻어 살다가, 내 집을 장만하고 또 넓혀가는 일이 가능했다. 나라 경제가 커가는 만큼 아이들도 잘 자라줬다. 워낙 가난에서 시작했기에 이만한 성공과 번영이라도 온전히 자식들에게 물려주는 게 중요했다. 교육과 부동산이 그 수단이었다. 자녀들에게 인적, 물적 자산을 키워서 넘겨주는 일은 동아시아 중산층 모두의 숙제였다. 과열된 교육 열풍과 부동산 집착은 이렇게 당연시되었다. 이런 과정을 거쳐 주택은 동아시아 가족주의의 중심에 있게 된다. 서구가 과거 자가 소유 촉진정책의 배경 이념으로 '자산 소유 민주주의'를 내세웠다면, 동아시아 국가들은 '자산 증식 가족주의'라고 할 수 있다. 그 결과 가계자산 중 부동산이 차지하는 비중은 동아시아 국가들이 서구에 비해 훨씬 높다. 특히 한국과 중국은 세계 최고 수준이다.

동아시아를 닮아간 세계 주택시장

동아시아 국가들이 빈곤 속에서 산업화에 뛰어든 1960년대는 서구권 국가들이 자본주의의 황금기를 구가할 때였다. 전쟁의 폐허를 모두 복구하고 대량 소비 시대를 즐기게 되었고 무엇보다 경쟁적으로 복지국가를 확대할 때였다. 주택정책도 공공임대주택이나 사회주택을 빠르게 늘려갔으며, 너도 나도 내 집을 장만하기 시작했는데도 주택가격은 안정적이었다. 주택의 공공성과 안정적인 시장 모두를 달성하고 있었다.

이런 상황에서 서구의 시각에서 볼 때 동아시아 주택정책은 정부가 각종 규제를 통해 시장에 강하게 개입하면시도, 가족의 역할도 강하다는 점이 신기해 보이기만 했다. 동아시아 국민들의 부동산에 대한 집착도 특이했다. 집은 자산을 넘어, 국가의 취약한 복지를 대신하는 수단이었다. 또 주택을 매개로 가족의 결속은 더 강화되었다. 이런 특성을 서구 학자들은 '동아시아 자산 기반 복지 시스템'으로 불렀다. 이는 오랫동안 동아시아 국민들이 주택자산에 집착하고, 그에 따라 집값이 많이 오르는 현상을 설명하는 논리로 쓰여왔다.

하지만 1990년대에 들어서자 서구 국가들도 비슷한 상황에 빠져든다. 서구 복지국가들 역시 본격적으로 공공임대주택정책을 후퇴시키고 집값 역시 빠르게 올랐기 때문이다. 한때 주택을 연금, 건강보험, 공교육과 함께 복지국가의 네 기둥이라고까지 보았던 유럽 복지국가들이, 주택 부문에서 제일 먼저 후퇴했다. 직접적으로는 공공임대주택에 소요되는 과다한 재정 부담이 이유였지만, 자가 소유 확대를 국민들이 원했기 때문이기도 하다. 나라별로 슬로건을 달리하기는 했지만 자가가 민주주의도 공고히 하고, 시민의 책임성을 높인다는 긍정론이 확산되었다. 서구도 동아시아와 비슷한 길을 걷기 시작한 것이다.

그러나 이례적인 자가 열풍의 대가는 컸다. 2000년 무렵부터 본격적으로 오르기 시작한 세계 집값은 결국 2008년 금융위기로 귀결되고 만다. 미국, 유럽의 집값이 폭락했고, 늘어났던 자가 소유율은 다시 원상회복되고 말았다. 미국의 경우 1995년까지 근 30년 동안 자가율이 64% 내외로 유지되었는데, 2000

년대 들어 무려 5%p나 늘어났다. 주로 저소득층이 무리하게 내 집을 마련한 결과였다. 그러나 2008년 금융위기를 겪으면서 이는 3년 만에 다시 원래로 되돌아가버렸다. 한때 빚으로 집주인이 되었던 사람들은 대부분 은행에 집을 차압당한 뒤, 다시 세입자가 되었다. 영국의 자가율도 미국과 비슷한 과정을 겪었고, 세계 각국의 자산 투자 열풍이 한풀 꺾이는 듯 보이기도 했다.

그러나 금융위기를 극복하려고 사상 최대로 풀어낸 돈들이 2012년경부터 다시 부동산으로 몰려들기 시작한다. 주요 선진국들의 집값이 2008년 이전 수준을 회복한 것을 넘어 사상 최대로 올라버렸다. 저금리에 풍부한 유동성, 더구나 더 확대된 소득 양극화는 자산시장으로 돈이 몰려가도록 부채질했다.

놀랍게도 코로나19가 전 세계 경제를 타격한 2020년에는 근 15년 만에 가장 집값이 많이 오르는 결과를 초래했다. 미국, 캐나다, 영국, 스웨덴, 네덜란드, 호주, 뉴질랜드 등 주요 선진국들이 모두 오른 집값에 비명을 지르고 있다. 동아시아 국가들은 말할 필요도 없다. 노벨경제학상 수상자이자, 미국의 주택가격지수인 케이스-실러지수의 창시자 실러R. Shiller 교수는 미국의 장기 주택가격 추이 분석을 통해 경험하지 못한 가격 폭등을 겪고 있다고 경고했다(매일경제, 2021.5.24.). 실제로 미국 주택의 명목가격은 물론이고 물가를 보정한 실질가격도 이미 지난 2021년 3월, 금융위기 당시를 넘어섰다(〈그림 7-1〉). 다만 그때는 부실한 서브프라임 모기지가 문제를 일으켜 버블 붕괴가 촉발되었다면, 이번에는 중산층 이상들이 집을 더 샀기에 상대적

<그림 7-1> 미국 주택가격 추이 (2021년 3월 현재)

①명목가격 추이

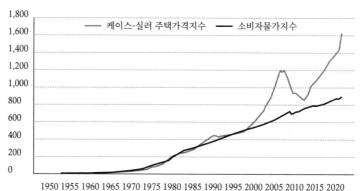

②실질가격(계절 조정) 추이

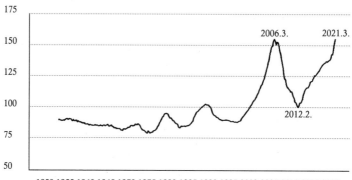

자료: Mislinski, 2021.5.25.

으로 안전해 보일 뿐이다. 미국 외에 다른 나라들의 실질가격도 2008년 금융위기 당시를 넘어섰다(〈그림 7-2〉).

경제가 위기라는데 집값과 자산시장, 심지어 가상화폐가

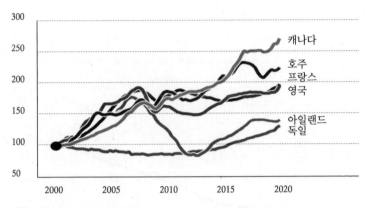

〈그림 7-2〉 주요 국가의 실질가격 추이

자료: *The Economist*, 2021.4.9.

폭등하는 이런 현실을 어떻게 보아야 할까? 어떤 사람들은 100년 전 대공황과 세계대전 시기의 자본주의 경제 같다는 걱정을 한다. 자본 수익률이 하락한 가운데 엄청난 과잉 자본들이 주식과 부동산으로 몰리고, 그마저 성에 안 차니 세계 열강들이 전쟁을 일으켰던 그때와 비슷한 상황이라는 것이다. 다만 지금은 '무력'이 아니라 '무역'으로 전쟁을 치르고 있을 뿐이다. 또 G7, G20 등을 만들어 서로 견제하고 감시하는 중이다. 그럼에도 이런 경제적 모순과 위기가 커져가고 있다는 것은 도저히 감출 수가 없는 사실이다.

세계 주택시장의 현주소: 주택의 금융화

전 세계 주택시장의 이러한 변화에 따라 주택 연구자들의 논의도 달라지고 있다. '왜 나라별로, 그것도 바로 인접한 국가들인데도 주택시장과 정책의 차이가 클까?'라는 질문은 주택 연구자들의 오랜 궁금증이었다. 이와 관련하여 1960년대부터 학자들은 산업화 및 경제성장 단계, 국가 개입의 수준, 자가·사회 임대의 크기 등에 따라 각국이 차이를 보이는 이유를 설명하려고 시도했다. 그러다 1990년, 에스핑-안데르센Esping-Andersen의 복지국가체제론이 등장한 이후, 관련 논의가 급물살을 타게 된다. 특히 케머니J. Kemeny는 임대시장 구조와 국가의 이해집단 간 조정 역량(즉, 코포라티즘 수준)에 따라 각국의 주택체제를 구별하게 된다. 나라별로 정책 의지나 환경에 따라 주택시장에 차이를 가져올 수 있다는 이론이다. 이런 케머니의 관점에 따라 수많은 주택 연구자들이 각국 사례를 분석했고, 동아시아에 대한 유형화 논의들도 다양하게 분출했다.

그런데 2010년대부터는 동아시아 국가들의 주택 시스템에 대한 새로운 연구가 거의 등장하지 않고 있다. 더 나아가 최근 케머니의 주택체제론이 현실을 반영하지 못한다는 비판론이 강력히 제기되고 있다. 무엇보다 케머니의 이론이 세계화된 자본주의 환경하에서 주택 부문을 수렴시키는 강한 힘, 즉, 주택의 상품적 속성과 금융 문제를 제대로 보지 못했다는 것이다. 금융화의 힘이나 범위가 케머니가 이론을 만들 때만 해도 그렇게 막

강하지 않았고, 당시로서는 알기 어려웠기 때문이다. 결국 주택 체제론에 대한 이런 비판과 논의는, 주택 연구사에서 보면 "(자본주의 사회에서) 주택은 본질적으로 상품일 뿐"이라는 1990년대 할로M. Harloe의 문제의식이 재등장한 것이라고 할 수 있다. 지난 20여 년간 나라별로 다른 주택시장 유형이 존재한다는 다양성 논의가 압도해왔다면, 최근에는 각국의 주택시장 상황과 정책이 수렴되고 있다는 논의가 힘을 받게 된 것이다.

이와 같은 수렴 현상을 설명하는 키워드가 바로 주택의 금융화financialization of housing 현상이다. 주택의 금융화란 주택이 주식이나 자원, 선물과 같은 금융 투자상품처럼 되는 현상을 의미한다. 대표적인 주창자인 알버스M. B. Aalbers 등은 전 세계적으로 '뭉칫돈wall of money'들이 더 나은 투자 대상을 추구하는 과정에서 주택도 그 대상이 되었다고 본다. 이들은 자가 소유 확대 등을 매개로 한 이 과정에서 모기지 대출 잔액이 폭증하는 등 위험이 커졌다고 지적한다. 주택은 저성장과 자본 과잉의 모순을 일시적으로 덮는 일종의 '정치적 마약a political drug' 같은 것에 불과하다는 것이다.

이처럼 전 세계적인 주택의 금융화 현상은 주택 연구자들의 주택체제 유형 구분 시도 자체를 무의미하게 만들었다. 거칠게 설명하면 모든 나라들이 "자가 소유 추구+국가 복지 후퇴→자산가격 상승→자산 의존 경향 심화→이 과정에서 가족 역할의 변화+양극화 심화"를 경험하고 있는 것이다(자세한 내용은 김수현, 2021, 〈동아시아 주택시장과 주택체제론의 현 단계〉 참고).

동아시아의 주택 심성: 부동산 평등주의

이제 동아시아적 주택 현상이라고 하던 일들이 정도의 차이는 있지만 전 세계적 현상이 되었다. 집이 가장 확실한 투자수단이 자 노후 복지자원으로 받아들여진 것이다. 넘치는 돈은 이런 현 상을 전 세계적으로 확산시켰다. 북유럽의 전통적 복지국가들 마저 자가 소유가 확대되고 집값이 가파르게 오르고 있다. 주택 의 금융화가 더욱 촉발시킨 현상들이다.

하지만 동아시아 국민들은 여전히 동아시아만, 또 우리나 라만 이런 일을 겪고 있다는 피해의식을 가지고 있다. 그래서 대개 이런 이야기들을 한다. 좁은 땅에 많은 인구가 산다, 경제 가 급성장해서 더 나은 주택에 대한 수요가 높다, 농경시대에서 벗어난 지 얼마 안 된 데다 사회 불안을 겪어서 안전 자산에 대 한 집착이 강하다, 강한 가족주의로 인해 자식들에게 자산을 물 려주려고 한다, 국유지나 공공임대주택이 부족해서 주거 안전 망이 취약하다……. 그 결과 집값이 계속 오를 수밖에 없다며 체념하고, 주택정책에 대해서도 자학하는 분위기가 만연해 있 다. 하지만 이런 태도는 결국 가족 중심의 자산 증식 추구 행위 를 정당화, 합리화하고 더 강화하는 기제가 되고 있다.

이와 함께 특유의 평등주의가 부동산문제에도 강하게 나타 난다. 남과 비교하며 그와 같아지려는 평등주의는 '한국인의 (발 전)에너지'(정태석, 2020)이지만, 동시에 개인적·집단적 불안감을 야기하는 오래된 '마음의 습관'(송호근, 2006)이다. 대부분의 동아시아 국가들이 비슷한 경향을 보이고 있다. 그 결과 동아시아 국가들에서 소득과 자산이 최고의 가치가 되고, 경쟁을 통해 이를 높이고 달성하려는 것이 사회적 목표가 되었다. 부동산과 교육이 그 대표적인 타깃이다. 동아시아의 교육열은 국가 발전의 원동력이기도 했지만, 그 과도함은 세계적인 가십거리가 되기도 한다. 또 특정 지역, 특정 유형 주택의 가격 동향을 마치 유망 종목 주식가격처럼 모니터링하고, 나도 그렇게 따라가야 한다는 조급함 속에서 살아가고 있다.

이런 심성이 생긴 데 대해 우리는 동아시아 국가들의 어려운 여건과 이를 해결하지 못한 정부 정책 때문이라고 생각한다. 그러나 정작 평등한 사회가 갖춰야 할 제도를 만드는 데는 소극적이고, 부정적이다. 동아시아 국가들은 싱가포르와 일본을 제외하면, 전반적으로 부동산시장이 불투명하다. 임대차제도와 가격 평가, 등기제도, 부동산 관련 소득 파악 등이 전근대적인 상태에서 방치되고 있다. 세제도 형평성이 떨어지는 것은 마찬가지다. 부담이 크다, 적다의 문제를 떠나 불투명하거나 왜곡된 상태에서 방치되고 있다. 수시로 논란이 되지만 부동산문제에 대한 전근대적 요소들을 강단 있게 고쳐내지 못하고 있다. 상황에 떠밀려 무리하게 세금을 올렸다가 또 압력에 떠밀려 무리하게 내리는 일이 반복된다. 모든 기준이 부동산 평등주의가 가장 예민하게 보는 '고가 주택의 가격'에 있다 보니, 그 등락에 따라 수시로 정책을 바꾸면서 정작 신뢰를 잃어버렸다. 싱가포르를 제외한 동아시아 대부분의 국민들은 자신들의 정부 정책을 불신하고, 거꾸로 남의 나라 정책을 부러워하는 중이다. 그럴수록 정책 신뢰는 떨어지고 실효성도 떨어진다.

　동아시아에 가득 찬 평등주의 열망은 발전의 원동력이었지만, 동시에 옳은 규범을 갖추지 않은 채 경쟁하고 대립하는 반칙 사회의 뿌리가 되기도 했다. 평등주의의 분출이 주로 (자산, 소득을 포함한) 개인적 지위 상승을 중심으로 나타나면서, 역설적으로 평등을 추구할수록 불평등은 심화되는 결과를 초래했다 (정태석, 2020). 부동산에 대한 자학적 태도와 평등주의는 동아시아 국민들의 인식에 깊이 자리 잡고 있다. 이것을 어떻게 제도화된 공정 경쟁 질서로 바꿔낼 것인가? 예를 들면 공정한 세제, 개발이익 환수체제를 갖추는 것을 전제로 우리나라의 '강남 집값'은 그냥 그들만의 리그로 내버려둘 수는 없는 것일까?(이태경, 2018.1.23.) 즉 집값이 오르든 내리든, 이른바 시장에 맡겨둘 영역과 정부가 책임질 영역을 나누는 방법이다. 하지만 대부분의 동아시아 국가들은 부동산 평등주의의 파장 속에서, 공정한 경쟁 질서 마련에 실패하고 있다. 그럴수록 정부의 주택정책은 더욱 '집값' 예속에서 벗어날 도리가 없다. 악순환의 연속이다.

집에 갇힌 나라

주택시장을 둘러싼 이슈는 전 세계 선진국들이 모두 비슷하다. '오르는 집값, 가계 부채 증가, 청년층과 취약계층의 주택문제

심화, 지역·계층에 따른 시장 양극화'는 거의 모든 국가에서 나타나는 현상이다. 그런데 사안의 심각성 차이도 있겠지만, 어떤 나라에서는 주택문제가 중대한 정치 불안 요인이 되는 반면 다른 나라들에서는 그냥 시장에서 해결할 일로 맡겨지기도 한다. 후자의 대표적인 사례가 미국이다. 15년 만에 가장 집값이 많이 오른 상황에서 보인 백악관의 반응이 흥미롭다. 젠 사키 백악관 대변인은 "적정 가격대의 새 집을 공급할 필요성이 있다는 점을 인식하고 있다"면서도, "일부 사람들이 느끼는 (집값 상승의) 금융 효과는 긍정적"이라는 얘기를 덧붙였다(서울경제, 2021.5.27.). 엄청나게 집값이 올랐다는 수치를 앞에 두고 정부가 보인 반응이 이렇게 쿨하다니 놀랍기만 하다. 우리 같은 동아시아 국가라면 심각하게 정부 책임론이 제기될 텐데 말이다.

이런 차이는 어디에서 생겼을까? 동아시아의 강한 부동산 평등주의, 또 그런 상황이 만연하게 된 특별한 역사적 경험 등이 원인이다. 그러나 이런 식으로 부동산정책이 정치화되면 될수록 정부는 집값을 따라다니느라 방향을 잃기 십상이다. 어떻게 하면 시장과 정부가 몫을 나눠 각자의 일을 할 수 있을까? 또 어떻게 하면 부동산에 대한 온 국민의 과도한 관심과 편향된 정책 인식을 바꿀 수 있을까? 무엇보다 부동산 평등주의가 위치해 있는 그곳에서 시작해야 한다. 그러기 위해서는 부동산시장의 공정한 경쟁 질서라고 할 수 있는 세제, 개발이익 환수제도를 규범화해야 한다. 경기에 따라 대응할 일과 바꿔서는 안 될 일을 정해야 한다. 국민들이 동의하고 합의할 수 있도록 정부와 정치권이 지혜를 발휘할 도리밖에 없다.

동아시아 국가들이 직면한 정책 과제는 공정 질서 구축에 그치지 않는다. 거의 모든 나라들이 부동산의 공급 부족, 불로 소득 문제로 논란을 벌이는 중이다. 물론 학계와 전문가들이 세계 공통으로 지적하는 원인은 과잉 유동성이다. 여러 통계로도 이 사실은 증명된다. 하지만 이것만으로 모든 상황을 설명할 수는 없다. 또 유동성 문제라는 것이 한 나라 차원에서 결단을 내릴 수 있는 성격도 아니다. 경제적 요인 외에도 심리적·사회적 요인들까지 복잡하게 얽혀 있다. 여기다 변화된 수요 특성이 공급 부족을 증폭시키는 것도 사실이다. 사상 최대로 집값이 오르고 있는 미국에서는 외곽의 쾌적한 주택에 대한 수요(다른 나라들도 고급 주택에 대한 수요가 급증하고 있지만)에 공급이 따라가지 못하고 있다. 과잉 유동성과 양극화가 초래한 과잉 수요도 있지만, 변화된 주택 수요구조도 인정해야 한다. 우리나라에서는 재개발, 재건축 문제가 그 핵심에 자리 잡고 있다. 그런데 이를 쉽게 해결하지 못하는 것은 개발이익 환수를 둘러싼 공정한 질서가 정립되어 있지 않기 때문이기도 하다.

공공 주거 안전망에 대해서도 각국이 다시 고민하고 있다. 1990년대 이후 공공임대주택 후퇴, 민간 임대차제도 규제 완화는 공통적인 추세였다. 그러나 2008년 금융위기 전후로 전 세계가 청년층, 저소득층 주거문제의 심각성을 겪으면서, 과거 주거 안전망을 그리워하게 되었다. 공공임대주택 대신 민간 임대료 보조를 늘렸지만, 연이은 집값 상승에다 임대료까지 오르면서 수혜 대상도, 지원 수준도 더 악화되었기 때문이다. 여러 나라들이 임대료 폭등에 따라 그동안 느슨해졌던 임대료 규제제도를 강화시키고 있다. 이처럼 공정한 시장질서와 마찬가지로 튼튼한 주거 안전망도 현안의 숙제가 되었다.

동아시아 국가들은 너 나 할 것 없이 집에 갇혀 있다. 국가적으로 너무 많은 자원이 집에 묶여 있고, 각 가정의 전 재산이 콘크리트 속에 묻혀 있다. 사회 전체적으로 혁신 동력이 갈수록 둔화하는 가운데, 튼튼한 복지에 바탕을 둔 공동 번영보다는 부동산 개발과 투자에 골몰하는 상황이 되어버렸다. 당장 드러나는 피해자는 청년세대와 이주자, 가난한 사람들이다. 전통적 판자촌은 사라졌지만, 새로운 불법·편법 주거가 만연하고 있다. 크고 비싼 집을 가졌는지 여부가 세대를 넘어 계층을 양극화시키는 중이다. 동아시아 선진국들은 경제 기적과 민주화를 이뤄냈다. 하지만 오래된 내부의 적이 발전을 가로막고 있다. 어떻게 '집에 갇힌 나라'를 풀려나게 할 것인가?

부동산문제에 관한 한, 하늘에서 떨어지듯 새로운 방법은 없다. 아직 해결하지 못한 '오래된 숙제'가 여전히 우리 앞에 놓여 있다. 부동산 공정 경쟁 질서를 확립하는 일, 변화된 수요에 따라 신규 택지 공급과 도시 재개발을 원활히 하는 일, 주거 안전망을 튼튼히 하는 일, 그리고 경험하지 못한 과잉 유동성이 초래할 수 있는 위험에 '두려운 마음으로' 대비하는 일이 그것이다.

1장

Castells, M., Goh, L. and Kwok, R. Y-W, 1990, *The Shek Kip Mei Syndrome: Economic Development and Public Housing in Hong Kong and Singapore*, London: Pion.

European Research Council, 2017, "European Commission, Housing Markets and Welfare State Transformations: How Family Housing Property is Reshaping Welfare Regimes", Final Report Summary.

Lennartz, C. and Ronald, R., 2017, "Asset-based Welfare and Social Investment: Competing, Compatible, or Complementary Social Policy Strategies for the New Welfare State?", *Housing, Theory and Society*, Vol.34 No.2, pp.201-220.

Ronald, R., Druta, O. and Godzik, M., 2018, "Japan's urban singles: negotiating alternatives to family households and standard housing pathways", *Urban Geography*, 39:7, pp.1018-1040.

Youth Voices: The Future of Housing (http://wpyouth.sg/2019/01/youth-voices-the-future-of-housing/)

Asia Times, 2019.6.20., "Beijing citizens fret most about housing, healthcare, education".

Independent, 2019.7.24., "Inside Hong Kong's youth housing crisis".

Taipei Times, 2018.5.20., "Housing problem must be tackled".

Global Property Guide (https://www.globalpropertyguide.com)

OECD 데이터 (https://data.oecd.org)

World Bank 데이터(https://data.worldbank.org)

2장

함인희, 2013, 〈국가후원 가족주의(state-sponsored Familism)에 투영된 역설: 싱가포르의 가족정책을 중심으로〉, 《가족과 문화》, 제25집 2호, 1~28쪽.

Brownstein, Megumu Kimoto, 2017, "Evidence-based Advocacy in Action: Improving Access to Public Housing for Single Parents and their Children in Singapore", *Asian Journal of Women's Studies*, Vol.23 Issue 3, pp.385-400.

Byrne, David, 2020.2.3., "But Would You Live There? In Singapore, housing is affordable, diverse and impeccably maintained", Reasons to be Cheerful.

Castells, M., Goh, L. and Kwok, R. Y-W, 1990, *The Shek Kip Mei Syndrome: Economic Development and Public Housing in Hong Kong and Singapore*, London: Pion.

Chua, Beng Huat, 2015, "Financialising public housing as an asset for retirement in Singapore", *International Journal of Housing Policy*, Vol.15 No.1, pp.27-42.

Hamilton, Emily, 2020.8.5., "The Limits of the Singapore Housing Model", Market Urbanism.

HDB(Housing & Development Board), 2021, Key Statistics: HDB Annual Report 2019/2020.

Ho, Li-Ching, 2012, "Sorting citizens: Differentiated citizenship education in Singapore", *Journal of Curriculum Studies*, Vol.44 Issue 3, pp.403-428.

Lee Kuan-Yew, 2000, *From Third World to First: The Singapore Story 1965-2000*, Singapore Press Holdings.

Lee, James, 2018, "Asset building and property owning democracy: Singapore housing policy as a model of social investment and social justice", *Journal of Sociology and Social Welfare*, Vol.45 Issue 4, pp.105-127.

Phang, Sock-Yong, 2013.5.10., "Do Singaporeans Spend too Much on Housing?", Summary of a presentation at Singapore Management University, Institute of Policy Studies.

Phang, Sock-Yong, 2019.3.15., "Singapore's approach to housing policy", East Asia Forum 발표문.

Phang, Sock-Yong and Helble, Matthias, 2016, "Housing Policies in

Singapore", ADBI Working Paper Series, No.559.

Yu, Shi Ming and Sing, Tien Foo, 2016, "Government's role in housing", *Housing Finance International*, Autumn.

연합뉴스, 2020.11.6., 〈싱가포르 '갑질 회장님' 아들, 위증혐의 기소…정의 구현?〉.

BBC News, 2020.9.18., "Covid-19 Singapore: A 'pandemic of inequality' exposed〉.

CNN, 2017.12.4., "Most Singapore foreign domestic workers exploited, survey says".

Dollars and Sense, 2021.7.5., "10 Types Of Property Cooling Measures That Singapore Government May Introduce".

PropertyGuru Singapore, 2020.7.3., "Singapore GE: A Recap of Noteworthy Housing Policies Over The Past 5 Years".

The Independent, 2018.9.3., "Is there a public housing crisis in Singapore?"

The New Paper, 2010.11.14., "MM Lee: Don't sell your flat; its value will keep growing".

Today, 2020.9.21., "Migrant worker housing: How Singapore got here". (https://www.todayonline.com/big-read/migrant-worker-housing-spore-how-we-got-here)

싱가포르 노동부 (https://www.mom.gov.sg)
싱가포르 통계청 (https://www.singstat.gov.sg)
CPF (https://www.cpf.gov.sg)
Global Property Guide (https://www.globalpropertyguide.com)
HDB (https://www.hdb.gov.sg/cs/infoweb/homepage)
Numbeo (https://www.numbeo.com/cost-of-living)
Singapore Property Market Cooling Measures (https://www.srx.com.sg/coolingmeasures)

3장

김수현, 2011, 〈무허가 정착지 정책과 국가 역할: 서울, 홍콩, 싱가포르의 경험을 중심으로〉, 《주택연구》, 제19권 제1호, 35~61쪽.

김재형, 2020, 〈청년세대를 통해 본 2019년 홍콩시위〉, 《SNUAC》, 제11호

(https://diverseasia.snu.ac.kr/?page_id=5143).

서울시, 2014, 〈동아시아 주택시장 현황 및 주택정책 사례조사〉.

Buildings Department, 2010, "Report on the collapse of the building at 45J
    Ma Tau Wai Road To Kwa wan, Kowloon".

Business and Professionals Federation of Hong Kong, 2009, "Poor Housing
    Conditions in Hong Kong—the Extent, Distribution and the People
    affected".

Campos, B. Castro, Yiu, C.Y., Shen, J., Liao, K.H. and Maing, M., 2016,
    "The anticipated housing pathways to homeownership of young people
    in Hong Kong", *International Journal of Housing Policy*, Vol.16 No.2,
    pp.223-242.

Castells, M., Goh, L. and Kwok, R. W., 1990, *The Shek Kip Mei Syndrome:
    Economic Development and Public Housing in Hong Kong and Singapore*,
    London: Pion.

Census and Statistics Department, 2018, "Persons Living in Subdivided
    Units", Thematic Report.

Chong, Terence Tai Leung and Li, Xiaoyang, 2020, "The development of
    Hong Kong housing market: past, present and future", *Economic and
    Political Studies*, 8(1): pp.21-40.

Fung, P. Y., 2006, "Public Housing in Hong Kong: Past, Present and
    Future", International Housing Conference and Exhibition, Cape Town.

Huang, Juan and Shen, Geoffrey Qiping, 2017, "Residential housing bubbles
    in Hong Kong: identification and explanation based on GSADF test
    and dynamic probit model", *Journal of Property Research*, Vol.34 No.2,
    pp.108-128.

Huang, Juan, Shen, Geoffrey Qiping and Zheng, Helen Wei, 2015, "Is
    insufficient land supply the root cause of housing shortage? Empirical
    evidence from Hong Kong", *Habitat International*, 49, pp.538-546.

Lam, Charles Hei-Ling and Hui, Eddie Chi-Man, 2018, "How does investor
    sentiment predict the future real estate returns of residential property in
    Hong Kong?", *Habitat International*, 75, pp.1-11.

Lee, Hyunjeong, 2018, "Institutional Shifts of Four East Asian
    Developmental Housing Systems", *Journal of Asian Architecture and
    Building Engineering*, 17(1), pp.103-110.

362

Li, Victor Jing, 2016, "Housing policies in Hong Kong, China and the People's Republic of China", ADBI Working Paper, No.566.

Lim, Tai Wei, 2020, "Housing Policies in Hong Kong", *East Asian Policy*, 12:110-124.

Panel on Development, 2011, "Subcommittee on Building Safety and Related Issues, Updated background brief on building safety", Legislative Council.

Research Office, Legislative Council Secretariat, 2018, "Subdivided units in Hong Kong", ISSH32/17-18.

Research Office, Legislative Council Secretariat, 2019, "Review of town planning in selected places", IN08/19-20.

Smart, Alan, 2006, *The Shek Kip Mei Myth : Squatters, Fires and Colonial Rule in Hong Kong 1950–1963*, Hong Kong: Hong Kong University Press.

Taghizadeh-Hesary, Farhad, Yoshino, Naoyuki and Chiu, Alvin, 2019, "Internal and external determinants of housing price booms in Hong Kong, China", ADBI Working Paper Series, No.948.

Transport and Housing Bureau, 2018, "The Fact Sheet : Housing".

Transport and Housing Bureau, 2019, "Housing in Figures".

Wong, Gary Wai Chung and Ho, Lok Sang, 2017, "Policy-Driven Housing Cycle: The Hong Kong Case of Supply Intervention", *International Real Estate Review*, Vol.20 No.3, pp.375-396.

Wong, Hung and Chan, Siu-ming, 2019, "The impacts of housing factors on deprivation in a world city: The case of Hong Kong", *Social Policy Administration*, 53, pp.872-888.

Wong, Kwok-hun, 2010, "Government Land Ownership and Public Housing: The Experiences of Hong Kong and China", 21st CEA Conference at Oxford, 12-3 July 2010.

Yu, Ka Hung, 2018, "The impact of government housing policy and development controls on the dynamics of Hong Kong's residential property market", Ph.D. Dissertation, The Hong Kong Polytechnic University.

Yu, Ka Hung and Hui, Eddie Chi Man, 2018, "Housing Market Dynamics under a Pegged Exchange Rate - A Study of Hong Kong", *International Journal of Strategic Property Management*, Vol.22 Issue 2, pp.93-109.

Bloomberg, 2018.12.19., "Hong Kong Millennials Graduate From University to Public Housing".

Bloomberg, 2020.4.23., "Risks Loom for Hong Kong Housing Where 97% of People Make Profit".

NY Times, 2019.7.22., "Tiny Apartments and Punishing Work Hours: The Economic Roots of Hong Kong's Protests".

SCMP, 2017.5.16., "No way out: How Hong Kong's subdivided flats are leaving some residents in fire traps".

SCMP, 2018.6.8., "Hong Kong does not lack land for housing, just the will to use it".

SCMP, 2018.7.15., "Ramshackle subdivided flats in Hong Kong's old buildings are an 'urban ticking time bomb', researchers warn".

SCMP, 2018.10.9., "Shortage of land in Hong Kong? Not if what there is already were utilised smartly".

SCMP, 2019.6.23., "Rents for Subdivided flats in Hong Kong hit a new high, concern group study shows".

SCMP, 2019.12.31., "Hong Kong property prices are likely to fall across the board in 2020, industry insiders say".

SCMP, 2020.4.8., "Hong Kong's property prices to fall by up to 20 per cent as the city's jobless ranks swell amid Covid-19 pandemic".

서울연구데이터서비스 (http://data.si.re.kr)

Census and Statistics Department (https://www.censtatd.gov.hk)

Hong Kong Housing Authority (https://www.housingauthority.gov.hk/en)

Planning Department Hong Kong (https://www.pland.gov.hk/pland_en)

Rating and Valuation Department (https://www.rvd.gov.hk)

Social Welfare Department (https://www.swd.gov.hk/en/index/0)

Society for Community Organization (https://soco.org.hk/en)

Statista (https://www.statista.com)

The 2020-21 Budget (https://www.budget.gov.hk/2020/eng/index.html)

4장

서울시, 2014, 〈동아시아 주택시장 현황 및 주택정책 사례조사〉.

內政部 不動產資訊平台, 2019,《低度使用(用電)住宅-新建餘屋(待售)住宅》.

內政部 不動產資訊平台, 2020, 109年 第2季〈房價負擔能力指標統計成果〉.

內政部營建署, 각 연도 및 각 분기,〈Housing Statistics Report(住宅資訊統計
　年報·季報)〉.

黃麗玲, 2011,〈臺灣の住宅政策と住宅問題〉,《住居福祉研究》11, pp.43-58.

Chang, Chin-Oh and Chen, Shu-Mei, 2018, "Dilemma of Housing Demand
　in Taiwan", *International Real Estate Review*, Vol.21 No.3, pp.367-388.

Chang, Chin-Oh and Yuan, Shu-Mei, 2013, "Public Housing Policy in
　Taiwan", in Chen, Chie, Stephens, Mark and Man, Yanyun eds., *The*
　Future of Public Housing: Ongoing Trends in the East and the West, Springer.

Chen, Yi-Ling, 2019, "Re-occupying the State: Social Housing Movement
　and the Transformation of Housing Policies in Taiwan", in Chen, Yi-
　Ling and Hyun Bang Shin eds., *Neoliberal Urbanism, Contested Cities and*
　Housing in Asia, Palgrave.

Chen, Yi-Ling, 2020, "Housing Prices Never Fall: The Development of
　Housing Finance in Taiwan", *Housing Policy Debate*, Published online: 05
　Mar 2020.

Chou, Yueh-Ching and Wang, Yu-Yu, 2004, "Taiwanese housing policies
　from authoritarian to democratic: Possible effects of new housing
　policies", International Conference, Adequate and Affordable Housing
　for All, University of Toronto, June 24-27. 2004.

Li, William D. H, 2008, "Households' movements and the private rented
　sector in Taiwan", *Habitat International*, 32, pp.74-75.

OURs et al., 2019, "Social Housing in Taiwan".

Yip, N. M. and Chang, C-O., 2003, Housing in Taiwan: state intervention
　in a market driven housing system, *The Journal of Comparative Asian*
　Development, Vol.2 No.1, pp. 93-114.

매일경제, 2019.5.31.,〈대만은 '기회의 땅'…서브프라임에도 나홀로 고공행진〉.

Asia Dialogue, 2020.5.1., "9 Ways to Make Taiwan's Housing More
　Affordable".

Taipei Times, 2019.9.11., "Ko introduces new housing policy".

Taipei Times, 2020.1.25., "New home mortgages rise; interest rates at new
　low".

OURS(https://www.ours.org.tw)

HURC (National Housing and Urban Regeneration Center, https://www.hurc.org.tw)

Trading Economics (https://tradingeconomics.com)

5장

남원석, 2009, 〈전후 일본 주택정책의 성격 변화: 복지체제론의 관점에서〉, 《주택연구》, 제17권 4호, 153~181쪽.

노자와 치에, 2018, 《오래된 집 무너지는 거리》(원제: 老いる家　崩れる街 住宅過剰社会の末路), 이연희 옮김, 흐름출판.

선대인·심영철, 2008, 《부동산 대폭락 시대가 온다》, 한국경제신문.

한국국토정보공사, 2016, 《대한민국 2050 미래 항해》.

国土交通省, 2019, 〈空家等対策の推進に関する特別措置法の施行状況等について〉.

近藤智也, 2018, 〈日本の住宅市場が抱える問題: 貸家バブルを考える〉, 大和總研レポート.

東京都, 2019, 《東京空き家ガイドブック》.

明石達生, 2020, "인구감소가 시작된 일본에서 도시정책 현황", 〈인구감소시대에 대응한 한일 양국의 공간정책 세미나〉 발표 자료, 국토연구원.

城所哲夫, 2020, ネオリベラリズム都市の誕生: 東京への一極集中と都市の分断, 大阪市立大学都市研究プラザ, 〈東アジア包摂都市ネットワークの形成に向けて〉 발표자료.

小黒一正, 2019, 〈「住まい」を社会保障の柱に持ち家重視政策から転換を〉, キヤノングローバル戦略研究所(CIGS).

松永光雄, 2019, 〈空き家問題解決のための中古住宅市場の活性化〉, 《東洋大学大学院紀要》, 第55巻, pp.1-15.

シニアガイド, 2016.10.31., 〈都道府県別人口増減率一覧。大阪府までが減少する中で、人口増が続く沖縄県〉(https://seniorguide.jp/article/1027423.html)

日本建築センター, 2018, A Quick Look at Housing in Japan.

長嶋修, 2019, 〈空き家が増え続けるのはなぜか？〉, 《都市住宅学》, 104号, pp.83-85.

齊藤広子, 2019, 〈「人」と「地」から空き家問題を考える〉, 《都市住宅学》, 104号, pp.5-11.

佐藤和宏, 2017, 〈空き家と家主はどのように変わったのか-空き家実態調査を対象として一〉, 《相関社会科学》, 27号, pp.19-35.

住宅産業新聞社, 2011, 《住宅經濟データ集》, 2011年度版.

住宅産業新聞社, 2018, 《住宅經濟データ集》, 2018年度版.

総務省 統計局, 2019, 《平成30年住宅・土地統計調査 結果の概要》.

平山洋介, 2009, 《住宅政策のどこが問題か: 〈持家社会〉の次を展望する》, 光文社新書.

行武憲史, 2019, 〈空き家発生メカニズムと空き家タイプ-経済学的な視点から〉, 《都市住宅学》, 104号, pp.12-16.

Hirayama, Y., 2007, "Reshaping the housing system: home ownership as a catalyst for social transformation" in Hirayama, Y. and Ronald, R. eds., *Housing and Social Transition in Japan*, Routledge.

Hirayama, Y., 2010, "Housing Pathway Divergence in Japan's Insecure Economy", *Housing Studies*, Vol.25 No.6, pp.777-797.

Hirayama, Y. and Izuhara, M., 2018, *Housing in Post-Growth Society: Japan on the Edge of Social Transition*, Routledge.

Kubo T. and Mashita, M., 2020, "Why the rise in urban housing occurred and matters in Japan" in Kubo, T. and Yui, Y. eds., *The rise in vacant housing in post-growth Japan*, Springer.

Okamoto, Y., 2016, "Japanese Social Exclusion and Inclusion from a Housing Perspective", *Social Inclusion*, Vol.4, Issue 4, pp.51-59.

Ronald, R., 2007, "The Japanese home in transition: housing, consumption and modernization" in Hirayama, Y. and Ronald, R. eds., *Housing and Social Transition in Japan*, Routledge.

Ronald, R. and Kyung, S. W., 2013, "Housing System Transformations in Japan and South Korea: Divergent Responses to Neo-liberal Forces", *Journal of contemporary Asia*, Vol.43 No.3, pp.452-474.

Yuko Hashimoto, Gee Hee Hong and Xiaoxiao Zhang, 2020, "Demographics and the Housing Market: Japan's Disappearing Cities", IMF Working Paper.

뉴시스, 2019.11.20., 〈5억짜리 집, 3억은 빚…20·30대 집주인, 집값 절반 이상

　　　차입〉.

読売新聞, 2019.10.31.~2019.11.2, 〈どうする空き家〈上〉〈中〉〈下〉〉.

読売新聞, 2019.11.5., 〈福利厚生 注目点は「家賃補助」〉.

読売新聞, 2019.9.20., 〈住宅地 2 年連続上昇〉.

日本経済新聞, 2017.2.8., 〈住宅建設が増えることは景気にはプラスだが、持続可能な水準なのか疑問を抱かざるを得ない〉.

日本経済新聞, 2017.3.14., 〈住宅ラッシュと空き家問題 国交省のジレンマ〉.

日本経済新聞, 2018.6.4., 〈選手村マンションで人口爆発 東京都心部の贅沢な悩み, 保育所や交通網の整備追い付かず〉.

日本経済新聞, 2019.11.27., 〈マンション価格の国際比較 大阪が上昇率で初の首位〉.

日本経済新聞, 2020.1.12., 〈空き家、東京·世田谷区が最多 全国主要都市で深刻〉.

朝日新聞, 2017.6~2018.7., 〈負動産の時代〉.

朝日新聞, 2017.10.1., 〈デジタルのアンケート〉.

朝日新聞, 2018.2.9., 〈(ニッポンの宿題)やはり新築·持ち家？ 平山洋介さん 山本久美子さん〉.

朝日新聞, 2018.11.3., 〈持ち家と賃貸 理想はどちら?〉.

朝日新聞, 2019.1.23., 〈「老後は持ち家」は今や昔。年金より住宅を! 年金の半分が住居費に消えていく。持ち家前提の住宅政策の転換なしに老後の安心はない〉.

국토교통부 (http://www.molit.go.kr)

서울시 (http://Seoul.go.kr)

통계청 (http://kostat.go.kr)

한국은행 (http://www.bok.or.kr)

国土交通省 (http://www.mlit.go.jp)

東京都 (http://www.metro.tokyo.jp)

日本銀行 (http://www.boj.or.jp)

統計廳(e-Sata) (https://www.stat.go.jp)

OECD 데이터 (https://data.oecd.org/price/housing-prices.htm)

World Bank (https://www.worldbank.org)

김도경, 2016, 〈1990년대 중국 주택제도 개혁과 도시 기득권의 확립: 상하이시 사례를 중심으로〉, 《역사비평》 통권 116호, 48~72쪽.

김수현, 2013, 〈동아시아 주택정책 모델 논의와 시사점〉, 《주택연구》 제21권 4호, 93~118쪽.

맥마흔, 디니, 2018, 《빚의 만리장성》, 유강은 옮김, 미지북스.

박종근·왕배우, 2017, 〈중국 주택보장제도의 현황과 문제점 및 향후 대책〉, 《중국법연구》 제29집, 한국법학회, 211~241쪽.

박형기, 2007, 《덩샤오핑: 개혁개방의 총설계사》, 살림출판사.

왕징, 2018, 〈중국 도시 주택보장 정책의 발전과 최근 동향〉, 《국제사회보장리뷰》 2018년 겨울호 Vol.7, 한국보건사회연구원, 102~111쪽.

전상경, 2014, 〈중국 지방정부 토지재정 행위의 정치 경제〉, 《한국지방재정논집》 제19권 1호, 109~140쪽.

코트라, 2020, 〈해외시장 뉴스: 중국 신(新) 1선 도시의 변화〉.

Naughton, Barry, 2020, 《중국 경제: 시장경제의 적응과 성장》, 한광석 옮김, 한티에듀.

Asia Insights, 2019, "Housing Policy in China - How the "Visible Hand" Guides the Housing Market".

Bath, James R., Lea Michael and Li, Tong, 2015, "China's Policy Adjustments to Promote an Affordable and Stable Housing Market", *The Chinese Economy*, 48, pp.176-198.

Bayoumi, Tamin and Zhao, Yunhui, 2020, Incomplete Financial Markets and the Booming Housing Sector in China, IMF Working Paper, WP/20/265, IMF(International Monetary Fund).

Cai, Xiang, 2017, "Affordable housing policy in China: A comparative case study", Ph.D. dissertation, The University of Texas at Dallas.

Cai, Xiang and Wu, Wei-Ning, 2019, "Affordable housing policy development: public official perspectives", *International Journal of Housing Market and Analysis*, Vol.12 No.5, pp.934-951.

Cao, J. Albert and Keivani, Ramin, 2014, "The Limits and Potentials of the Housing Market Enabling Paradigm: An Evaluation of China's Housing Policies from 1998 to 2011", *Housing Studies*, Vol.29 No.1, pp.44-68.

Chen, Jie, 2014, "The Development of New-Style Public Rental Housing in Shanghai", *Critical Housing Analysis*, Vol.2 Issue 1, pp.26-34.

Chen, Jie, 2016, "Housing System and Urbanization in the People's Republic of China", ADBI Working Paper, No.602, Asian Development Bank Institute(ADBI).

Chen, Jie and Deng, Lan, 2014, "Financing Affordable Housing through Compulsory Saving: Two-Decade Experience of Housing Provident Fund in China", *Housing Studies*, Vol.29, No.7, pp.37-958.

Chen, Jie, Yang, Zan and Wang, Ya Ping, 2014, "The New Chinese Model of Public Housing: A Step Forward or Backward?", *Housing Studies*, Vol.29 Issue 4, pp.534-550.

Clark, William A. V., Huang, Youqin and Yi, Diachun, 2019, "Can Millennials Access Homeownership in Urban China?", *Journal of Housing and the Built Environment*, pp.1-19.

Eftimoski, Martin and McLoughlin, Kate, 2019, "Housing Policy and Economic in China", Bulletin(March), Reserve Bank of Australia.

European Mortgage Federation, 2019, "A Review of Europe's Mortgage and Housing Markets".

Fang, Changchun and Iceland, John, 2018, "Housing Inequality in China: The Heritage of Socialist Institutional Arrangement", *The Journal of Chinese Sociology*, Vol.5, No.12, pp.1-19.

Fang, Yiping, Liu, Z., and Chen, Yulin, 2020, "Housing Inequality in Urban China: Theoretical Debates, Empirical Evidences, and Future Directions", *Journal of Planning Literature*, Vol.35 No.1, pp.41-53.

Gao, Lu, 2010, "Achievements and Challenges: 30 Years of Housing Reforms in the People's Republic of China", ADB Economics Working Paper Series No.198, ADB(Asian Development Bank).

Glaeser, E., Huang, W., Ma, Y. and Shleifer, A., 2017, "A Real Estate Boom with Chinese Characteristics", *Journal of Economic Perspectives*, Vol.31 No.1, pp.93-116.

Hsing, You-tien, 2010, *The great urban transformation: Politics of land and property in China*, Oxford University Press.

Huang, Youqin, Yi, Daichun and Clark, William A.V., 2020, "Multiple Home Ownership in Chinese Cities: An Institutional and Cultural Perspective", *Cities*, 97, pp.1-13.

International Monetary Fund(IMF), 2011, "Global Financial Stability Report: Grappling with Crisis Legacies".

Kemeny, Jim, 2005, "Really Big Trade-Off between Home Ownership and Welfare: Castles' Evaluation of the 1980 Thesis and a Reformulation 25 Years on", *Housing Theory and Society*, Vol.22 No.2, pp.595-872.

Koss, Richard and Shi, Xinrui, 2018, "Stabilizing China's Housing Market", IMF Working Paper, WP/18/89, IMF(International Monetary Fund).

Leung, B. Y. P. and Ma, A. S. C., 2013, "Exploration of the Presale Property Market in China from an Institutional Perspective", *International Journal of Strategic Property Management*, Vol.17 No.3, pp.248-262.

Li, Victor Jing, 2016, "Housing policies in Hong Kong, China and the People's Republic of China", ADBI Working Paper Series, Asian Development Bank Institute.

Liu, Chang and Xiong, Wei, 2020, "China's Real Estate Market", Marlene Amstad, Guofeng Sun, Wei Xiong eds., *The Handbook of China' Financial System*, Princeton University Press.

Liu, Zhi. and Liu, Yan, 2019, "Urban housing Challenges in mainland China" in Rebecca, L. H., Chiu, Z. L, and Renaud, B. eds., *International Housing Experience and Implications for China*, Routledge.

Logan, J. R., Fang, Y. and Zhang, Z., 2010, "The Winners in China's Urban Housing Reform", *Housing Studies*, 25(1), pp.101-117.

Man, J. Y., 2011, "China's Housing Reform and Outcomes", Lincoln Institute.

Miao, J. T., and Maclennan, D., 2017, "Exploring the 'middle ground' between state and market: the example of China", *Housing Studies*, Vol. 21 Issue 1, pp.73-94.

Nikkei Asia, 2021.4.19., "China's largest 'ghost city' booms again thanks to education fever".

Peck, J. and Zhang, J., 2015, "A variety of capitalism⋯with Chinese characteristics?", *Journal of Economic Geography*, Vol.13 Issue 3, pp.357-396.

Rithmire, Meg Elizabeth, 2017, "Land Institutions and Chinese Political Economy: Institutional Complementarities and Macroeconomic Management", *Politics & Society*, Vol.45 No.1, pp.123-153.

Rogoff, Kenneth S. and Yang, Yuanchen, 2020, "Peak China Housing",

NBER Working Paper Series 27697, National Bureau of Economic Research.

Theurillat, Thierry, Lenzer, James H. and Zhan, Hongyu, 2016, "The Increasing Financialization of China's Urbanization", *Issues & Studies*, Vol.52 No.4. pp.1-37.

Wang, Ya Ping, 2014, "China's Urban Housing Revolution from socialist work units to gated communities and migrant enclaves", University of Glasgow. (https://www.gla.ac.uk/media/Media_279627_smxx.pdf.)

Wu, Fulong, 2012, "Housing and the State in China", *International Encyclopedia of Housing and Home*, Vol.3, pp.323-329.

Xu, Yilan, 2017, "Mandatory Savings, Credit Access and Home Ownership: The Case of the Housing Provident Fund", *Urban Studies*, Vol.54 No.15, pp.3446-3463.

Yang, Zan and Chen Jie, 2014, *Housing Affordability and Housing Policy in Urban China*, Berlin: Springer.

Zhang, Chuanyong and Zhang Fang, 2019, "Effects of Housing Wealth on Subjective Well-Being in Urban China", *Journal of Housing and the Built Environment*, Vol.34, pp.965-985.

Zhang, Li and Xu, Xiangxiang, 2016, "Land policy and urbanization in the People's Republic of China", ADBI working paper, No.614, Asian Development Bank Institute(ADBI).

Zhou, Jing and Ronald, Richard, 2017a, "Housing and Welfare Regimes: Examining the Chaning Role of Public Housing in China", *Housing Theory and Society*, Vol.34 No.3, pp.253-276.

Zhou, Jing and Ronald, Richard, 2017b, "The Resurgence of Public Provision in China: The Chongqing Programme", *Housing Studies*, Vol.32 No.4, pp.428-448.

Zhou, Y., Lin, G. G. S, and Zhan, J., 2019, "Urban China through the lens of neoliberalism: Is a conceptual twist enough?", *Urban Studies*, Vol.56 Issue 1, pp.33-43.

아주경제, 2021.5.11., 〈'쉐취팡' 투기에 칼 뽑은 시진핑〉.

중앙일보, 2018.2.24., 〈'중국의 맨해튼' 꿈꾸던 톈진 빈하이신구는 왜 유령도시가 됐나〉.

Asia Times, 2019.11.4., "Public housing in on the rise in Shenzen".

The Conversation, 2013.12.9., "China plans 36 affordable homes: lessons for Australia".

The Straits Times, 2021.1.23., "China cracks down on fake divorces that let people buy more properties".

贾康·刘军民, 2007, 《中国住房制度改革问题研究:经济社会转轨中"居者有其屋"的求解》, 经济科学出版社.

辜胜阻·李正友, 1998, 〈住房双轨制改革与住宅市场启动〉, 《社会学研究》第6期, pp.103-110.

同策研究院, 2021, 〈2020年楼市定位调整及"十四五"房地产再出发专题研究报告〉.

马秀莲·范翻, 2020, 〈住房福利模式的走向-大众化还是剩余化？基于40个大城市的实证研究〉, 《公共管理学报》第十七卷 第一期, pp.110-120.

首创证券, 2020, 〈房地产行业2021年投资策略报告〉.

严荣, 2019.10.30., 〈重塑公共租赁住房的公共价值〉, 中国房地产业协会, 中房网.

易居房地产研究院, 2020, 〈2019年地方政府对土地财政的依赖度报告〉.

张璐·高恒·李烨, 2019, 〈我国城镇住房保障范围现状与问题浅析〉, 《区域与城镇化》第5期, pp. 67-76.

张仲, 2020, 〈城镇化进程中公共租赁房的制度创新和改进建议: 以重庆市为例〉, 《中国物价》第8期, pp.91-93.

中国家庭金融调查与研究中心, 2019, 〈2017中国城镇住房空置分析〉.

中金公司研究部, 2020, 〈2020 城镇家庭资产调查透露的五大信息〉.

中指研究院, 2021, 〈"十四五"中国房地产市场趋势展望〉.

平安证券, 2020, 〈地产行业 2021 年度策略报告 强波动的落幕, 新稳态的序章〉.

胡吉亚, 2020, 〈我国公共租赁住房发展的路径优化〉, 《上海交通大学学报》第4期, pp.57-70.

华安證券, 2020, 〈淡化周期, 分流中寻觅成长机遇, 证券研究报告〉.

大河网, 2018.9.6., 〈房改房补交超标面积房款到底咋算? 郑州市房管局详细解读热点问题〉.

北京商报, 2020.6.3., 〈學區房瘋狂過後的彷徨：從瘋狂到理性 政策風險未知〉.

新浪网, 2018.9.14., 〈住建部: 对投机炒房, "黑中介"等房地产乱象发现一起

查处一起〉.

新浪网, 2021.2.26., 〈房产中介大洗牌, 遏制炒房, 哄抬房价, 购房者安心
　　了?〉.

中国基金报, 2019.5.22., 〈诺贝尔奖得主减免100平米租金! 通州人才公寓政
　　策刷屏〉.

CEIC data (https://www.ceicdata.com)

베이징시, 2020, 北京市统计年鉴 (http://nj.tjj.beijing.gov.cn/nj/main/2020-
　　tjnj/zk/indexch.htm)

중국 국가통계국, 2020, 国家统计年鉴 (http://www.stats.gov.cn/tjsj/
　　ndsj/2020/indexch.htm)

安居客 (https://www.anjuke.com/fangjia)

标准排名城市研究院 (https://www.shangyexinzhi.com/article/98209.html
　　(기준: 2019/04/02 04:11)

7장

김수현, 2021, 〈동아시아 주택시장과 주택체제론의 현 단계: 최근 동아시아 주
　　택체제론이 정체된 이유〉, 《주택연구》, 제29권 2호, 77~106쪽.

송호근, 2006, 《한국의 평등주의, 그 마음의 습관》, 삼성경제연구소.

정태석, 2020, 《한국인의 에너지, 평등주의: 평등주의와 서열주의의 모순적 공
　　존》, 피어나.

Mislinski, J., 2021.5.25., "March S&P/Case-Shiller Home Price Index:
　　National Index up 13% YoY", Advisor Perspective.

매일경제, 2021.5.24., 〈노벨 경제학상 수상자의 경고 "거품 낀 美 집값 2003년
　　같다"〉.

서울경제, 2021.5.27., 〈미국도 집값 때문에 난리···5년만에 최대폭 급등〉.

이태경, 2018.1.23., 〈도 넘은 강남 집값 그들만의 리그로 두라〉, 《시사IN》, 제
　　540호.

The Economist, 2021.4.9., "House prices boom despite the pandemic".
　　(https://www.economist.com/graphic-detail/2021/04/09/house-prices-
　　boom-despite-the-pandemic)

집에 갇힌 나라, 동아시아와 중국: 꿈의 주택정책을 찾아서 2

초판 1쇄 펴낸날 2021년 9월 17일

지은이	김수현·진미윤
펴낸이	박재영
편집	이정신·임세현·한의영
디자인	조하늘
제작	제이오
펴낸곳	도서출판 오월의봄
주소	경기도 파주시 회동길 363-15 201호
등록	제406-2010-000111호
전화	070-7704-2131
팩스	0505-300-0518
이메일	maybook05@naver.com
트위터	@oohbom
블로그	blog.naver.com/maybook05
페이스북	facebook.com/maybook05
인스타그램	instagram.com/maybooks_05
ISBN	979-11-90422-87-1 03320

만든 사람들

교정교열	황인석
디자인	최진규